Kohlhammer
Urban
-Taschenbücher

D1735849

Band 575

Dieter Geuenich

Geschichte der Alemannen

Zweite, überarbeitete Auflage

Verlag W. Kohlhammer

Umschlag:
Die Brakteaten-Fibel von Daxlanden (bei Karlsruhe) zeigt den Gott
Wodan beim Gestaltwandel vom Vogel zu seinem Menschenbild
(shape-changing). Zeichnung H. Lange (Münster). Die Auswertungs-
zeichnung, die der Vermittlung von K. Hauck (Münster) zu verdanken ist,
setzt eine Aufnahmeserie von M. Axboe (Kopenhagen) voraus.
Vgl. Die Goldbrakteaten der Völkerwanderungszeit, Band 2,1: Ikonogra-
phischer Katalog (Münstersche Mittelalter-Schriften 24/2,1, München
1986) Nr. 232.

Zweite, überarbeitete Auflage 2005

Umschlag: Data Images GmbH
Gesamtherstellung:
W. Kohlhammer Druckerei GmbH + Co. KG, Stuttgart
Printed in Germany

ISBN 3-17-018227-7

Inhalt

Vorwort

Wer es unternimmt, die Geschichte der Alemannen darzustellen, kann kaum auf brauchbare Vorbilder zurückgreifen. Seit dem Erscheinen der immer noch lesenswerten „Geschichte der Alamannen als Gaugeschichte" von Julius Cramer ist fast ein Jahrhundert vergangen, in dem eine Fülle von neuen Erkenntnissen in zahlreichen Einzeluntersuchungen vorgelegt worden ist. So kann heute der Versuch, auf begrenztem Raum eine Geschichte der Alemannen zu schreiben, nur unternommen werden, wenn der Gegenstand der Darstellung von vornherein in mehrfacher Hinsicht eingegrenzt wird.

Im Gegensatz zu Karl Wellers „Geschichte des schwäbischen Stammes bis zum Untergang der Staufer", die in den späteren Auflagen als „Württembergische Geschichte im südwestdeutschen Raum" bis in die Gegenwart fortgeführt wurde, beschränkt sich die vorliegende Untersuchung auf die Zeit vom 3. Jahrhundert, in dem der Name der Alemannen erstmals bezeugt ist, bis zum Jahr 746, in dem das sogenannte ältere alemannische Herzogtum endet. Schwerer fiel die Entscheidung, die Darstellung auf die „Geschichte" im engeren Sinne, das heißt auf die Auswertung der schriftlichen Überlieferung zu konzentrieren und damit auf die Einbeziehung der Erkenntnisse der Nachbardisziplinen, insbesondere der Archäologie, weitgehend zu verzichten. Dies mag man besonders bedauern angesichts der nicht zu übersehenden Tatsache, daß das archäologische Fundmaterial in den letzten Jahrzehnten beträchtlich vermehrt und die Erkenntnismöglichkeiten entsprechend verbessert wurden. Ein Mangel an neueren archäologischen Dokumentationen, von Rainer Christleins Buch „Die Alamannen" (²1979) bis hin zum unter demselben Titel erschienenen Begleitbuch zur Landesausstellung Baden-Württemberg (1997), liegt indessen nicht vor.

Die Anzahl der Schriftzeugnisse, die dem Historiker zur Verfügung stehen, hat sich dagegen nicht verändert. Innerhalb der Geschichtsforschung ist aber eine lebhafte und intensive Diskussion über die Erkenntnisse, die aus den Schriftquellen zu gewinnen sind, in Gang gekommen. Insofern erscheint es gerechtfertigt, den Versuch zu unternehmen, die Ergebnisse dieser Dis-

kussion zusammenzufassen. Dies ist gerade um des interdisziplinären Dialogs willen erforderlich, da ansonsten die Gefahr
besteht, daß als unzutreffend erkannte Vorstellungen – etwa von
der Ethnogenese oder der politischen Verfassung der Alemannen – weiterhin das Geschichtsbild bestimmen und von den anderen Disziplinen zugrunde gelegt werden. Wo die dargelegte
Quelleninterpretation nicht überzeugt, mag sie zumindest dazu
anregen, die Stichhaltigkeit konkurrierender Deutungen zu
überprüfen.

Die Deutsche Forschungsgemeinschaft förderte die Vorarbeiten zu diesem Buch durch die Bewilligung eines Sachmittelprojekts. Für sachkundige Hilfe, insbesondere bei der Erstellung der
Zeittafel und der Zusammenstellung der Literaturliste, ist
Herrn Ingo Runde, für die Mühe der Erfassung und mehrfachen
Korrektur des Textes Frau Renate Schlak zu danken.

Duisburg, im April 1997   Dieter Geuenich

Vorwort zur 2. Auflage

Die „Geschichte der Alemannen" hat eine erfreulich positive
Aufnahme gefunden. Dafür spricht neben der Beurteilung durch
zahlreiche Rezensenten auch die Tatsache, dass die erste Auflage
nach fünf Jahren vergriffen war. Nachdrücklich forderte der
Verlag seither aufgrund der weiterhin starken Nachfrage eine
Neuauflage, die der Autor gern gründlich überarbeitet, um neue
Erkenntnisse ergänzt und, wo es erforderlich erscheint, erweitert hätte. Die vielfältigen Belastungen im Universitätsalltag sowie durch anderweitige Forschungs- und Publikationsprojekte
gewährten dazu leider nicht den erwünschten Freiraum, so daß
im Text lediglich Druck- und Setzfehler beseitigt und in der Zeittafel und im Register einige Ergänzungen vorgenommen wurden; vor allem aber wurde die nach dem Erscheinen der ersten
Auflage erschienene umfangreiche Literatur nachgetragen.

Möge auch die zweite Auflage interessierte Leser finden und
zum interdisziplinären Dialog beitragen.

Duisburg-Essen, im August 2005   Dieter Geuenich

I. Der Eintritt der Alemannen in die Geschichte

Die Geschichte der Alemannen ist auch heute noch eine Geschichte voller Rätsel. In undurchdringlichem Dunkel liegen nicht nur die Anfänge der Geschichte dieses Volkes, dessen Name im 3. Jahrhundert n. Chr. erstmals in den Quellen genannt wird; unklar ist auch der Zusammenhang dieser fast nur archäologisch durch Grabfunde faßbaren Menschen der Völkerwanderungszeit mit jenen Alemannen im südlichen Schwarzwald, deren Mundart der Dichter Johann Peter Hebel in seinen 1803 erschienenen „Alemannischen Gedichten" literaturfähig machte. Und wenn wir uns schließlich bewußt machen, daß die Franzosen, Spanier, Portugiesen mit eben diesem Namen (*Allemands*) die Deutschen bezeichnen, zu denen doch ebenso die Sachsen, Westfalen, Hessen, Thüringer, Bayern usw. gehören, so müssen wir registrieren, daß derselbe Name jeweils einen anderen Personenkreis bezeichnet.

Die Tatsache, daß dieses Buch auch unter dem Titel „Geschichte der Schwaben" erscheinen könnte, weist auf ein weiteres Rätsel der Geschichte dieses Volkes hin. Dazu fügt es sich, daß die deutschsprachigen Schweizer gewohnt sind, die Deutschen „Schwaben" zu nennen.

Wir müssen also, auch wenn die vorliegende „Geschichte der Alemannen" nur den Zeitraum des 3. bis 8. Jahrhunderts zu behandeln beabsichtigt, den Gegenstand der Darstellung zunächst definieren.

1. Wer sind die Alemannen?

Es mag auf den Leser befremdlich wirken, wenn eine Darstellung der Geschichte der Alemannen mit einer solchen Frage beginnt. Denn in der Regel kennt man den Gegenstand, über den man ein Buch schreiben möchte. Wer etwa eine Geschichte Baden-Württembergs oder eine Geschichte des Deutschen Reiches in der Weimarer Republik schreibt, dem sind die zeitliche und räumliche Begrenzung seines Themas klar und eindeutig vorgegeben: In beiden Fällen gibt es feste Daten, die den zu behandelnden Zeitraum begrenzen, und das in den Blick zu nehmende Territorium ist auf den Quadratkilometer genau festgelegt; ebenso unterliegt es keinem Zweifel, welche Menschen zum Bundesland Baden-Württemberg beziehungsweise zum Reich der Weimarer Republik gehören, und auch die politische Verfassung ist jeweils schriftlich niedergelegt.

Alle diese Voraussetzungen fehlen für eine Geschichte der Alemannen: Es ist unsicher, wann sie begann, wann sie – wenn überhaupt – endete und wo in der Frühzeit die Grenzen des Territoriums der Alemannen, der *Alamannia*, lagen. Es gibt auch keine eindeutige Festlegung oder Definition, wer Alemanne war und wer nicht, und die Gesellschaftsstruktur sowie die politische Verfassung des alemannischen Volkes sind für die ersten Jahrhunderte seiner vermuteten Existenz ebenfalls alles andere als offenkundig.

So nähern wir uns in dieser Darstellung einem Gegenstand, den wir zuvor erst in den Quellen suchen und inhaltlich bestimmen müssen.

Da wir für die ersten Jahrhunderte der Geschichte der Alemannen kein Selbstzeugnis dieses Volkes, sondern nur Fremdzeugnisse römischer Autoren besitzen, haben wir als *Alamanni* notgedrungen diejenigen anzusehen, die von den Römern als solche bezeichnet wurden. Die Unsicherheit eines derartigen Vorgehens ist offensichtlich: Es besteht keine Gewähr, daß die Menschen, die von den römischen Schriftstellern unter dem gemeinsamen Namen *Alamanni* zusammengefaßt wurden, sich selbst als solche betrachtet, daß sie sich überhaupt als zusammengehörig angesehen haben. Und erst recht fehlt jeder Hinweis darauf, daß die in der zweiten Hälfte des 3. Jahrhunderts in das zuvor von den Römern beherrschte rechtsrheinische Gebiet eingedrungenen Germanenscharen einem „Volk" angehörten oder gar als „Stamm" zu bezeichnen sind.

Damit sind zwei Begriffe ins Spiel gebracht, die der Definition bedürfen, bevor wir ihre Anwendbarkeit auf die Alemannen des 3. Jahrhunderts erörtern können. „Volk" ist laut Brockhaus[1] entweder die ethnisch-spezifische Einheit einer Gruppe im Sinne von „Ethnie" oder eine Gruppe von Menschen, die sich als ideelle Einheit, das heißt als eine durch gemeinsame Herkunft, Geschichte, Kultur und Sprache, zum Teil auch durch Religion verbundene Gemeinschaft begreift. Doch wie wenig wir über die Herkunft, die Sprache und die Religion der frühen Alemannen wissen, wird im folgenden deutlich werden, und auch die Frage, ob die Alemannen bereits auf eine gemeinsame identitätsstiftende Geschichte zurückblickten, als ihr Name im 3. Jahrhundert in den Quellen erstmals auftauchte, wird von der Forschung heute keineswegs mehr so einhellig positiv beantwortet wie noch in den dreißiger und vierziger Jahren unseres Jahrhunderts. War es für den 1943 verstorbenen Historiker Karl Weller noch „natürlich", daß „der Alamannenstamm... aus der Heimat seine rassische Zusammensetzung, seine rechtliche Ordnung und seine wirtschaftlichen Gewohnheiten mit(brachte)"[2], so mehren sich inzwischen die Stimmen derer, die eine „Volkwerdung", eine Ethnogenese der Alemannen erst auf dem Boden des neuen Siedlungsgebietes zwischen Rhein und Limes für wahrscheinlich erachten.

Vor dem Hintergrund einer solchen Annahme ist auch der durch den Ethnosoziologen Wilhelm Emil Mühlmann (gest. 1988) eingeführte Begriff der „Ethnie", mit dem vor-volkliche Gesellschaften bezeichnet werden, auf die frühen Alemannen nicht ohne weiteres anwendbar. Wenn „Ethnie" demnach aufzufassen ist als „die größte feststellbare souveräne Einheit, die von den betreffenden Menschen selbst gewußt und gewollt wird"[3], so fehlt uns jedes Recht, dies von den germanischen Eindringlingen anzunehmen, die das Gebiet des heutigen Baden-Württemberg nach der Preisgabe des Limes durch die Römer bevölkerten. Insbesondere erscheint es unbegründet, sie als „Stamm" im Sinne einer Abstammungsgemeinschaft zu bezeichnen, da keinerlei Indizien für ein gemeinsames Stammesbewußtsein, für Mythen gemeinsamer Abstammung oder für sprachliche Gemeinsamkeiten überliefert sind. Vollends unhaltbar ist die gleichwohl immer noch populäre und weithin verbreitete Auffassung von den Alemannen als einem bis heute „lebendigen Volk", wie sie vor noch nicht einmal drei Jahrzehnten der Archäologe Rainer Christlein propagiert hat[4]. Auf der „Suche nach den Ursprüngen unseres heutigen Staatswesens" gelangte er auf dem nie abreißenden Fluß der Überlieferung zurück bis in das Jahr 260 n. Chr., das er als „die Geburtsstunde des alamannischen Stammes(!) als Staatsgebilde(!)" bezeichnete, eines Stammes, der sich bereits zuvor „weit im Innern Germaniens" gebildet habe.

Daß die Alemannen schon „im Innern Germaniens", jedenfalls vor ihrer Konfrontation mit den Römern, zur Einheit gefunden haben müssen, ist ein zunächst plausibel klingendes und deshalb allgemein überzeugendes Argument. Wie hätten sie sonst die militärischen Befestigungsanlagen des Limes durchbrechen und die kriegserfahrenen römischen Streitkräfte aus den bis dahin von ihnen als Provinz verteidigten rechtsrheinischen Territorien vertreiben können? Wir werden auf dieses Argument, das, wie es scheint, als wichtigste Begründung für die Annahme einer alemannischen Ethnogenese bereits vor ihrer Landnahme in Süddeutschland dient, im vierten Abschnitt zurückkommen und es auf seine Stichhaltigkeit hin zu prüfen haben. Positive Zeugnisse für eine alemannische Stammes- oder Volkseinheit vor der Mitte des 3. nachchristlichen Jahrhunderts gibt es jedenfalls nicht.

Es soll hier nicht einem übertriebenen Positivismus das Wort geredet werden; denn zweifellos ist es angesichts der spärlichen Quellen, die aus der Frühzeit der Alemannen fließen, durchaus legitim, auch Nichtüberliefertes in Analogie zu den anderen Völkern der Völkerwanderungszeit vermutungsweise zu postulieren. Die Analogie, die aus mehreren Gründen besonders naheliegt und von der Forschung deshalb auch stets bemüht wurde, ist die der Alemannen zu den Franken. Inzwischen ist man aber auch hinsichtlich der frühen Franken von der Vorstellung eines einheitlich organisierten Stammes abgerückt und spricht von einem „Stammesschwarm" (Reinhard Wenskus) oder allenfalls noch von einem „Stammesbund" (Erich Zöllner). Lassen sich bei den Franken die den „Schwarm" oder „Bund" bildenden Kleinstämme der Salier, Twihanten, Chamaven, Chattuarier, Brukterer, Amsivarier, Usipier, Tubanten und Chasuarier in den Quellen nachweisen, so ist dies, wie wir sehen werden, bei den Alemannen sehr viel schwieriger. Selbst wenn wir die Erkenntnisse der Archäologie, der Sprachwissenschaft, der Religionsgeschichte, der Rechtsgeschichte usw. miteinbeziehen, ist kein hinreichend gesichertes Bild der ethnischen Zusammensetzung und des Vorgangs der Ethnogenese der Alemannen zu erlangen. Jedenfalls ist das romantisch verklärte Bild von einem Volk, das, wie die Israeliten auf dem Weg in das Gelobte Land, als Einheit unter einem Führer auf Wanderschaft geht, um dann, am Ziel angelangt, unter traditionsbewußter Beibehaltung der alten Sitten und Trachten, Sozialstruktur und Rechtsordnung, Wirtschafts- und Lebensweise, Religion und Sprache „Land zu nehmen", nicht mehr aufrecht zu erhalten. Insofern müssen wir diesen ersten Abschnitt mit dem Eingeständnis schließen, daß wir nicht in der Lage sind, die Frage: Wer und was sind die Alemannen zum Zeitpunkt ihres Eintritts in die Geschichte? hinreichend zu beantworten.

2. Woher kommen die Alemannen?

Solange wir nicht wissen, wer und was die Alemannen waren, als sie in das Licht der Geschichte traten, läßt sich, wie leicht einzusehen ist, auch die Frage nach ihrer Herkunft nicht schlüssig beantworten. Um zumindest begründete Vermutungen anstellen zu können, ist der Historiker hier wie in vielen anderen Fragen der Frühgeschichte der Alemannen auf die Auswertung der Ergebnisse anderer Disziplinen angewiesen. Denn die Schriftquellen, die wir im nächsten Abschnitt beleuchten werden, geben über die Herkunft keinerlei Auskunft. Weder bei Caesar (gest. 44 v. Chr.) noch bei Tacitus (gest. nach 116 n. Chr.), denen wir die wichtigsten Informationen über die frühen germanischen Völker verdanken, begegnet der Name der Alemannen. Von den meisten Forschern wird deshalb angenommen, die Alemannen seien, zumindest in ihrem Kern, Sueben, also ursprünglich Angehörige einer älteren, bei Caesar und Tacitus gut bezeugten Völkergruppe. Die von den Historikern dafür beigebrachte Begründung beruht allerdings auf Quellenaussagen aus späterer Zeit: Es ist die Gleichsetzung von Sueben und Alemannen, die in den Schriftzeugnissen seit dem 6. Jahrhundert begegnet.

Bekanntlich wurden die Namen Alemannen und Schwaben im Früh- und Hochmittelalter synonym verwendet, bis sich schließlich die Bezeichnung Schwaben durchsetzte und der Name der Alemannen vom 12. Jahrhundert ab allmählich in Vergessenheit geriet. Erst Johann Peter Hebel machte den alten Namen mit seinen „Alemannischen Gedichten" (1803) wieder populär, schränkte ihn aber auf die badischen Schwaben ein. Seither unterscheidet man landläufig die Alemannen am Oberrhein und in der Nordschweiz von den Schwaben in Württemberg. Die Sprachwissenschaft, die daraufhin das Schwäbische dem Alemannischen als eigene Mundart gegenüberstellte, hat wesentlich mit dazu beigetragen, daß heute nicht mehr in erster Linie das ursprünglich Gemeinsame in Geschichte, Sprache, Kultur usw. gesehen wird, sondern die erst relativ spät entstandenen Unterschiede derart betont werden, daß landläufig von einer ethnischen Verschiedenheit, ja mehr noch: von einem ausgeprägten Gegensatz Alemannen – Schwaben ausgegangen wird. Dieser Gegensatz trat vor allem in der Volksabstimmung über den Südweststaat im Jahre 1951 in Erscheinung und scheint bis heute nicht ganz überwunden zu sein.

Festzuhalten ist, daß die Gleichsetzung von Sueben und Alemannen vor dem Jahr 500 nicht begegnet, seit dem 6. Jahrhunder aber gut bezeugt ist. Die daraus abgeleitete Vermutung, bei den im 3. Jahrhundert erstmals genannten Alemannen handle es sich um Sueben, etwa um den suebischen Stamm der Semnonen, die lediglich einen anderen Namen angenommen hätten, erscheint jedoch nicht ohne weiteres plausibel. Warum sollte der alte ruhmvolle Semnonen-Name von den Alemannen aufgegeben worden sein? Gerade ein solch traditionsbeladener Stammesname, der nach Tacitus den ältesten und vornehmsten Teil, ja das Haupt des Suebenbundes bezeichnete, wäre doch – zumindest neben dem neuen Namen – weitergeführt worden. Die Tatsache, daß die Alemannen erst seit dem 6. Jahrhundert mit den Sueben gleichgesetzt werden, hat den Historiker Hagen Keller zu der Hypothese veranlaßt, in den letzten Jahrzehnten vor 500 habe eine (zweite) Ethnogenese stattgefunden, bei der die Alemannen mit den Donau-Sueben vereint wurden. Erst auf diese Vereinigung von Alemannen und Sueben am Ende des 5. Jahrhunderts seien dann die bekannten Gleichungen in den Quellen von *Suebi id est Alamanni* bei Gregor von Tours (gest. 594) bis *Alamannia vel Suevia* bei Walahfrid Strabo (gest. 849) zurückzuführen[5].

Da die Schriftquellen allein uns also keine sichere Auskunft über die Herkunft der Alemannen oder, besser gesagt, über die Herkunft der Menschen geben, die sich im 3. Jahrhundert zwischen Rhein und Limes niedergelassen haben, müssen wir, wie bereits angedeutet, die Erkenntnisse der anderen Wissenschaftsdisziplinen einbeziehen, die auf die Herkunftsfrage Antworten anbieten. Dies sind die Sprachwissenschaft und die Archäologie, die beide übereinstimmend davon ausgehen, daß die Alemannen ursprünglich Elbgermanen waren, ihre Heimat also im Mittelelbe-Saale-Gebiet hatten. Da dort nach dem erwähnten Zeugnis des Tacitus die Heimat der Semnonen, des ältesten und vornehmsten Stammes der Sueben, war, scheint die Vermutung, die Alemannen seien identisch mit den Semnonen oder zumindest in ihrem Kern Semnonen, von seiten der Nachbardisziplinen ihre willkommene Bestätigung zu erfahren. Für den Archäologen Walther Veeck (1931) etwa war durch den Vergleich der kaiserzeitlichen Keramik im mittleren und unteren Elbegebiet mit der Keramik in den späteren Reihengräberfeldern Süddeutschlands „der Beweis erbracht, daß die Elbgermanen und die Alamannen dasselbe Volk sind", und zwar Semnonen, die „auf ihrem Zug südwärts ihren Namen abgelegt und in dem Bund der Alemannen aufgegangen sind"[6].

Es erscheint jedoch ratsam, das methodische Vorgehen zu

überprüfen, das zu solch klaren Aussagen führt, zumal hier wieder die oben kritisierte Vorstellung vom „Zug" eines ganzen Volkes von der Elbe an den Rhein maßgeblich ist. Beginnen wir mit der Wissenschaft von der Sprache, die gemeinhin als wichtigstes Merkmal einer Stammes- oder Volksgemeinschaft gilt, und fragen den Sprachwissenschaftler nach dem Ursprungsgebiet der Alemannen. Die Antwort des für den Südwesten des deutschen Sprachgebietes bis heute maßgeblichen Sprachforschers Friedrich Maurer (gest. 1984) ist klar und eindeutig: „Über die Herkunft der Alemannen aus der Gruppe der Elbgermanen ist kein Zweifel"[7]. Allerdings ist diese Aussage, die seither als Urteil der Sprachwissenschaft mißverstanden wurde, nicht das Ergebnis eines Vergleichs der Sprachen, die in den ersten nachchristlichen Jahrhunderten zwischen Elbe und Saale einerseits und zwischen Rhein und Donau andererseits gesprochen wurden. Denn bekanntlich sind die frühesten Zeugnisse der alemannischen Sprache, abgesehen von einigen dürftigen Runenfragmenten, erst aus der Karolingerzeit überliefert. Die elbgermanische Herkunft war für den Sprachwissenschaftler Maurer nur deshalb über jeden Zweifel erhaben, weil er sich auf die Aussagen der Archäologen und Historiker zu stützen können glaubte. Sein Ziel war ein ganz anderes, nämlich den von ihm postulierten Zusammenhang von Nordgermanen und Alemannen nachzuweisen; einen Beweis für die elbgermanische Herkunft der Alemannen oder ihre Identität mit den suebischen Semnonen hat weder Maurer noch ein anderer Sprachwissenschaftler bisher erbringen können.

Aussagen Maurers wie die, daß die Alemannen „am zähesten ihre Art bewahrt, Fremdes abgelehnt" hätten und „das Erbgut in Sprache und Brauchtum…, so wie sie es von der Elbe und aus dem Norden mitgebracht hatten,… so lange bewahrt (haben), daß die letzten Spuren noch heute sichtbar sind"[8], haben nicht unerheblich zu der bis in unsere Tage anzutreffenden romantischen Vorstellung von der inneren Identität eines Volkes über Jahrhunderte, ja Jahrtausende beigetragen. Wer am Oberrhein heutzutage gemäß dem dort populären Mundart-Slogan „alemannisch schwätzt", statt sich der hochdeutschen Sprache zu bedienen, glaubt infolgedessen gemeinhin, er bewahre damit die Mundart des alten, aus der elbgermanischen Heimat über den römischen Limes nach Süddeutschland eingewanderten Alemannenstammes. Wer die sprachwissenschaftliche Unhaltbarkeit dieser Auffassung nicht einzusehen vermag, der sollte sich zumindest bewußt machen, daß die heutigen „Schwaben" dies bezüglich ihrer Mundart mit demselben Recht behaupten können.

Die von Maurer herausgearbeiteten Parallelen zwischen „Nordgermanen" und „Südgermanen" betreffen ein anderes Thema, nämlich das der ursprünglichen germanischen (Sprach-) Einheit; sie beweisen für die Alemannen weder deren elbgermanische Herkunft, noch sagen sie etwas über den Zeitpunkt und die Umstände der alemannischen Ethnogenese aus.

Bleibt also die Archäologie, die als einzige Wissenschaft konkrete Anhaltspunkte zur Klärung der Herkunftsfrage zu geben vermag. Denn signifikante Übereinstimmungen im frühesten Fundgut, das heißt innerhalb der Beigaben in südwestdeutschen Gräbern einerseits und in Gräbern des Elb-Saale-Gebietes andererseits, können durchaus als Hinweise auf ethnische Zusammenhänge interpretiert werden. Auf die von Walther Veeck festgestellten Gemeinsamkeiten im Bereich der Keramik, in den Formen des Tongeschirrs, das den Verstorbenen mit ins Grab gegeben wurde, ist oben bereits hingewiesen worden. Die archäologischen Grabungen der letzten Jahrzehnte in Baden-Württemberg haben das Spektrum des Fundmaterials aus dem 3. bis 5. Jahrhundert inzwischen erheblich erweitert und Aussagen auf einer wesentlich verbreiterten Basis möglich gemacht. Die Funde aus dieser Zeit, die sich vor allem im Bereich der Main- und Neckarmündung, aber auch am mittleren Neckar konzentrieren, weisen in der Tat auffallende Gemeinsamkeiten mit dem Fundgut an der mittleren Elbe und in den sächsisch-thüringischen Gebieten auf. Stellvertretend für letztere seien die bekannten Gräber von Haßleben-Leuna genannt, die sich durch römische Münzen und andere Importe in das beginnende 4. Jahrhundert datieren lassen[9]. Man geht davon aus, daß dort Mitglieder einer herausgehobenen Adelsschicht bestattet worden sind, die zuvor an den militärischen Auseinandersetzungen mit römischen Truppen nach dem Fall des Limes teilgenommen hatten und die man nach ihrem Tode mit den dabei erworbenen Beutestücken in ihrer alten Heimat beigesetzt hat.

Die Gräber von Haßleben-Leuna vermitteln darüber hinaus zwei wichtige Erkenntnisse: Zum einen brachen die Beziehungen zum vermutlichen Herkunftsgebiet auch nach dem Fall des Limes offensichtlich nicht völlig ab, und zum anderen pflegte man den Verstorbenen, wie die römischen Fundstücke zeigen, nicht ausschließlich Beigaben des eigenen Kulturkreises mit ins Grab zu geben.

Wenn auch die Bezüge im Fundgut vieler früher Gräber Südwestdeutschlands zum mitteldeutschen Kulturkreis klar hervortreten, so gibt es daneben auch zahlreiche nicht-spezifische Beigaben und solche, die einen weiteren Verbreitungshorizont von Böhmen bis Mecklenburg haben, sowie umfangreiches römisch geprägtes Fundmaterial. Die feststellbaren „elbgermanischen" Bezüge können also nicht dahingehend interpretiert werden, daß in das neue, den Römern entrungene rechtsrheinische Siedlungsgebiet ausschließlich „Elbgermanen" mit einer ethnischspezifischen Bestattungs- und Beigabensitte eingedrungen wären. Zudem ist die Anzahl der bisher entdeckten Grabfunde des 3. bis 5. Jahrhunderts zu gering, als „daß man mit einem von der ganzen Bevölkerung einheitlich geübten Beigabenbrauch rechnen könnte" (Hermann Ament)[10]. Noch geringer ist die Zahl der nachweisbaren Siedlungen, so daß sich der Prozeß einer Landnahme der neu eingewanderten Bevölkerung im 3. und 4. Jahrhundert kaum nachzeichnen läßt.

Zusammenfassend kann festgehalten werden, daß die Bezüge im Fundgut der frühen südwestdeutschen Gräber und Siedlungen zu dem aus den mitteldeutschen Gebieten so deutlich hervortreten, daß die Annahme gerechtfertigt erscheint, der überwiegende Teil der neuen Bevölkerung, die sich vom 3. Jahrhundert ab im Gebiet des heutigen Baden-Württemberg archäologisch nachweisen läßt, habe mit dem als „elbgermanisch" bezeichneten Kulturkreis in Beziehung gestanden. Die Folgerung, große Teile der in das Gebiet östlich des Oberrheins eingedrungenen Menschen seien aus Mitteldeutschland gekommen, ist demnach gut begründet. Da sich aber keine einheitliche, ethnisch-spezifische „alemannische", „semnonische", „suebische" oder „elbgermanische" Bestattungs- oder Beigabensitte erkennen läßt, und zwar weder im vermuteten Herkunftsgebiet noch im neuen Siedlungsgebiet, ist die immer wieder anzutreffende Behauptung, der Stamm der Alemannen habe sich bereits vor der Völkerwanderung „im Innern Germaniens" gebildet, auch archäologisch nicht nachweisbar.

Das überkommene Bild von der Wanderung des alemannischen Volksstammes als mehr oder weniger geschlossene Einheit von der Elbe an den Oberrhein, sollte, da es weder von den Berichten der schriftlichen Quellen, noch von sprachwissenschaftlichen Argumenten gestützt, noch durch die archäologisch faßbaren Hinterlassenschaften begründet wird, aufgegeben werden. Stattdessen ist von einem über einen längeren Zeitraum sich erstreckenden Prozeß des Eindringens von unterschiedlichen Personenverbänden in den von den Römern preisgegebenen Raum östlich des Rheins und nördlich der Donau auszugehen, der im 3. und 4. Jahrhundert eine gewisse Sogwirkung ausgeübt haben dürfte, und zwar vor allem auf die Bevölkerung der mitteldeutschen Gebiete. Weder zum Überwinden der dazwischen liegenden Entfernung, noch zum „Überrennen" des Limes bedurfte es, wie wir im nächsten Abschnitt sehen werden, einer wie auch immer gearteten Einigung, einer politischen Einheit unter der Führung eines (Heer-)Königs oder einer einheitlichen Sprache.

Die im Verhältnis zur späteren Zeit anfangs noch spärlichen archäologischen Siedlungs- und Grabfunde im neuen Siedlungsraum fänden eine plausible Erklärung darin, daß solche Personenverbände entweder nach erfolgreichen Beutezügen wieder in ihre Heimat zurückkehrten, wie die Grabfunde von Haßleben-Leuna vermuten lassen, oder daß sie nach Art von Nomaden ohne langfristig feste Wohnsitze herumzogen[11], bevor sie schließlich, vielleicht erst nach Jahrzehnten, auf Dauer „Land nahmen" und feste Siedlungsplätze bezogen.

3. Die frühesten Zeugnisse des Alemannen-Namens

Der oben vorgetragenen Auffassung, die Alemannen hätten erst nach 260, nach dem Überwinden der römischen Befestigungsanlagen des Limes, im neuen Siedlungsgebiet zu ihrer Einheit gefunden, steht scheinbar ihre erste Nennung bereits zum Jahre 213 entgegen. In diesem Jahr, so lesen wir in allen einschlägigen Darstellungen der alemannischen Geschichte, habe der römische Kaiser M. Aurelius Antoninus, besser bekannt unter dem Namen Caracalla (211–217), die Alemannen (Ἀλαμαννούς/ Ἀλβανούς/Ἀλαμβαννούς) jenseits des Mains bekämpft. Diese durch den Griechen Cassius Dio (ca. 155–235), aber auch in der lateinischen Reichsgeschichte des Sextus Aurelius Victor (um 360) überlieferte Nachricht dürfte der Grund für die allgemein verbreitete Annahme sein, die Alemannen hätten sich bereits Jahrzehnte vor ihrem entscheidenden Limes-Durchbruch des Jahres 259/60 im Maingebiet als Volksstamm gesammelt[12].

Beide Bezeugungen des Alemannen-Namens hielten jedoch aus unterschiedlichen Gründen einer kritischen Überprüfung nicht stand: Das 77. Buch der Römischen Geschichte des Cassius Dio, das von den Ereignissen des Jahres 213 berichtet, ist nur in späteren Abschriften erhalten, in die der Name der Alemannen nachträglich eingefügt worden ist, und die Mitteilung des Aurelius Victor, daß Caracalla „die Alemannen (*Alamannos*), einen Stamm mit zahlreichen Angehörigen, der ausgezeichnet zu Pferde kämpft, in der Nähe des Mains vernichtend geschlagen" habe, ist offensichtlich eine Erfindung aus der späteren Perspektive dieses um 360 schreibenden Schriftstellers. Die Reichsgeschichte des Aurelius Victor wiederum ist eine der Quellen der um 400 von einem anonymen Fälscher verfaßten Historia Augusta, in der behauptet wird, Caracalla habe sich wegen seines Sieges über die Alemannen *Alamannicus Maximus* genannt. Caracalla hat aber diesen Beinamen, wie wir aus den Inschriften wissen, niemals getragen[13].

Die Quellen des 3. Jahrhunderts, die Caracallas Germanenfeldzug erwähnen, aufgrund dessen er sich *Germanicus* (*!*) *maximus* nennen ließ, wissen nichts von den Alemannen[14]: Die *Fratres Arvales*, Mitglieder einer römischen Priestergenossenschaft, feiern im Jahr 213 Caracallas „Germanen"-Sieg (*victoriam Germanicam*) im fernen „Barbaren"-Land (*barbarorum terra*), und Herodian, ein ebenfalls griechisch schreibender Schriftsteller des 3. Jahrhunderts, spricht von Caracallas Kämpfen gegen die „Germanen" (Γερμανούς), die er auch „Barbaren" (βάρβαροι), aber nirgends Alemannen nennt. Der Alemannen-Name war vor dem Fall des Limes 259/60 offensichtlich unbekannt. Erst nachdem die germanischen Eindringlinge die Nachbarn der Römer am Oberrhein geworden sind, wird jenseits des Rheins, erstmals 289 in Trier in einer Lobrede des Mamertinus auf Kaiser Maximian (286–305, 307–308), der neue Name für die in das Gebiet nördlich der Donau und östlich des Oberrheins eingedrungenen „Alemannen, die bis dahin Germanen genannt wurden" (Historia Augusta: *Alamannos, qui tunc adhuc Germani dicebantur*), erwähnt.

Hinsichtlich der Benennung fällt auch hier wieder die direkte Parallele zu den Franken auf, deren Name in derselben Trierer Quelle, den Panegyrici des Mamertinus, zum Jahre 291 erstmals erwähnt wird. So drängt sich die Vermutung auf, daß das, was die Begriffe „Franken" und „Alemannen" meinen, weniger von den Betroffenen selbst „als durch das Bedürfnis zur Klassifikation seitens der Römer bestimmt wurde" (Reinhard Wenskus). Denn es fällt auf, daß die Römer „alle Völkerschaften des Gegenufers der obergermanischen Provinz als Alamannen bezeichneten, während die des niedergermanischen ebenso summarisch Franken genannt wurden" (Heinrich Büttner)[15].

Was bedeutet nun der Name *Alamanni?* Was sagt er über die

so bezeichneten Menschen aus? Beide Fragen hat, wenn man dem byzantinischen Dichter und Historiker Agathias (530/32–582) glauben will, bereits Asinius Quadratus, ein Historiker des 3. Jahrhunderts, beantwortet. Zwar kann Asinius Quadratus selbst als Gewährsmann kaum in Frage kommen[16]; gleichwohl ist die ihm zugeschriebene Definition erwähnenswert: „Zusammengespülte und vermengte Menschen" seien die Alemannen, „und dies drückt auch ihre Benennung aus". Diese Erklärung des Namens erscheint nämlich durchaus zutreffend, und wer immer der Gewährsmann des Agathias gewesen sein mag: Er kann diese Worterklärung eigentlich nur von einem Germanen vermittelt bekommen haben. Sieht man davon ab, daß die Namendeutung abschätzig gemeint ist und ähnlich pejorative Formulierungen schon bei Plutarch und Thukydides begegnen, so geht die Worterklärung selbst doch in dieselbe Richtung, die Germanisten auch heute noch für die wahrscheinlichste halten: „Menschen oder Männer insgesamt, im Gesamten genommen" (Bruno Boesch). Der erste Bestandteil des Namens begegnet auch in anderen germanischen Sprachen, etwa im altsächsischen *alo-thiod* und im altnordischen *al-þiod* „Gesamtvolk, Allgemeinheit"[17].

Diese Deutung des Namens paßt vorzüglich zu der skizzierten Vorstellung einer Ethnogenese der Alemannen aus verschiedenen, ethnisch unterschiedlichen Personengruppen, wenngleich die Fragen, wie, wann, warum und durch wen diese Benennung aufgekommen ist, offen bleiben müssen. Nichts spricht jedenfalls für eine Interpretation des Alemannennamens als „uralt"[18], zumal auch der etwa zeitgleich aufgekommene Name der Franken nach allem, was wir wissen, eine Neubildung des 3. Jahrhunderts zur zusammenfassenden Bezeichnung zahlreicher Kleinstämme ist. Beide Namen waren – soviel steht fest – den linksrheinischen römischen Nachbarn um 289/91 bekannt. Der Kontext der Rede des Mamertinus läßt aber keine Aussage über die Herkunft, den Umfang oder das Sozialgefüge der *Alamanni* zu, die gemeinsam mit Burgundern, Charibonen und Herulern als „Barbarenstämme" (*barbariae nationes*) bezeichnet werden, deren bedrohliche Gefahr für Gallien der Kaiser Maximian heldenhaft abgewehrt habe.

Ein Wort noch zur Schreibweise Alamannen oder Alemannen bei den heutigen Autoren: Es gibt eine hartnäckige Tradition, vornehmlich bei den Archäologen, den Namen – entgegen der Schreibweise des Duden und dem allgemeinen Sprachgebrauch – mit einem ‚a' in der zweiten Silbe zu schreiben. Als Begründung für diese ungewöhnliche Schreibweise wird, wenn überhaupt darüber reflektiert und nicht einfach der „wissenschaftlichen" Tradition gefolgt wird, auf die Graphie der Quellen oder auf den Zweck einer bewußten Unterscheidung vom Namen der heutigen Alemannen hingewiesen. Niemand würde jedoch mit derselben Begründung heute „Francen" oder „Saxen" schreiben oder von den „Thuringen" sprechen. Da es also offensichtlich keinen vernünftigen Grund gibt, von der neuhochdeutschen Schreib- und Sprechweise abzuweichen, schreiben wir im folgenden Alemannen und meinen damit denselben Gegenstand, den andere Autoren hartnäckig Alamannen bezeichnen.

4. Die Alemannen dringen in die *agri decumates* ein

Unter Kaiser Claudius (41–54 n. Chr.) und dann besonders unter den flavischen Kaisern (69–96) hatten die Römer damit begonnen, die Gebiete östlich des Rheins und nördlich der Donau in ihren Besitz zu nehmen und durch die planmäßige Anlage von Straßen zu erschließen. Das neu gewonnene Territorium wurde verwaltungsmäßig den Provinzen *Germania Superior* und *Raetia* zugerechnet und in der Zeit seiner größten Ausdehnung nach der Mitte des 2. Jahrhunderts durch eine stattliche Armee von mehr als 20 000 Auxiliarsoldaten in 60 größeren Truppenstandorten gesichert. Eine umfangreiche Befestigungsanlage, der nach den beiden Provinzen benannte „obergermanisch-rätische Limes", grenzte auf rund 550 km Länge ein Gebiet von über 30 000 Quadratkilometern Fläche ab, das seit Tacitus in den Quellen auch als *agri decumates* bezeichnet wurde. Die Deutung dieser Bezeichnung als „Zehntland" ist bis heute umstritten.

Der Limes, der durch bis zu 1000 kleinere Kastelle und Wachtürme, durch Mauern und Palisaden befestigt war, hatte vor allem administrative und rechtssymbolische Bedeutung: Er trennte die germanische Welt von der römischen ab und sicherte den Bewohnern in den beiden römischen Provinzen eine kontinuierliche vornehmlich agrarische Nutzung des Bodens und einen gewissen Wohlstand. Die fortifikatorische und militärische Bedeutung der Limesanlage, die früher oft überschätzt wurde, war immer entscheidend von der Truppenstärke abhängig, die zu seiner Sicherung aufgeboten werden konnte.

Während die ältere Forschung die endgültige Aufgabe des obergermanisch-rätischen Limes durch die Römer vor allem auf einen 259/60 n. Chr. erfolgten „gewaltigen Ansturm" (Hubert Jänichen) der Alemannen und auf die „bewundernswerte Triebkraft ihres Stammes" (Rudolf Much) zurückführte, weist man neuerdings auf die innerrömischen Auseinandersetzungen zwischen Kaiser Gallienus (260–268) und dem Usurpator Postumus (260–269) als eigentliche Ursache hin und macht diese für die Entblößung der Limeskastelle von ihren zuvor schon reduzierten Besatzungen verantwortlich[19]. Denn beide Parteien versuchten damals zwischen 260 und 268, soviel ausgebildete Soldaten wie möglich auf ihre Seite zu ziehen und zugleich dem Rivalen zu entziehen.

Das Land zwischen dem Oberrhein und der oberen Donau wurde zur Pufferzone zwischen den gegnerischen Machtblökken. „Ein Untergang des Limes 259/60 im ‚Sturm der Barbaren' erweist sich wie die Vorstellung vom Überrennen der rechtsrheinischen Provinzgebiete durch die Alamannen als Fiktion" (Karl Strobel). Nicht die eindringenden Germanenscharen brachten demnach den Limes zu Fall und zwangen die Römer zur Aufgabe ihrer Grenzkastelle, sondern der innerrömische Machtkampf zwischen Kaiser und Gegenkaiser.

Als wichtigste Indizien, die für die ältere Invasionstheorie geltend gemacht werden können, bleiben jedoch die archäologisch nachgewiesenen Spuren von Belagerung, Brandschatzung und Plünderung in den Kastellen entlang des Limes sowie Hort- und Verwahrfunde im Hinterland, die aufgrund der darin enthaltenen Münzen in diese Zeit datierbar sind und auf flüchtende Menschen schließen lassen. Aber hinsichtlich der Zerstörung der Grenzkastelle scheint das Bild keineswegs so eindeutig auf germanische Eindringlinge und denselben Zeitpunkt 259/60 hinzuweisen, wie bisher angenommen wurde, und auch die Hort- und Depotfunde sind räumlich und zeitlich nicht so verteilt, daß sie sich zum Bild von „einem gewaltigen Ansturm" zusammenfügen. Während Rätien ein dichtes Netz von Schatzfunden aufweist, lassen die rechtsrheinischen Befunde auf ein längeres Fortleben zumindest von Teilen der Bevölkerung, jedenfalls nicht auf eine Katastrophe, schließen.

Der Vorgang stellt sich wohl eher so dar, daß der Abzug der Limes-Besatzung zum Verlust der wirtschaftlichen Grundstruktur im Dekumatenland führte und große Teile der dort ansässigen Bevölkerung sich deshalb in einem länger andauernden Prozeß aus dem ehemals geschützten Gebiet zurückzogen.

Nach dem Ende der innerrömischen Auseinandersetzungen unter Kaiser Aurelian (270–275), der den letzten gallischen Kaiser Tetricus 274 besiegte und Rätien von den eingedrungenen Germanen befreite, war das Gebiet der *agri decumates* offenbar bereits weitgehend entvölkert und damit wirtschaftlich und strategisch uninteressant geworden. Unter Kaiser Probus (276–282) wurde dann der „nasse Limes" entlang den Flußläufen von Donau, Iller und Rhein befestigt und das ehemals römische Provinzialgebiet als Vorfeld germanischen Siedlern überlassen. Diese können durchaus mit Zustimmung der Römer, möglicherweise sogar unter vertraglichen Bedingungen (Hans Ulrich Nuber), das von Rom aufgegebene ehemalige Provinzgebiet besiedelt haben. Sie waren im römischen Sinne Foederaten und wurden von nun an zusammenfassend mit dem germanischen Namen *Alamanni* bezeichnet, und das ihnen überlassene rechtsrheinische Territorium hieß fortan entsprechend *Alamannia*.

Nach dem, wie wir hörten, von einem anonymen Fälscher um 400 zusammengestellten Bericht der Historia Augusta soll Kaiser Probus ein Schreiben an den Senat nach Rom geschickt haben, in dem er die neu entstandene Situation an Rhein und Donau folgendermaßen schilderte: „Ganz Germanien, soweit es sich erstreckt, ist unterworfen; neun *reges* (Könige?) von verschiedenen *gentes* (Stämme?) haben sich flehend mir, vielmehr Euch, zu Füßen geworfen. Alle Barbaren pflügen nun für Euch, dienen Euch und stehen im Kriegsdienst gegen die Stämme weiter im Innern des Landes... Die gallischen Äcker werden mit den Zugtieren der Barbaren gepflügt, erbeutete Gespanne der Germanen bieten unseren Pflügern die Nacken; für unsere Versorgung weidet das Vieh verschiedener *gentes*, selbst ihre Pferde werden aufgezogen für unsere Reiterei, mit Barbarengetreide sind unsere Vorratsspeicher gefüllt. Was soll ich noch sagen? Nur den Erdboden haben wir ihnen gelassen, alles, was sonst ihnen gehört, besitzen wir".

In diese Schilderung, auch wenn sie vielleicht nicht zeitgenössisch ist und die unter Probus entstandene Situation vermutlich günstiger darstellt, als sie wirklich war, könnte mit der Erwähnung mehrerer Anführer (*reges*) unterschiedlicher germanischer Stämme (*gentes*), die als Foederaten Kriegsdienst gegen andere Stämme im Innern Germaniens (*contra interiores gentes*) leisten (*servire, militare*) und den Römern Vieh, Pferde und Getreide liefern, durchaus ein zutreffendes Bild von einer vertraglich geregelten Koexistenz der Römer mit den neuen rechtsrheinischen Nachbarn gezeichnet sein. Die in den Hand- und Schulbüchern bis heute anzutreffende Vorstellung, der Limes sei durch einen gewaltigen Barbarensturm überrannt worden oder gar aufgrund der geballten militärischen Potenz eines organisierten Alemannenstammes zusammengebrochen und die gesamte provinzialrömische Bevölkerung sei entweder erschlagen worden oder in panischer Angst geflohen, entspricht den Tatsachen wohl am wenigsten. Langfristig allerdings erlosch die römische Lebensweise in den aufgegebenen Provinzgebieten rechts des Rheins, die seit dem letzten Viertel des 3. nachchristlichen Jahrhunderts endgültig den germanischen „Barbaren" überlassen wurden, oder konkreter: „den Alemannen, die bis dahin Germanen genannt wurden" (Historia Augusta).

5. Landnahme und Ethnogenese

Wie schon beim Versuch der Anwendung der Begriffe „Volk" und „Stamm" auf die frühen Alemannen, haben wir uns in diesem Kapitel erneut zunächst mit der Klärung der beiden in der Überschrift genannten Begriffe auseinanderzusetzen. Verstehen wir unter „Landnahme" gemäß der Definition des Duden die „Inbesitznahme von Land durch ein Volk"[20], so muß die Ethnogenese der Alemannen zwangsläufig der Landnahme vorausgegangen sein. Daß es aber keinerlei Anzeichen dafür gibt, daß die Alemannen vor ihrem Eindringen in die zuvor römisch besetzten *agri decumates* bereits ein Volk waren, haben wir oben festgestellt. Gemäß einer Faustregel, die besagt, „daß eine ethnische Neuheit rund ein Menschenalter nach ihrer Entstehung ‚entdeckt' wird" (Herwig Wolfram[21]), müßte die Ethnogenese der Alemannen, deren Name im Panegyricus des Mamertinus zum Jahr 289 erstmals genannt wurde, zeitlich mit ihrem Eindringen in die ehemals römischen Provinzen östlich des Rheins zusammengefallen sein. Das erscheint jedoch äußerst unwahrscheinlich. Denn bis aus einwandernden Personengruppen unterschiedlicher Herkunft ein „Volk" entsteht, das sich einer politischen Führung unterwirft, eine gemeinsame Sozialstruktur entwickelt, in wechselseitigem Kulturaustausch schließlich zu einer wie auch immer gearteten kulturellen Einheit findet und – wichtigste Kennmarke eines Volkes – von einer Verkehrsgemeinschaft zu einer Sprachgemeinschaft wird, dürften mehr als nur zwei oder drei Jahrzehnte vergehen.

Ganz abgesehen davon, daß Faustregeln keinerlei Beweiskraft für den Einzelfall besitzen, gibt der Kontext der erstmaligen Erwähnung von *Alamanni* neben *Burgundiones, Chaibones, Eruli* usw. als *barbariae nationes*, die in die römischen Provinzen eingebrochen seien, keinerlei Auskunft über die Herkunft, zahlenmäßige Stärke und Struktur der Alemannen. Sie beweist lediglich, daß der Name im ausgehenden 3. Jahrhundert in Trier bekannt war und mit einem der Gallien bedrohenden Germanenstämme gleichgesetzt wurde, die einer Hungersnot anheimfielen und daraufhin einer tödlichen Seuche erlagen. Wie sich das Zusammenleben der „barbarischen Stämme" im ehemals römischen und nun den Germanen überlassenen Dekumatenland zu dieser Zeit gestaltete, darüber schweigen die Quellen. Erst Ammianus Marcellinus, ein römischer Offizier und Geschichtsschreiber unter Kaiser Julian (355/61–363), gewährt uns nach der Mitte des 4. Jahrhunderts Einblick in das Leben der „alemannischen Völker" (*Alamannorum populi*) östlich des Oberrheins. Ob und gegebenenfalls ab wann sich diese Völker schon vor Ammian als Alemannen oder zumindest als zusammengehörig betrachteten, verraten uns die Schriftzeugnisse nicht. Der Vorgang der alemannischen Ethnogenese liegt also völlig im Dunkeln.

Nicht anders verhält es sich mit dem Vorgang der Landnahme der Alemannen. Mit Sicherheit unzutreffend ist die Vorstellung einer systematischen Landnahme, wie sie im biblischen Bericht des Buches Josua (Kap. 14 ff.) für die israelitischen Stämme geschildert wird oder wie sie von den Langobarden überliefert ist, die im Jahr 568 mit 100 000–150 000 Menschen nach Italien zogen und dort planmäßig Land nahmen[22]. Für die Alemannen, beziehungsweise für die germanischen Volksgruppen, die in das von den Römern preisgegebene Gebiet zwischen Limes und Rhein einzogen, ist der Gedanke eines auch nur ansatzweise planmäßig verlaufenen Landnahmeprozesses auszuschließen. Denn für eine solche Annahme fehlt jeder Anhaltspunkt. Archäologisch faßbare Spuren einer Landnahme im 3. Jahrhundert sind nicht vorhanden, und die äußerst geringe Anzahl von „alemannischen" Grab- oder gar Siedlungsfunden aus dieser frühen Zeit erlaubt keine Rekonstruktion eines Besiedlungsvorganges im Gebiet des heutigen Baden-Württemberg. „Schlußendlich bleibt der Archäologe, wenn er nur die Aussage der germanischen Funde heranzieht, die Antwort auf die Frage nach Ablauf, zeitlicher Gliederung, kurz nach der Dynamik des Landnahmevorgangs schuldig, sowenig er eine gemeinsame oder, alternativ, eine heterogene Herkunft der Einwanderer nachweisen kann, sei es nun ethnisch oder geographisch" (Gerhard Fingerlin[23]).

Als die Römer zwischen 260 und 268 den Schutz des Limes und damit der rechtsrheinischen Provinzbevölkerung sowie der dort geschaffenen Infrastruktur aufgaben, folgte allem Anschein nach nicht sofort eine planmäßige Besiedlung durch eine neue, germanische Bevölkerung. Jedenfalls gibt es keinerlei Hinweise darauf in den überlieferten Schriftzeugnissen oder in den archäologisch faßbaren Überresten des 3. Jahrhunderts. Stattdessen sind östlich des Rheins aufgefundene Bronzegegenstände, Gläser und Sigillatagefäße, vor allem aber Bronzemünzen, als Indizien für ein Fortleben römischer Siedlungen bis weit in das 4. Jahrhundert hinein gewertet worden. So bedenkenswert diese Deutung ist, sie ist keineswegs zwingend. Ebenso gut können solche „römisch" etikettierten Stücke, zumal sie vorwiegend in Grenznähe und im Bereich von Rheinübergängen und Brückenköpfen gefunden wurden, als Zeugnisse enger wirtschaftlicher Beziehungen und Verflechtungen zwischen Germanen und Romanen interpretiert werden. Diese Deutung bietet sich besonders dann an, wenn man, wie oben angedeutet, ein Foederatenverhältnis für möglich erachtet, das die im unmittelbaren Vorfeld der neuen Reichsgrenze befindlichen Germanen mit den linksrheinischen Römern verband und das der Abwehr der Stämme im Innern Germaniens (*contra interiores gentes*) dienen sollte.

Wie dem auch sei: Die Vorstellung eines vor dem Limes übermächtig angewachsenen, die römischen Kastelle und Palisaden in gewaltigem Ansturm überrennenden, sämtliche Siedlungen brandschatzenden, die ansässige Bevölkerung mordenden oder gewaltsam vertreibenden alemannischen Volkes, das sofort in einem Zug „das ganze Land bis zum Rhein einschließlich Oberschwabens endgültig" besetzte (Arnold und Karl Weller), erweist sich jedenfalls als unhaltbar und dringend revisionsbedürftig. Kriegerische Beutezüge und gewaltsame Eroberungen der germanischen Eindringlinge haben sicher überall im Land stattgefunden, und sie gingen, wie wir von den römischen Schriftstellern des 3. bis 5. Jahrhunderts hören, sogar weit über das Dekumatenland hinaus. Aber sie waren weder zentral organisiert, noch erfolgten sie planmäßig, und sie haben offensichtlich auch zunächst noch nicht zu einer systematischen Inbesitznahme des Landes und zu einer kontinuierlichen Besiedlung geführt. Die archäologisch konstatierte relative Fundarmut des 3. Jahrhunderts läßt sich vielmehr am ehesten dadurch erklären, daß man für diese frühe Phase noch den von Caesar (*De bello Gallico,* cap. 1 und 22) geschilderten Zustand semipermanenten Wohnens annimmt, der zwangsläufig wenig Überreste hinterläßt. Der häufige Wechsel der Siedlungsplätze verhinderte zugleich die Anlage größerer Friedhöfe, so daß die wenigen bisher entdeckten Einzelgräber des 3. Jahrhunderts eine natürliche Erklärung finden. Und dies umso mehr, wenn tatsächlich die Kontakte zu den Herkunftsgebieten zunächst noch intakt blieben. Hinzu kommt, daß zu dieser Zeit Brandbestattungen, die ohnehin weniger Spuren hinterlassen, noch die Regel waren, während Körperbestattungen offensichtlich Angehörigen gehobener Schichten vorbehalten waren.

II. Die Nachbarschaft von Römern und Alemannen (260–456)

„Dem Einbruch der Alamannen folgten eineinhalb Jahrhunderte eines offenen oder kalten Kriegszustandes mit den Römern" (Arnold und Karl Weller). Obwohl diese allgemein verbreitete Beurteilung[1] der nachbarschaftlichen Koexistenz von Römern und Alemannen entlang der neugeschaffenen Demarkationslinie des „nassen Limes" durch die Berichterstattung der römischen Schriftsteller gestützt wird, trifft sie nur e i n e n Aspekt des Zusammenlebens. Diese Berichterstattung ist eben vornehmlich Kriegsberichterstattung für einen römischen Leserkreis und hat meist in erster Linie die Verherrlichung der Erfolge einzelner Kaiser zum Ziel. Wir erfahren aus diesen römischen Quellen – alemannische besitzen wir ja leider nicht – aber auch nebenbei, daß die Alemannen den Römern offensichtlich über längere Zeiträume hinweg durch vertraglich festgelegte Foederatenverhältnisse verbunden waren. Allerdings hören wir davon meist im Zusammenhang des Bruchs solcher Vereinbarungen durch die Alemannen.

1. Alemannen in römischem Dienst

Versuche der Römer, die unberechenbaren „Barbaren" zu disziplinieren und einerseits von ihren Beutezügen ins Innere Galliens und sogar bis nach Italien abzuhalten und andererseits als Schutzschild gegen andere, die Rhein- und Donaugrenze bedrohende germanische Stämme einzusetzen, schlossen sich in der Regel an erfolgreiche Demonstrationen römischer Macht und Überlegenheit an. So soll beispielsweise Kaiser Probus (276–282), dessen in der Historia Augusta überlieferten Erfolgsbericht an den römischen Senat wir oben (S. 23) bereits zitiert haben, zuvor 400 000 über den Rhein vorgedrungene Germanen getötet und die restlichen über den Neckar und die Schwäbische Alb zurückgeworfen haben. Dann sei es zu den erwähnten Verhandlungen mit den neun *reges* verschiedener *gentes* gekommen, die Geiseln stellen und für die Rückerstattung der errungenen Beute sorgen mußten. „Außerdem bekam Probus 16 000 Rekruten (*tyrones*), die er alle auf verschiedene Provinzen verteilte, in der Weise, daß er den Heeresabteilungen oder Soldaten der *limitanei* je 500 oder 600 einreihte, wobei er sagte, man müsse es spüren, nicht sehen, wenn der Römer durch barbarische Hilfstruppen (*auxiliaribus barbaris*) unterstützt werde".

Aus der Zeit um 400, in der die Kaiserbiographien der Historia Augusta – und damit auch der oben zitierte Auszug über Probus – niedergeschrieben wurden, stammt auch das römische Staatshandbuch der *Notitia dignitatum* (*omnium tam civilium quam militarium*), dessen Truppenverzeichnis bis in die Zeit des ausgehenden 3. Jahrhunderts zurückreicht[2]. Aus diesem Verzeichnis läßt sich eine weitere Form der Verwendung germanischer Krieger im römischen Heer erschließen, nämlich die innerhalb geschlossener Verbände im Reichsheer. Aufgeführt sind dort die Abteilungen der *Bucinobantes* und der *Raetovarii* in der Hofarmee (*auxilia palatina*) des Ostreiches sowie Infanterieeinheiten (*cohortes*) und Reiterabteilungen (*alae*) der *Iuthungi* und *Alamanni*; im Westreich haben *Brisigavi iuniores* und *Brisigavi seniores* unter anderem in Italien und Spanien ihren Dienst in römischem Auftrag versehen. Mit diesen Namen, die unter römischem Kommando stehende Truppenformationen benennen, sind germanische Personenverbände gemeint, die im Gebiet der *Alamannia* ansässig waren und von den römischen Autoren als Alemannenstamm (*gens Alamannica*) oder Alemannenteil (*pars Alamannorum*) bezeichnet wurden.

Nun könnte man meinen, wir hätten mit diesen *gentes* oder *populi Alamannorum* jene Stämme im Blick, aus denen sich einst der „volkreiche Stamm" der Alemannen gebildet habe. Dem ist aber nicht so, denn die Namen, denen als ein weiterer der der *Lentienses*, ein zum Jahr 378 erwähnter *Alamannicus populus*, hinzuzurechnen wäre, nehmen allesamt bereits auf die Regionen Bezug, in denen die so bezeichneten Personenverbände nach der Preisgabe des Limes durch die Römer siedelten. Das Wort *bant*, der zweite Bestandteil des Namens der *Bucinobantes*, hat die Bedeutung „*regio*, Gau", – ebenso wie der zweite Teil des Namens der *Brisigavi*, dessen neuhochdeutsche Form „Breisgau" diese Bedeutung heute noch erkennen läßt. Die *Lentienses* siedelten im Linzgau und „grenzten an die Gebiete Raetiens an" (*tractibus Raetiarum confinis*). Die *Raetovarii* schließlich, deren Name soviel bedeutet wie „Bewohner Raetiens" oder „Anwohner Raetiens", bewohnten den nördlich der Donau gelegenen Teil Raetiens[3]. Alle diese Namen von alemannischen Personenverbänden müssen also, da sie erst sekundär aus ortsbezogenen Gaubezeichnungen (Buchengau, Breisgau, Linzgau, Riesgau)

Karte 1: Die Siedlungsgebiete der *Bucinobantes, Brisigavi, Raetovarii* und *Lentienses*
Entwurf Dieter Geuenich, *Zeichnung:* Volker Bierbach, Ingo Runde.

auf die dort Wohnenden übertragen worden sind, jung sein: Sie können erst in den neu errungenen oder erworbenen Gebieten entstanden sein. Einzige Ausnahme ist neben dem Namen der Alemannen der *der Juthungen*, der „Nachkommen, Abkömmlinge" bedeutet (germanisch *euþunga). Wir werden auf diesen Nachbarstamm der Alemannen noch besonders einzugehen haben.

Von den Bucinobanten erfahren wir durch den römischen Schriftsteller Ammianus Marcellinus (330–395), daß sie in der zweiten Hälfte des 4. Jahrhunderts gegenüber von Mainz saßen und einen eigenen König (*rex*) namens Macrianus hatten. Es ist in unserem Zusammenhang interessant zu hören, daß der römische Kaiser Flavius Valentinianus I. (364–375) diesen *rex* der Bucinobanten, da er „ohne Maß und Ende den römischen Staat durch Unruhen und Aufstände belästigte", absetzen und durch den *rex* Fraomarius ablösen ließ. Wie und auf welcher Rechtsgrundlage der Kaiser diesen Eingriff (*regem ordinavit*) vornehmen konnte, entzieht sich unserer Kenntnis. Jedenfalls scheint der von den Römern eingesetzte neue *rex* Fraomarius das Vertrauen des Kaisers besessen zu haben, denn er wurde von diesem bald darauf im Rang eines Tribunen und als Befehlshaber einer besonders starken und tüchtigen Alemanneneinheit nach Britannien geschickt.

Diese weitere Karriere des Fraomarius läßt aber auch darauf schließen, daß er sich trotz seiner Einsetzung durch Kaiser Valentinian bei den Bucinobanten offenbar nicht durchsetzen konnte. Im folgenden Jahr sah sich der Kaiser nämlich gezwungen, mit Macrianus, dem „König und Meister der Unruhen" (*turbarum rex artifex*), wiederum in der Nähe von Mainz zu verhandeln. Diesmal kam es, wenn wir dem Bericht des Ammianus Marcellinus glauben dürfen, zu einem förmlichen Freundschaftsvertrag (*amicitia*), der durch einen Treueid feierlich beschworen wurde. Macrianus soll fortan ein verläßlicher Bundesgenosse (*socius*) der Römer gewesen sein und „später durch schöne Taten den Beweis für seine beständige und verträgliche Gesinnung" geliefert haben.

Von den Lentiensern berichtet Ammianus Marcellinus, daß sie unter ihrem König (*rex*) Priarius einen „vor langem geschlossenen Vertrag (*foedus*) verletzt" hätten. In einer daraufhin vom römischen Kaiser Flavius Gratianus (367–383) durchgeführten Strafaktion, an der auch der Frankenkönig Mallobaudes als römischer *comes* der *domestici* mitwirkte, wurde der Lentienserkönig Priarius getötet. Die Lentienser mußten, nachdem ihr

Widerstand endgültig gebrochen war, eine größere Anzahl kräftiger junger Männer stellen, die als römische Rekruten in Dienst genommen wurden, bevor die Reste der „Linzgaubewohner" unter demütigen Bitten in ihre Heimat zurückkehren durften.

Interessant ist in diesem Zusammenhang der Anlaß, der nach Ammian zur Erhebung der Lentienser geführt hatte. Denn er läßt die enge Verflechtung der römischen mit der grenznahen „alemannischen" Bevölkerung erkennen und gibt Einblick in die Kenntnisse, die man infolge der personellen Kontakte vom Nachbarn besaß. „Ein Mann dieses Stammes (*ex hac natione*), der in der kaiserlichen Garde diente, war wegen einer dringlichen Angelegenheit nach Hause gekommen, und geschwätzig, wie er war, erzählte er vielen, die sich erkundigten, was denn im Palast geschehe, daß Gratianus, auf Aufforderung seines Onkels Valens, bald das Heer nach dem Osten in Bewegung setzen werde, damit die Anwohner der Grenzländer mit doppelter Kraft zurückgeschlagen würden, die sich zur Vernichtung des römischen Reiches verschworen hatten. Das hörten die Lentienser begierig an, ... taten sich zu plündernden Haufen zusammen und... überschritten... den Rhein...". Es ist ebenso aufschlußreich zu hören, auf welche Weise die Lentienser ihre Informationen über die geplanten römischen Truppenbewegungen aus dem Palast erhielten, wie sich zu vergegenwärtigen, daß Ammian sein Wissen über den Verrat des Gardesoldaten wiederum nur von den Lentiensern erhalten haben kann.

Aus der Fülle weiterer Beispiele von Alemannen, die im römischen Heer dienten und mitunter bis in höchste Ämter aufstiegen, seien noch die Alemannen Latinus (mit römischem Namen!), Agilo und Scudilo erwähnt, die man damals von seiten der Römer, wie Ammian kritisch anmerkt, „hofierte, als trügen sie das Wohl des Staates in ihren Händen". Latinus hatte es im römischen Dienst zum *comes domesticorum* gebracht, ein Amt, das häufig von Germanen ausgeübt wurde und das zeitweise auch der Frankenkönig Mallobaudes, wie wir oben hörten, bekleidete. Agilo war kaiserlicher Oberstallmeister (*tribunus stabuli*), dann Befehlshaber der Garde (*tribunus gentilium et scutariorum*) und wurde im Jahr 360 von Kaiser Flavius Julius Constantius II. (337–361) zum Heermeister der Infanterie (*magister peditum*) ernannt. Scudilo schließlich war Offizier in der kaiserlichen Garde (*rector scutariorum*). Diese drei standen nach Ammian während eines römischen Feldzuges in der Nähe von Kaiseraugst (bei Basel) im Verdacht, ihre Landsleute (*populares suos*) über heimliche Boten von einem geplanten Rheinübergang in Kenntnis gesetzt zu haben. Dieser Verdacht, der die grundsätzliche Gefahr deutlich macht, die stets von Alemannen im römischen Dienst ausging, schadete aber offensichtlich der weiteren Karriere der drei hochangesehenen Militärs nicht.

Eine andere, noch kurz zu erwähnende Art des Lebens von Alemannen in römischer Umgebung war die als *Laeti*. Diese lebten in geschlossenen Niederlassungen auf dem Boden des römischen Reiches und standen, da sie von den Römern zwangsweise angesiedelt waren, meist in einem engeren Abhängigkeitsverhältnis zu diesen als etwa die Foederaten. In der Regel handelte es sich um germanische Kriegsgefangene, die insbesondere nach den Siegen der Kaiser Maximian (286–305) und Constantius I. (305–306) auf linksrheinischem Gebiet angesiedelt worden waren. Welche latente Gefahr von diesen Laetensiedlungen inmitten der römischen Bevölkerung ausging, wird am Beispiel einer Begebenheit des Jahres 357 deutlich, von der wiederum Ammian berichtet[4].

Julian, von der christlichen Geschichtsschreibung später als Kaiser (361–363) wegen seines offenen Eintretens für das Heidentum mit dem Beinamen der „Abtrünnige" (*Apostata*) bezeichnet, war 355 von seinem Vetter Constantius II. (337–361) zum Caesar ernannt und mit dem Schutz Galliens betraut worden. Im Frühjahr 357 unternahm er den Versuch, die Alemannen, die zu dieser Zeit „schlimmer als gewohnt wüteten", im Bereich der Vogesen in einer Zangenbewegung zweier römischer Heere „in die Enge zu treiben und niederzumachen". Während Julian selbst das eine Heer anführte, kam das zweite auf Befehl des Kaisers aus Italien herbei. Letzteres soll nach Ammian aus 25000, nach Libanios aus 30000 Soldaten bestanden haben. Als die Vorbereitungen in getrennten Lagern zum Angriff getroffen wurden, kamen den beiden Heeren „barbarische Laeten" zuvor, die, wie Ammian anmerkt, „ein besonderes Geschick für Handstreiche haben". Sie schlichen sich zwischen den beiden römischen Lagern hindurch in Richtung auf die Stadt Lyon, die sie durch „ihren unvorhergesehenen gewaltigen Ansturm geplündert und niedergebrannt hätten, wenn sie nicht an den geschlossenen Stadttoren gescheitert wären". Stattdessen verwüsteten sie nun alles, was sie außerhalb der Stadt finden konnten.

Die Gefahren, die von Alemannen im römischen Heerdienst ausgehen konnten sowie von Kriegsgefangenen, die als Laeten auf dem Boden des Imperiums angesiedelt wurden, stellten für die Römer also eine ständige Bedrohung dar. Daß sie dennoch nicht darauf verzichteten, eine ständig zunehmende Zahl von

Alemannen als Offiziere in den eigenen Reihen einzusetzen, ganze Teilstämme mit ihren Königen als geschlossene Truppenverbände ins Heer zu integrieren und umfangreiche Siedlungen von alemannischen Kriegsgefangenen innerhalb des eigenen Territoriums anzulegen, läßt sich wohl nur dann erklären, wenn zwischen den von den Berichterstattern geschilderten alemannischen Beutezügen und römischen Strafexpeditionen immer wieder längere Phasen friedlicher Koexistenz lagen, in denen sich die Alemannen als Offiziere, Foederaten oder Bewohner des römischen Weltreiches fühlten und bereitwillig seinem Wohl und Schutz dienten. Das Beispiel des Bucinobantenkönigs Macrian, der nach dem Abschluß eines Freundschaftsvertrages mit Kaiser Valentinian ein verläßlicher Bundesgenosse der Römer wurde und bis ans Ende seines Lebens blieb, das er im Kampf mit den Römern gegen die Franken für Rom opferte, vermag dies exemplarisch zu verdeutlichen.

Auch die Tatsache, daß sich gerade die kaiserliche Leibgarde, schon in der Zeit der julisch-claudischen Kaiser bis hin zu Caracalla, vornehmlich aus Germanen rekrutierte, macht deutlich, daß Germanen im römischen Dienst durchaus Vertrauensstellungen innehatten. Daneben war natürlich der Grundsatz maßgeblich, daß Germanen am besten mit Germanen zu besiegen seien. Die nicht zu übersehende „Barbarisierung" oder „Germanisierung" des römischen Heeres – oft als ein Faktor für den Untergang des römischen Weltreiches verantwortlich gemacht – ist jedenfalls „als charakteristischer Zug der Militärgeschichte des 4. Jahrhunderts" anzusehen (A. Schenk Graf von Stauffenberg)[5].

Für unseren Zusammenhang ist die Feststellung von Bedeutung, daß die „Barbaren" den Römern nicht nur als undisziplinierte Invasoren feindlich gegenübertraten, sondern daß sie über längere Zeiträume hinweg auch als Foederaten wichtige militärische Hilfe leisteten, als Offiziere leitende Funktionen innehatten sowie als Laeten einerseits in Friedenszeiten Getreide und Vieh lieferten und andererseits in Kriegszeiten Militärdienst verrichteten. Aus den damit verbundenen persönlichen Kontakten zwischen alemannischer und römischer Bevölkerung ergibt sich, daß man über die jeweilige Gegenseite relativ gut informiert war. Römische Offiziere wie unser wichtigster Gewährsmann, der mehrfach zitierte Geschichtsschreiber Ammianus Marcellinus, dürften mithin fundierte Kenntnisse über die Alemannen besessen haben. Da Ammian als *protector domesticus* in kaiserlichem Dienst stand und sich von 353 bis 357 in Gallien aufhielt, hat er mit Sicherheit selbst Kontakte mit Alemannen gehabt. Das Bild, das er aufgrund dieses persönlichen Umgangs und der dabei erworbenen Erfahrungen von den Alemannen vermittelt, dürfte also im großen und ganzen zuverlässig sein[6]. Daß er das Vorurteil aller Römer, die Germanen seien wild, grausam und verschlagen, teilt, hindert ihn nicht daran, einzelnen von ihnen, die sich in den Dienst des Reiches gestellt haben, Lob und Anerkennung zu zollen.

2. Römer bei den Alemannen

Auf der anderen, der alemannischen Seite dürften ebenso fundierte Kenntnisse über die Lebensweise der römischen Bevölkerung vorhanden gewesen sein. Nicht nur die Alemannen, die in römischem Dienst Karriere machten, und die Laeten, die inmitten einer römischen Umwelt lebten, werden von der kulturell in vielfacher Hinsicht überlegenen Gegenseite gelernt haben, sondern auch die alemannische Bevölkerung östlich des Rheins und nördlich der Donau. Selbstverständlich rissen die Kontakte zwischen den zum Wehrdienst eingezogenen oder gar in hohe und höchste Ämter berufenen Alemannen und ihren Heimatgauen nicht völlig ab. Dies zeigt beispielhaft die oben (S. 32) geschilderte Episode jenes kaiserlichen Gardisten aus dem Linzgau, der wegen einer dringlichen Angelegenheit (*poscente negotio*) in seine Heimat zurückkehrte. Es läßt sich leicht nachvollziehen, daß ihn seine Landsleute neugierig (*avide*) danach fragten, wie es denn im kaiserlichen Palast zugehe und was dort geschehe (*quid ageretur in palatio*). Da dies kein Einzelfall gewesen sein dürfte, kann man davon ausgehen, daß man in den alemannischen Gauen der *Bucinobantes*, der *Brisigavi*, der *Raetovarii*, der *Lentienses* und der *Iuthungi*, die allesamt direkte Nachbarn der Römer am Rhein beziehungsweise an der Donau waren, aber auch in den uns namentlich nicht bekannten Gauen „im Inneren" der *Alamannia* über die römische Lebensweise ebenso gut informiert war wie über ihre Kampfesweise. Jedenfalls werden die Kenntnisse über die Verhältnisse beim Nachbarn jenseits des „nassen Limes" mit zunehmender Dauer und Intensität der nachbarschaftlichen Beziehungen erweitert und vertieft worden sein.

Von den Spuren eines grenzüberschreitenden Handels, die sich in „römischen" Grabbeigaben und in Münzfunden östlich des Rheins archäologisch im 4. Jahrhundert fassen lassen, war bereits die Rede. Auch Ammianus Marcellinus erwähnt in seinen *Rerum gestarum libri* – natürlich nur nebenbei, denn die Feldzüge sind sein Thema – Händler, die Waren (*venalia, merces*) und sogar Sklaven (*mancipia, scurrae*) in Grenznähe verkauften. Um einen bei Wiesbaden geplanten Rheinübergang ihrer Truppen geheimzuhalten, erschlugen die Römer die dort zufällig anwesenden Händler, weil sie argwöhnten, „sie könnten in schnellem Lauf die Meldung weitergeben von dem, was sie gesehen hatten". Wie überall scheint die Übermittlung von Nachrichten insbesondere über Kaufleute gelaufen zu sein.

Wir wissen nicht, ob es römische oder germanische Händler waren und welchen Kundenkreis sie bedienten. Vermutlich hat es auf beiden Seiten Händler und Kaufleute gegeben, da die Alemannen an römischen Schmuck- und Gebrauchsgegenständen und die Römer an Vieh- und Getreidelieferungen interessiert waren. Neben dem Tauschhandel waren aber auch bei den Alemannen bereits Geldzahlungen – zumindest beim Sold oder auch bei Bestechungen[7] – üblich.

Indessen brachten nicht nur Händler und auf Heimaturlaub befindliche Soldaten Nachrichten und Informationen über das Leben der römischen Bevölkerung ins Alemannenland, sondern auch römische Kriegsgefangene, die sich für längere oder kürzere Zeit in alemannischer Hand befanden. Kaiser Julian nennt selbst die fast unglaublich klingende Zahl von 20 000 Römern, die von den Alemannen verschleppt worden seien und um deren Rückgabe er sich bemühte (Julianus, Or. 5,8)[8]. Aber auch andere römische Schriftsteller bedauern das „Los der Gefangenen", die „grausamen Herren als Knechte überlassen" worden seien (Paneg. Lat. III (XI) 4), fordern die „Freigabe der zuvor gefangenen Römer" (Libanios, oratio XVI für Kaiser Julian) und berichten einmal sogar von einem hetzerischen Flugblatt, mit dem ein römischer Soldat gegen eine drohende erneute Versklavung seiner Angehörigen protestierte, die doch „eben erst nach mörderischen Kämpfen aus ihrer ersten Knechtschaft befreit" worden seien (Ammianus Marcellinus XX, 4(10)). Noch in der zweiten Hälfte des 5. Jahrhunderts bittet der hl. Severin den Alemannenkönig Gibuldus, „er solle die Gefangenen, die seine Leute festhielten, in Gnade freigeben", und der König kommt dieser Bitte schließlich nach, indem er „ungefähr siebzig Gefangene zurückführte" (Eugipp, Vita S. Severini XIX).

Man wird nicht fehlgehen, wenn man in diesen Kriegsgefangenen vor allem begehrte Arbeitskräfte sieht, die in den nach

Abzug der römischen Bevölkerung relativ menschenleeren Gebieten der ehemaligen *agri decumates zu* landwirtschaftlichen Tätigkeiten herangezogen wurden. Der mit den Beutezügen verbundene Menschenraub ist vielleicht mitunter sogar das maßgebliche Motiv für die Einfälle in die römischen Provinzen gewesen.

Jedenfalls dürften die Kriegsführung und Lebensweise, das landwirtschaftliche „Know how", vom Getreideanbau bis zum zuvor unbekannten Weinbau, und auch die Sprache, Kultur und Religion der Römer den Alemannen mit zunehmender Dauer der Nachbarschaft an Oberrhein, Hochrhein, Iller und Donau nicht völlig fremd geblieben sein. Sicherlich sind in die umgekehrte Richtung ebenfalls genügend Informationen geflossen, aber die Anziehungskraft ging zweifellos von der Überlegenheit der römischen Welt in allen genannten Bereichen aus, und diese Sogwirkung zeigte sich nicht zuletzt in den zahlreichen Raub- und Beutezügen, mit denen die Zeiten friedlicher Koexistenz immer wieder unterbrochen wurden. Solche Barbareneinfälle ins Reichsgebiet führten germanische Kriegsscharen sogar bis nach Italien, dessen Einwohner ebenfalls als Kriegsgefangene begehrt waren und mit heimgeführt wurden, wie der im folgenden Abschnitt beschriebene Beutezug der Juthungen im Jahre 260 zeigt.

3. Die Juthungen – ein alemannischer (Teil-)Stamm?

Daß wir den Juthungen, die Ammianus Marcellinus als einen alemannischen Stamm (*gens Alamannica*) und als Teil der Alemannen (*Alamannorum pars*) kennzeichnet, einen eigenen Abschnitt widmen, hat vor allem zwei Gründe: Zum einen handelt es sich bei ihrem Namen, wie wir oben deutlich gemacht haben, nicht wie bei den *Bucinobantes, Brisigavii, Lentienses* und *Raetovarii* um einen Wohnstättennamen, der erst nach der Niederlassung im neuen Siedlungsgebiet entstanden ist, sondern allem Anschein nach um einen alten Volksnamen. Zum anderen ist er, wiederum im Gegensatz zu den Namen der anderen „Teilstämme", die erst nach der Mitte des 4. Jahrhunderts in den Quellen begegnen, schon im 3. Jahrhundert bezeugt, und zwar zeitlich bereits vor dem frühesten Zeugnis für den Alemannen-Namen.

Im August 1992 wurde in Augsburg ein Altarstein gefunden, dessen Inschrift unverhofft neue Erkenntnisse über die Juthungen ermöglicht und die Forschung erneut in Bewegung gebracht hat. Es handelt sich um einen Weihestein an die Siegesgöttin Victoria, der unter dem Konsulat des Usurpators Postumus (260–269) aufgrund eines am 24. und 25. April 260 errungenen römischen Sieges über die Juthungen errichtet wurde[9]. Eine geradezu sensationelle Wirkung ging von diesem Fund in einem alten Flußlauf des Lech aus, weil die klar und deutlich lesbare Inschrift einen Sieg über „die Barbaren des Stammes der Semnonen oder Juthungen" (*ob barbaros gentis Semnonum sive Iouthungorum*) bezeugt. Auf den ersten Blick scheint dadurch nun, wenn *sive* im Sinne von „beziehungsweise" verstanden werden darf, die Gleichsetzung Juthungen = Semnonen gesichert. Da die Semnonen wiederum nach Tacitus (Germania cap. 19) den ältesten und vornehmsten Stamm der Sueben bildeten und Ammian die Gleichung Juthungen = Alemannen bezeugt, könnte man die in der Forschung schon immer gehegte Überzeugung, die Alemannen seien Sueben, durch diese Inschrift bestätigt sehen. Dennoch sind Bedenken gegen vorschnelle Folgerungen angebracht: Wenn der Ritter Marcus Simplicinius Genialis, der den Stein „anstelle des Praeses mit demselben Heer freudig" am 11. September des Jahres 260 errichten ließ, die bezwungenen Barbaren als Semnonen und(?)/oder(?) Juthungen bezeichnete, so hat er damit nicht gesagt, daß die letzteren aus den ersteren entstanden seien. Und wenn Ammian mehr als 130 Jahre später die Juthungen als Teil(-Stamm) der Alemannen kennzeichnet, kann diese Aussage durchaus eine zwischenzeitlich veränderte Situation reflektieren, die durch die langjährige räumliche Nachbarschaft, die gemeinsame militärische Gegnerschaft und häufige Kampfgemeinschaft gegen die Römer entstanden war oder sich auch nur für den römischen Schriftsteller so darstellte. Als Zeugnis für die Herkunft, Stammesstruktur und Ethnogenese der Alemannen im 3. Jahrhundert wird man das Augsburger Siegesdenkmal zur Juthungenschlacht nur mit Vorbehalt interpretieren dürfen.

Als Zeugnis für die Juthungen, deren Name in der Weiheinschrift erstmals genannt und mit den Semnonen in Verbindung gebracht wird, ist der Augsburger Fund dagegen von größter Bedeutung. Und erst recht wirft er ein neues Licht auf das Gegenkaisertum des Postumus und sein „Gallisches Sonderreich", dem demnach im Herbst 260 auch die Provinz Raetien angehörte, die man bislang zum Machtbereich des Kaisers Gallienus gerechnet hatte. Daß der Name des Usurpators auf dem Weihestein schon bald darauf durch Auskratzen getilgt wurde, zeigt allerdings, daß seine Herrschaft über Raetien wohl nicht von langer Dauer war. Wir erhalten auch Einblick in die äußerst kritische Situation am obergermanisch-raetischen Limes, die durch den gescheiterten Perserzug und die Gefangennahme des Kaisers Valerian im fernen Edessa, die Rebellion des Ingenuus in Sirmium und den dadurch notwendig gewordenen Truppenabzug durch Valerians Sohn Gallienus an der Rheingrenze grob charakterisiert ist. Die Germanen jenseits des Limes, hier die Juthungen, hatten diese Uneinigkeit und Unordnung auf der römischen Seite geradezu als Einladung zu Beutezügen in das Reichsgebiet betrachtet. Auf der Rückkehr von einem solchen Zug nach Italien war das Juthungenheer, wie die Weiheinschrift berichtet, bei Augsburg „von den Soldaten der Provinz Raetien, aber auch von in Germanien stationierten [Truppen], und gleichwohl durch Landsleute (*popularibus*)... niedergemacht und in die Flucht gejagt [worden]...", wobei „viele Tausende gefangener Italer herausgerissen wurden". Offensichtlich konnten die Juthungen erst kurz vor ihrer erfolgreichen Rückkehr in die Heimat von den verbliebenen beziehungsweise eilig zusammengezogenen Resttruppen in der Nähe der raetischen Provinzhauptstadt Augsburg (*Augusta Vindelicum*) gestellt und besiegt werden. Daß es erst hier, diesseits der Alpen und fern vom italischen Mutterland, gelang, die zu Tausenden mitgeschleppten italischen Gefangenen zu befreien, kennzeichnet die kritische Situation, in der sich das römische Imperium zur Zeit der Usurpatoren befand[10].

Was den Namen der Juthungen betrifft, so haben wir oben (S. 31) bereits auf die ursprüngliche Bedeutung „Nachkommen, Abkömmlinge" hingewiesen. Sie ist schon von Karl Müllenhoff (1818–1884) und anderen[11] im Sinne von „Abkömmlinge (des Gottes) der Semnonen" oder „echte Semnonen" interpretiert und mit den Semnonen in Verbindung gebracht worden, bevor der Zusammenhang der beiden Völker durch den erst jüngst entdeckten Weihestein quellenmäßig faßbar wurde. Über die Stärke, das Schicksal und das Selbstverständnis der Juthungen erfahren wir schon bei ihrem „Eintritt in die Geschichte", das heißt anläßlich ihrer ersten Erwähnungen in den römischen Quellen, mehr als über die Alemannen. Denn nicht nur der neu aufgefundene Weihestein des Jahres 260, sondern auch die Berichte über einen weiteren Juthungeneinfall nach Italien etwa zehn Jahre später unter Kaiser Aurelian (270–275) vermitteln mehr Informationen über dieses Volk, das nördlich der oberen Donau gegenüber Vindelicien und Raetien siedelte, als alle verfügbaren Quellen über das Volk der Alemannen in der Zeit vor Ammianus Marcellinus.

Der griechische Historiker Dexippos, um 210 in Athen geboren, berichtet in seinen „Gotenkriegen" (Σκύθικϑ) von einem Kriegszug der „juthungischen Skythen" (᾽Ιουϑούγγους Σκύϑας) durch Italien[12]. Die Tatsache, daß dieser Barbareneinfall des Jahres 270/71 von den einzelnen Schriftstellern unterschiedlichen germanischen Völkern zugeschrieben wird – in der Historia Augusta etwa den Sueben und von Zosimos (um 500) den „Alemannen und ihnen benachbarten Stämmen" –, zeigt, welche Probleme den Zeitgenossen offensichtlich die ethnische Bestimmung und Zuordnung der herumziehenden Kriegerscharen bereitete.

Kaiser Aurelian (270–275) ließ damals zum Schutz vor den Eindringlingen um Rom eine später nach ihm benannte Schutzmauer bauen. Daß man ihm neben der Siegestitulatur eines *Gothicus Maximus* auch den Triumphalnamen eines *Germanicus Maximus* verlieh, verdankt er wohl der Unterwerfung der Juthungen. Diese hatten – vermutlich gemeinsam mit Angehörigen auch anderer germanischer Stämme, unter anderem auch Alemannen, – Italien plündernd durchstreift und dabei reiche Beute und zahlreiche Kriegsgefangene an sich gerissen. Wie ein Jahrzehnt zuvor gelang den Römern ein Sieg über die Juthungen erst, als sie wieder die Donau überqueren wollten, um in ihre Heimat zurückzukehren. Eine Gesandtschaft der geschlagenen Juthungen zog daraufhin vor Kaiser Aurelian, um Friedensverhandlungen zu führen.

Es ist aufschlußreich, von Dexipp zu erfahren, daß die Juthungen bei diesen Verhandlungen darauf aus waren, die „früher von den Römern empfangenen Geldzahlungen" auch weiterhin zu erhalten. Denn das läßt auf einen vertraglich festgelegten Friedensvertrag schließen, der die Römer zu Tributzahlungen verpflichtete. Daß sie sich nun nach gewonnener Schlacht nicht bereit erklärten, weiterhin „Gaben von ungeprägtem und geprägtem Gold sowie von Silber zur Bekräftigung der Freundschaft" an die Juthungen zu entrichten, ist verständlich. Gleichwohl scheinen die Römer schon bald wieder die Dienste der Juthungen in ihrem Reichsheer in Anspruch genommen zu haben. Denn im römischen Staatshandbuch, der *Notitia dignitatum,* von dem bereits oben die Rede war[13] und dessen Aufzeichnungen bis in die Zeit nach 270 zurückreichen, sind In-

fanterieeinheiten und Reiterabteilungen der Juthungen innerhalb des Reichsheeres aufgeführt.

Aufschlußreich ist aber auch, daß die Juthungen sich in ihrer
stolzen Rede vor dem Kaiser brüsten, sei seien ein „reines" Volk:
„Wir beflecken die Unüberwindlichkeit unseres Heeres nicht
durch die Zumischung von Fremden... Mit 40 000 Reitern sind
wir ausgezogen, und das sind keine zusammengewürfelten
Truppen und keine Schwächlinge, sondern ausschließlich
Juthungen". Dies gelte auch für die doppelt so große Zahl von
Fußtruppen. Wenn die Juthungen hier betonen, daß sie nicht zu-
sammengewürfelt (μιγάδες) seien, so scheint dies im Gegensatz
zu den Alemannen zu stehen, die nach der dem Asinius Quadratus zugeschriebenen Charakterisierung ein „zusammenge-
würfeltes Mischvolk" waren[14]. Aufschluß über das Verhältnis
der Juthungen zu den Alemannen gibt diese Selbstdarstellung
der Juthungen aber nicht; denn jeder selbstbewußte Volksstamm dürfte sich als rein und unvermischt bezeichnet und den
Vorwurf der ethnischen Vermischung weit von sich gewiesen haben. Keinesfalls werden die Alemannen, falls sie sich überhaupt
selbst so genannt haben, sich die Deutung ihres Namens durch
Asinius Quadratus zu eigen gemacht haben.

Daß Ammianus Marcellinus die Juthungen rund ein Jahrhundert später als „alemannischen Stamm" (gens Alamannica) bezeichnet, kann nicht verwundern: Zum einen sind sie zu diesem
Zeitpunkt bereits ein Jahrhundert lang Nachbarn der Alemannen, und zum andern bezeichnet Ammian alle Völker jenseits
der Rhein-Iller-Donau-Grenze als Alemannen oder Barbaren.
Die Verwüstung Raetiens und die Eroberung römischer Städte
durch die Juthungen, von denen Ammian berichtet, fallen in das
Jahr 357, in dem sieben alemannische Könige mit ihren Heeren
vereint gegen die Römer kämpften. Daß die Juthungen bei dieser
Schlacht, von der im nächsten Abschnitt die Rede sein wird,
nicht auf alemannischer Seite mitkämpften, ist ebenso bemerkenswert wie die Tatsache, daß sie wiederum für den Vertragsbruch und Einfall in die römische Provinz einen Zeitpunkt
wählten, zu dem die römischen Truppen anderweitig gebunden
waren. Diesmal ging die Sache jedoch, wenn wir Ammian glauben dürfen, schlecht für die Juthungen aus: Sie wurden vom
Oberbefehlshaber der Infanterie, Barbatio, so vernichtend geschlagen, daß nur ein kleiner Teil von ihnen „der Katastrophe...
entkommen konnte und mit Tränen und Trauer den heimischen
Herd wiedersah".

Zum Jahr 430 hören wir zum letzten Mal von den Juthungen,

als sie erneut einen Einfall vornahmen, vom letzten großen weströmischen Feldherrn Aetius (429–454) aber wiederum zurückgeschlagen wurden. Danach ist von diesem Volksstamm keine
Rede mehr; seine Angehörigen dürften fortan mit dem Sammelnamen „Alemannen" bezeichnet worden sein.

4. Die Alemannen zur Zeit der Schlacht bei Straßburg (357)

In der Nähe der Stadt Straßburg (*apud Argentoratum*) kam es
im Jahr 357 zu einer Schlacht zwischen Römern und Alemannen, deren Vorgeschichte, Verlauf und unmittelbare Folgen Ammianus Marcellinus ausführlich und detailliert schildert. Sein
Bericht, der auf den Unterlagen des römischen Caesars und späteren Kaisers Julian (361–363) beruht[15], gewährt uns einen will-
kommenen Einblick in die Gesellschaftsstruktur und politische
Verfassung der Alemannen um die Mitte des 4. Jahrhunderts.
An der Glaubwürdigkeit Ammians und an der Zuverlässigkeit
seiner Angaben zu zweifeln, besteht kein Anlaß, auch wenn
seine oftmals abschätzige Charakterisierung der „kriegerischen
und wilden Völker" der Alemannen und ihrer „äußerst treulo-
sen (*perfidissimi*)" Anführer nicht gerade als objektiv bezeichnet werden kann. Seinen Aussagen über die Situation bei den
Alemannen um die Mitte des 4. Jahrhunderts und über die Zusammensetzung ihres Kampfverbandes wird man jedoch Glauben schenken dürfen, zumal Ammian die gegnerischen Anführer
sogar beim Namen nennt.

Zwischen Bewunderung und Abscheu bewegen sich seine Äu-
ßerungen über den Alemannenkönig Chnodomar. Für Ammian
ist er „der ruchlose Anstifter des ganzen Kriegssturmes,…, ohne
Maß,… der Hauptantreiber zu gefährlichen Wagnissen, mit seiner stolzen Miene, hochgemut durch häufige Erfolge". In der
Schlacht schildert er ihn „mit einem flammend roten Wulst von
Haaren auf dem Haupt, furchtlos im Bewußtsein seiner unge-
heuren Körperkraft,…, unmenschlich groß auf seinem schäu-
menden Roß, hoch aufgerichtet mit der Lanze von fürchter-
licher Länge, im Glanz der Waffen sichtbar vor den anderen, ein
tapferer Kämpfer und als fähiger Heerführer den übrigen überlegen"[16].

Chnodomars Bruder, mit Namen Mederich, hatte sich für
lange Zeit als Geisel in Gallien aufgehalten und war dort in grie-

chische Geheimlehren (*Graeca arcana*) eingeführt worden. Dies war der Grund für die seltsame Namengebung seines Sohnes, der zunächst gemäß der Familientradition (*genitali vocabulo*) Agenarich hieß, nun aber nach dem hellenistisch-ägyptischen Gott Serapis, der auch in Gallien verehrt wurde, vom Vater in Serapio umbenannt worden war. Dieser Serapio war, obwohl er zum Zeitpunkt der Schlacht bei Straßburg „ein junger Mann war, dem eben der Bartflaum sproß, an Tatkraft seinem Alter voraus". Dies betont jedenfalls Ammian, der ihn und seinen Onkel Chnodomar als Anführer des alemannischen Heeresaufgebots bezeichnet, die den anderen alemannischen Königen an Macht überlegen waren (*potestate excelsiores ante alios reges*).

Seine herausragende Stellung dürfte Chnodomar vor allem seinen militärischen Erfolgen in den vorausgegangenen Jahren verdankt haben, während der Jüngling Serapio wohl von seiner Verwandtschaft mit diesem profitierte. Kaiser Constantius II. (337–361) hatte selbst in seinem Kampf mit dem Usurpator Magnentius die Barbaren unter Chnodomars Führung zum Einfall nach Gallien ermuntert. Diese Gelegenheit hatten die Alemannen genutzt und zahlreiche linksrheinische Städte, von Straßburg über Zabern, Speyer, Worms, Mainz, Bingen, Koblenz bis Andernach in ihre Gewalt gebracht. Als Erfolg konnte Chnodomar auch seinen Sieg über den Caesar Magnus Decentius (350–355) verbuchen, den der Usurpator Magnentius mit dem Oberbefehl über die römischen Truppen am Rhein betraut hatte. Nachdem sowohl Magnentius als auch sein Caesar Decentius durch Selbstmord aus dem Leben geschieden waren, ernannte der Kaiser am 6. November 356 seinen Neffen Julian zum Caesar und übertrug ihm die Rückeroberung der linksrheinischen Gebiete und den Schutz und die Verwaltung über Gallien.

Damit wendete sich das Blatt zuungunsten Chnodomars und seiner Krieger. Der Kaiser schickte zur Unterstützung Julians, nachdem dieser bereits einige linksrheinische Städte zurückerobert hatte, aus Italien den Heermeister Barbatio mit 25 000 (Ammianus Marcellinus) oder 30 000 Mann (Libanios) nach *Rauracum* (Kaiseraugst bei Basel), um die Alemannen in die Zange zu nehmen. Dieser Plan ging allerdings nicht auf, einerseits wegen des oben bereits erwähnten Laeten-Aufstandes[17], andererseits durch das Verschulden des Barbatio, der, wie Ammian unterstellt, Julian keinen Erfolg gönnte. Jedenfalls gelang es den Alemannen, die zahlenmäßig überlegenen Truppen des Barbatio in die Flucht zu schlagen und sie ihrer Tragtiere und Pferdeknechte zu berauben. „Dieser beschämende Fall von Panik wurde weithin bekannt", schreibt Ammian, und er führte dazu, daß die Alemannenkönige „ihr Haupt noch höher trugen". Sieben von ihnen, Chnodomar und Vestralpus, Urius und Ursicinus, Serapio, Suomarius und Hortarius „sammelten ihre ganze Streitmacht zu einem starken Heer", um ihrem vermeintlichen Recht auf die ihnen übertragenen linksrheinischen Gebiete militärisch Nachdruck zu verleihen.

Nach Ammian stand der Caesar Julian nun allein, ohne die Truppen des in die Flucht geschlagenen Barbatio, mit nur 13 000 Mann den vereinten Streitkräften der Alemannen mit 35 000 Bewaffneten gegenüber. Diese stattliche Zahl war „aus verschiedenen Nationen" (*ex variis nationibus*) für die Schlacht angeworben worden, und zwar „teils gegen Sold, teils unter der Bedingung gegenseitiger Hilfe". Es handelte sich also nicht um ein umfassendes Alemannenheer, nicht einmal alle Alemannenkönige waren beteiligt. In die Schlacht folgten den beiden Anführern Chnodomar und Serapio fünf „nächstmächtigste Könige" (*potestate proximi reges*), dann zehn Unterkönige (*regales*) und eine große Zahl von Adligen (*optimates*). Es fehlten beispielsweise die Linzgauer (*Lentienses*) und ein weiterer nicht genannter Alemannenstamm (*Alamannicus pagus*), die zwei Jahre zuvor im Frühjahr 355 in einem Gefecht mit dem römischen Reitergeneral Arbetio geschlagen worden und seither durch einen Bündnisvertrag mit dem Kaiser gebunden waren. Vom Versuch der Juthungen, die Situation des Jahres 357 für ihre eigenen Ziele zu nutzen, war bereits die Rede. Es fehlten aber auch die königlichen Brüder Macrian und Hariobaud, die über die Bucinobanten herrschten, sowie die Brüder Gundomad und Vadomar, die den alemannischen Völkern im nördlichen beziehungsweise im südlichen Breisgau vorstanden. Diese hatten drei Jahre zuvor (354) vom Kaiser einen Friedensvertrag erbeten und auch erhalten. Offensichtlich waren die Breisgauer aber mit der Friedfertigkeit ihrer Könige nicht einverstanden; denn Gundomad, der „mächtiger und treuer" war als sein Bruder, wurde von den Seinen ermordet, und die Leute des Vadomar schlossen sich „dem Haufen der nach Krieg schreienden Barbaren – gegen seinen Willen, wie er versicherte – an".

5. Die Alemannenkönige

Wir stellen also fest, daß es um die Mitte des 4. Jahrhunderts offenbar eine größere Zahl von Alemannenkönigen gab – Ammian nennt allein fünfzehn von ihnen mit Namen –, von denen keiner den anderen auf Dauer über- oder untergeordnet war. Die Überordnung des Chnodomar und seines Neffen Serapio/Agenarich scheint allein für die Schlacht maßgeblich gewesen zu sein, in der der eine den linken, der andere den rechten Flügel anführte. Zudem waren sie möglicherweise in der Schlacht bei Straßburg die direkt Betroffenen, falls sie, wie man mit gutem Grund vermutet hat[18], Gaukönige der Mortenau (= Ortenau, auf der Straßburg gegenüberliegenden Rheinseite) waren.

Verwandtschaftlich verbunden waren nicht nur Chnodomar und Serapio, der als Sohn des Mederich auch an seinem teilweise übereinstimmenden ursprünglichen Namen Agenarich erkennbar ist, sondern auch die Brüder Gundomad und Vadomar, die im nördlichen und südlichen Breisgau herrschten. Macrian, König der Bucinobanten, und Hariobaud bezeichnet Ammian ebenfalls als „leibliche Brüder und Könige". Hariobaudes lautet übrigens auch der Name eines Tribuns im römischen Dienst, der als Gesandter zum Alemannenkönig Hortarius geschickt wurde, da „er die Sprache der Barbaren ausgezeichnet beherrschte". Seine Kenntnis der alemannischen Sprache sowie sein Name lassen es als möglich erscheinen, daß es sich um den Bruder des Macrian handelt. Zumindest aber darf man an eine Verwandtschaft mit dem Bucinobantenkönig denken. Ungewöhnlich war es nicht, daß ein Alemannenkönig in den römischen Dienst überwechselte, da die Römer die mit ihnen vertraglich verbundenen Alemannenkönige als in einem Dienstverhältnis stehend ansahen. Dies zeigt das bereits erwähnte Beispiel des Alemannen Fraomar, den der Kaiser Valentinian I. (364–375) anstelle des verhaßten Macrian als Bucinobantenkönig einsetzte, bald darauf aber, da er sich nicht durchzusetzen vermochte, als Tribun einer Alemanneneinheit nach Britannien schickte.

Den Übergang der Königswürde vom Vater auf den Sohn zeigt übrigens nicht nur der Wechsel in der Herrschaft von Mederich zu Agenarich/Serapio, sondern auch derselbe Vorgang im Breisgau, wo König Vithicab seinen Vater Vadomar ablöste. Für eine Verwandtschaft der Könige über die Gaugrenzen hinweg, für eine gesamtalemannische Königsdynastie also, gibt es außer Namenanklängen (Chnodomar – Fraomar – Suomar – Vadomar) keine greifbaren Anhaltspunkte. Eine ethnische Einheit der rechtsrheinischen Völker (*populi Alamannici*) oder Königreiche (*Alamanniae regna*) wird allein dadurch suggeriert, daß Ammian sie insgesamt als Alemannen (oder Barbaren) bezeichnet.

Bemerkenswert ist allerdings, daß er unterhalb dieser Sammel-
bezeichnungen offenbar keine alten Völkernamen kennt: Die
einzelnen Völker werden entweder nach dem Gau (Buchengau,
Linzgau) oder nach ihrem König (*Vadomarii plebs, pagus Vadomarii*) benannt. Stammesnamen wie den der Juthungen, die
auf die Zeit vor der Völkerwanderung zurückweisen könnten,
kennt Ammian nicht. Die Annahme eines alemannischen „Völ-
kerbundes", der sich bereits vor der Überwindung des Limes gebildet hätte, läßt sich weder aus seinen Aufzeichnungen noch
aus den anderen Quellen des 3. bis 5. Jahrhunderts begründen.
Die Bündnisse, die diese Völker, die von den Römern mit dem
Sammelnamen *Alamanni* bezeichnet wurden, von Zeit zu Zeit
in unterschiedlichen Koalitionen schlossen, waren zeitlich be-
fristete militärische Zweckbündnisse.

6. Der Verlauf der Schlacht bei Straßburg

Ein solches Zweckbündnis hatte 357 die sieben *reges* und ein
Heeresaufgebot von 35 000 Mann unter dem Oberbefehl des
Chnodomar und seines Neffen Serapio zusammengeführt. Ein
Überläufer aus der Armee des in die Flucht geschlagenen Feldherrn Barbatio hatte ihnen – offensichtlich zutreffend – berichtet, der Caesar Julian verfüge lediglich über 13 000 Mann. Diese
Gelegenheit hielten Chnodomar und die mit ihm verbündeten
Alemannenkönige für günstig, um ihre Ansprüche auf die linksrheinischen Gebiete zu behaupten. Eingedenk der soeben errungenen Erfolge gegen Decentius und Barbatio und im Bewußtsein
ihrer zahlenmäßigen Überlegenheit schickten sie eine Gesandtschaft an Julian „und legten dem Caesar schon mehr im Befehls-
ton nahe, das Land zu verlassen, das sie sich mit Tapferkeit und
Waffen erworben hätten". Julian „lachte über die Anmaßung
der Barbaren, hielt die Gesandten fest" und beschloß, mit seinen
„wenigen, aber tapferen Leuten gegen die volkreichen Stämme
(*populosis gentibus*)" anzutreten.

Von Zabern (*Tres Tabernae*), das Julian nach der Zerstörung
durch die Alemannen wieder hatte befestigen lassen, wobei er
seine Soldaten von den Feldern der Alemannen verproviantierte,
zog das römische Heeresaufgebot nach Straßburg. Dort wurde
es bereits von den kampfbereiten Feinden erwartet, die drei Tage
und drei Nächte lang über den Rhein gesetzt hatten. Unter den
Augen der Gegner bildeten nun beide Seiten ihre Schlachtord-

nungen. Als die Alemannen sahen, daß die römische Reiterei auf dem rechten Flügel plaziert wurde, konzentrierten sie ihre Reiter auf dem linken Flügel, der von Chnodomar hoch zu Roß angeführt wurde. Noch bevor die Hörner erklangen, verlangten die Krieger der alemannischen Fußtruppen lautstark, ihre Unterkönige (*regales*) sollten von ihren Pferden herabsteigen, damit sie sich nicht, wenn es schlimm käme, davonmachen könnten. Chnodomar ging mit gutem Beispiel voran und die übrigen folgten ihm: Die Schlacht begann.

Nach anfänglichen Erfolgen der Alemannen, welche die römische Reiterei in die Flucht zu schlagen vermochten, stießen die Fußtruppen aufeinander. Anschaulich schildert Ammian das Hin- und Herwogen des Kampfgeschehens, an dem auf römischer Seite auch keltische und germanische Auxiliareinheiten beteiligt waren: „Die Alemannen gingen hitzig in den Kampf, tief holten sie Atem, wie von einer Art Wahnsinn getrieben, um alles, was sich vor sie stellte, zu vernichten. Speere und Spieße flogen ununterbrochen, es regnete Pfeile mit Eisenspitzen, obschon auch im Nahkampf Schwert auf Schwert prallte, Panzer von Schwertern aufgeschlitzt wurden, Verwundete, die noch nicht verblutet waren, sich aufrafften zu neuer kühner Tat. Denn es kämpften in gewisser Weise Ebenbürtige miteinander; die Alemannen waren stärker und höher gewachsen, unsere Soldaten durch sehr viel Übung geschult; jene wild und stürmisch, diese ruhig und bedacht; die unseren vertrauten auf ihre Einsicht, die anderen verließen sich auf ihre riesigen Leiber… Da sprang plötzlich voll Feuer eine Schar von Adligen (*optimatium*) hervor, darunter stellten sich auch Könige zum Kampf, die Menge kam nach, und den anderen voran brachen sie in unsere Reihen ein, bahnten sich einen Weg und kamen bis zur Legion der *primani,* die im Zentrum aufgestellt war".

Nun deutete sich eine Entscheidung an: „Die Barbaren strebten geradezu danach, das Leben hinzugeben für den Sieg und suchten immer wieder, unsere festgefügte Linie aufzulösen. Zwar wurden sie in ununterbrochener Folge niedergehauen, und die Römer schlugen schon zuversichtlicher zu, doch es traten immer weitere Barbaren an die Stelle der Toten; schon hörte man lauter Gestöhne der Daliegenden, und von Schauder gepackt erlahmten sie. Endlich waren sie doch erschöpft von so viel Drangsal und hatten jetzt nur noch die Kraft zu fliehen… Unsere Soldaten, die auf die Rücken der Fliehenden einhieben, hatten bisweilen, da die Schwerter sich bogen, keine Werkzeuge zum Schlagen mehr; dann entrissen sie den Barbaren die Waffen und stießen sie ihnen in die Eingeweide". Die ungeordnete Flucht der Alemannen hatte das Ziel, den Rheinstrom zu erreichen. Der Caesar Julian mußte die Seinen davon abhalten, dem Feind in die Fluten zu folgen. So beschränkte man sich darauf, „am Rand stehend, mit verschiedenen Geschossen die Germanen zu treffen; wenn einen die Schnelligkeit vor dem Tod errettet hatte, so sank er jetzt durch das Gewicht des getroffenen Körpers in die Tiefe des Flusses".

Auch Chnodomar versuchte, auf diesem Wege zu entkommen; denn „er konnte nur über den Rhein hinüber in sein Land (*ad territoria sua*) entkommen". Eine römische Kohorte vereitelte jedoch seine Flucht und stellte ihn. Er ergab sich; seine Begleiter, zweihundert an der Zahl, und drei engste Freunde hielten es für eine Schmach, den König zu überleben oder nicht für ihn zu sterben, wenn es sich so füge, und ließen sich fesseln. Nach Ammian bat der vor den Caesar geführte einst so stolze Alemannenkönig demütig um Gnade; doch man wird die genüßliche Schilderung des abrupten Wechsels zu einer unterwürfigen bettelnden Verhaltensweise, „wie die Barbaren von Natur (*nativo more*) schon sind... im Bewußtsein der bösen Taten", als Zutat des nicht gerade objektiven Berichterstatters ansehen dürfen. Chnodomar wurde auf Geheiß des Caesars vor den Kaiser gebracht und von dort nach Rom geschickt, wo er im Fremdenlager auf dem *Mons Caelius* später an Altersschwäche gestorben sein soll.

7. Nach der Schlacht

Auf römischer Seite waren 243 Krieger und 4 Tribunen zu beklagen. Nach Ammian blieben 6000, nach Libanios 8000 tote Alemannen auf dem Schlachtfeld zurück. Eine gleich große Zahl war nach Zosimos im Rhein ertrunken. Was aber geschah mit der überwiegenden Zahl der überlebenden Alemannen, und wie verhielten sich ihre Anführer nach der Niederlage? Sie fühlten sich, nachdem sie in ihre Gaue zurückgekehrt waren, offensichtlich nicht an die Kapitulation Chnodomars und seiner Getreuen gebunden. Der Caesar Julian ließ deshalb in der Nähe von Mainz eine Brücke erbauen, setzte mit seinen Truppen über und ging nun daran, mit jedem einzelnen der in Straßburg beteiligten Könige Friedensverträge abzuschließen. Dazu bedurfte es, je nach der Heftigkeit des Widerstandes, drastischer Maßnahmen.

48

In der Maingegend wurden Vieh und Getreide geplündert, alle Häuser, „die nach römischer Art (*ritu Romano*) ziemlich sorgfältig erbaut waren", niedergebrannt und ein Befestigungswerk (*munimentum Traiani*[19]) im Feindesland wiederhergestellt.

Dieses Bündel von Maßnahmen bewirkte – jedenfalls, wenn wir Ammian Glauben schenken dürfen –, daß einzelne alemannische Gesandtschaften zu Julian kamen und um einen zehnmonatigen Waffenstillstand baten. „Drei besonders wilde *reges* – sie gehörten zu denen, die den bei Straßburg Besiegten Hilfe geschickt hatten, – schworen in feierlichen Worten nach ihrer Väter Sitte (*ritu patrio*), sie würden keine Störungsaktionen unternehmen, sondern die Verträge... bis zum festgesetzten Tag einhalten.... Dies taten sie, weil Furcht ihren Hang zur Treulosigkeit bremste".

Eine einheitliche, die Kriegsphase überdauernde Führung gab es bei den Alemannen also offensichtlich nicht. Julian mußte mit jedem einzelnen der Alemannenkönige, die getrennt voneinander siedelten und agierten sowie über weitgehende politische Autonomie verfügten, eigene Verträge abschließen. Von kultischen Gemeinsamkeiten, einem verbindenden Stammesbewußtsein oder gesamtalemannischen Zusammenkünften ist nichts überliefert. Ein ständiges, auf Dauer angelegtes politisches Bündnis zu einem alemannischen „Völkerbund" ist nicht nachweisbar.

Angesichts der Tatsache, daß Ammian und erst recht die anderen römischen Gewährsleute die Alemannen nur im Kriegszustand schildern, könnte man einwenden, daß die erwähnten *reges* vielleicht auf militärische Funktionen beschränkt gewesen seien, in Friedenszeiten aber möglicherweise andere Herrschaftsverhältnisse maßgeblich waren. Nun bietet der Bericht Ammians aber auch des öfteren eindeutig Einblicke in Friedenszeiten und läßt dabei erkennen, daß in ihnen dieselben Herrschaftsstrukturen galten. So schildert er etwa, wie der Alemannenkönig Suomar, der „früher zum Schaden der Römer wild wütete", aus freien Stücken als Bittsteller zum römischen Befehlshaber Severus ging, in der einzigen Hoffnung, daß „man ihn sein eigenes Land (*propria*) behalten ließ". Da er kniend um Frieden bat, wurde ihm dieser unter der Bedingung gewährt, daß er die Kriegsgefangenen, die er in der Schlacht bei Straßburg gemacht hatte, zurückerstatte und „immer, wenn es nötig sei, den Soldaten Lebensmittel liefere; er werde, wie gewöhnliche Unternehmer, für das Gelieferte Quittungen bekommen". Auch der Alemannenkönig Hortarius wird als Herr über Felder, Vieh und Menschen geschildert, um die er bangte, und er mußte – und konnte offensichtlich – den Römern „Gespanne und Baumaterial aus dem eigenen Besitz und dem seiner Untertanen stellen".

Die Annahme einer in Friedenszeiten abweichenden Hierarchie erscheint also unbegründet. Die Funktionen des *rex* und des *dux,* die Tacitus noch in klarer Antithese trennte, indem der erstere aufgrund seiner adligen Herkunft (*ex nobilitate*), der letztere aber aufgrund seiner Tüchtigkeit und seines Erfolges (*ex virtute*) herrschte, scheinen in der Gestalt des alemannischen *rex et dux* des 4. Jahrhunderts vereint gewesen zu sein. Während Chnodomar seine herausragende Stellung wohl, wie wir sahen, vor allem seinen militärischen Erfolgen verdankte, dürfte sein Neffe Serapio, „dem eben der Bartflaum sproß", wohl kaum *ex virtute* legitimiert gewesen sein. Nachfolger des Alemannenkönigs Vadomar, der einmal ausdrücklich als *rex et dux* bezeichnet wird, wurde dessen Sohn Vithicab, der als schwächlicher und kränklicher Knabe geschildert wird, sein Königsamt also ebenfalls nicht seiner Tüchtigkeit verdankt haben dürfte.

8. Der Alemannenkönig Vadomar

Vithicab löste seinen Vater Vadomar in der Herrschaft im Breisgau nicht erst nach dessen Tod ab, sondern bereits zu dessen Lebzeiten. Es lohnt sich, auf die merkwürdigen Vorgänge, die dazu führten, näher einzugehen, weil sie ein bezeichnendes Licht auf die Herrschaftsverhältnisse bei den Alemannen werfen, aber auch auf die Zwietracht, die zwischen dem römischen Kaiser Constantius und dem erfolgreichen Caesar Julian entstand. Denn der Kaiser neidete nach Ammians allerdings einseitiger Berichterstattung seinem Vetter Julian die Erfolge, die ihm in und nach der Schlacht bei Straßburg zufielen und die ihn zu einem ernstzunehmenden Rivalen in der Gunst der öffentlichen Meinung machten. Ammian argwöhnt sogar, Julian sei vom Kaiser ursprünglich „nicht Galliens wegen nach Gallien geschickt worden, sondern um ihn in den Anstrengungen des Krieges verderben zu lassen". Nun, nach seinen glänzenden Erfolgen auf dem Schlachtfeld und in Friedensverhandlungen mit den Alemannenkönigen, bestand die Gefahr eines Gegenkaisertums, zu dem die siegreichen römischen Soldaten ihren Feldherrn in der Tat auch schon bald aufforderten.

Um die drohende Gefahr zu bannen, ermunterte der Kaiser den Alemannenkönig Vadomar, der nach dem Tode seines Bruders Gundomad allein über den Breisgau herrschte, zu Einfällen in die linksrheinischen Gebiete, die Julian in Gallien binden sollten. Zugleich forderte er von seinem Caesar Hilfstruppen an, um einen Feldzug gegen Persien durchführen zu können. Die Soldaten weigerten sich jedoch, ihre Angehörigen zu verlassen und ins ferne Persien zu ziehen. Einer von ihnen verfaßte ein Flugblatt, dessen Text Ammian wiedergibt: „Wir werden wie Verbrecher und Verdammte in die entferntesten Teile der Welt getrieben, und unsere Lieben sollen wieder von neuem Sklaven der Alemannen sein, da wir sie eben nach mörderischen Kämpfen aus der ersten Knechtschaft befreit haben". Stattdessen erhoben die Soldaten Julian im Winterquartier in Paris zum Kaiser. In einer begeisternden Rede rief er ihnen daraufhin die gemeinsam errungenen Siege in Erinnerung; zugleich bemühte er sich um eine Verständigung mit Kaiser Constantius, der ihn aber als unrechtmäßigen Usurpator zurückwies.

Den Plan, die Entscheidung im Kampf mit dem amtierenden Kaiser zu suchen, mußte Julian vorerst zurückstellen, da ihn neue Alemanneneinfälle daran hinderten. Libanios berichtet, Constantius II. habe „wieder zum gleichen Mittel gegriffen, die Barbaren durch einen Brief, wie schon früher[20], gerufen und als Gefälligkeit gefordert, daß sie römisches Land unterwarfen; er überredete aus der großen Zahl nur einen, den Eid zu brechen". Diesen „einen" nennt Ammian mit Namen und gibt das Gerücht (*fama*) wieder, Constantius habe den Breisgaukönig Vadomar schriftlich aufgefordert, „er solle vorgeblich das Bündnis brechen und bisweilen die ihm benachbarten Grenzgebiete heimsuchen, damit Julianus, aus Furcht davor, sich nirgends von seiner Aufgabe, Gallien zu schützen, entferne. Dem willfahrte Vadomarius – wenn man es glauben darf (*si dignum est credere*) – und führte dergleichen durch; er verstand sich ja von frühester Jugend an wunderbar darauf, andere hereinzulegen und zu täuschen…".

Ob Constantius tatsächlich, wie seinerzeit im Kampf gegen seinen Rivalen Magnentius, die Alemannen zum Vertragsbruch mit Rom aufgefordert hat, läßt sich aus den Quellen nicht klar erkennen. Die Vermutung, der Kaiser habe den Alemannenkönig schriftlich dazu ermuntert, bezeichnet selbst Ammian als „das Gerücht eines einzelnen". Tatsache aber ist, daß „die Alemannen vom Gau des Vadomarius", die wegen ihres mit Constantius geschlossenen Vertrages 357 nicht an der Schlacht bei

Straßburg teilgenommen hatten und „von denen man nach dem Vertragsabschluß nichts Böses erwartete", im Frühjahr 360 die an Raetien angrenzenden Gebiete überfielen und plündernd umherzogen. Der Feldzug eines gewissen Libino, den Julian zur raschen Bereinigung der Sache (*negotium correcturum*) mit zwei Auxiliartruppen losschickte, endete bei *Sanctio* (Besançon?[21]), mit einem Mißerfolg. Allerdings gelang es den römischen Wachposten, einen Boten des Vadomar an Constantius abzufangen. Dieser führte ein Schreiben des Breisgaukönigs bei sich, in dem er dem Kaiser mitteilte: „Dein Caesar hält keine Disziplin". Damit war Vadomar, der sonst Julian schmeichelnd „beständig in seinen Briefen ‚Herr' und ‚Augustus' und ‚Gott' nannte", des Doppelspiels überführt. Als er sich nichtsahnend auf linksrheinischem Gebiet zu einem Freundschaftsmahl im römischen Lager einfand, ließ Julian ihn festnehmen. Konfrontiert mit dem verräterischen Schreiben „gab er bald jede Hoffnung auf Verzeihung auf".

Erstaunlich ist die abschließende Bemerkung Ammians: „Man machte ihm nicht einmal Vorwürfe und schickte ihn nach Spanien". Auch die Tatsache, daß man seine Begleiter ungeschoren nach Hause gehen ließ, erweckt den Eindruck, als handle es sich auch aus römischer Sicht nicht um Hochverrat oder Vertragsbruch. Immerhin konnte sich Vadomar auf schriftliche Abmachungen mit dem römischen Kaiser berufen, auch wenn diese ganz offensichtlich mit dem Ziel geschlossen worden waren, zunächst Magnentius und dann Julian zu schaden. Schon vor der Schlacht bei Straßburg hatten die Alemannen ihre Ansprüche auf linksrheinisches Gebiet ja schon mit schriftlichen Zusagen des Kaisers begründet.

Vadomar machte später im Osten unter Kaiser Jovian (363–364) eine ehrenvolle Militärkarriere im römischen Heer und wurde zum Herrn (*dux*) der Grenzprovinz Phoenice ernannt. Sein unaufrichtiger Charakter wird als Grund dafür angegeben, daß er aus dieser Stellung wieder verdrängt wurde. Stattdessen bekleidete er unter Kaiser Valens (364–378) das Amt eines „Generals zur besonderen Verwendung"[22]. Als solcher bekämpfte er im Jahre 365 in Bithynien den Usurpator Procopius. In einer ähnlichen Sondermission ist er dann nochmals 373 auf einem Feldzug gegen die Perser in Mesopotamien nachweisbar.

Obwohl die Breisgau-Alemannen nach Vadomars Verbannung ein Strafgericht Julians traf und sie daraufhin „beständigen Frieden" (*pacem firmam*) gelobten, kam es unter Vadomars Sohn und Nachfolger Vithicab erneut zu Überfällen und Übergriffen auf römisches Gebiet. Kaiser Valentinian I. (364–375) ließ ihn deshalb durch gedungene Mörder aus dem Weg räumen.

9. Die „Wende" der Alemannenpolitik unter Kaiser Valentinian I.

Die herausragende Bedeutung der Schlacht bei Straßburg, die in allen Darstellungen der alemannischen Geschichte hervorgehoben wird, ist weniger im militärischen Erfolg der Römer oder im Ausmaß der alemannischen Niederlage zu sehen als vielmehr darin, daß diese Auseinandersetzung detailliert wie keine andere beschrieben wird. Zuverlässig und in allen Einzelheiten nachvollziehbar werden von Ammian die Vorgeschichte, der Verlauf der Kriegshandlungen und die Folgen der militärischen Konfrontation geschildert. Der auf Augenzeugen beruhende Bericht läßt auf beiden Seiten die handelnden Personen und ihre Motive erkennen und erlaubt einen Einblick in die Herrschafts- und Sozialstruktur der alemannischen Völker, wie er aus keiner anderen Quelle vor 500 zu gewinnen ist. Die Schlacht als solche aber war nur eine von vielen. „Solche Vorgänge wiederholten sich in jenen Jahrzehnten seit dem Fall des Limes immer wieder; wir besitzen nur nicht die Quellen, die sie uns mit derselben Ausführlichkeit schildern"[23].

Es war weniger die Auswirkung der Schlacht als eine veränderte Politik gegenüber den alemannischen Völkern und ihren Königen, die eine Wende in den römisch-alemannischen Beziehungen herbeiführte. Offenbar waren die Alemannenkönige bis zur Zeit Constantius' II. daran gewöhnt, für ihre Dienste und ihr Wohlverhalten gegenüber den Römern, aber auch schon für Friedensschlüsse belohnt zu werden und weitgehende Zugeständnisse – wie zuletzt das von Constantius II. gewährte Recht, linksrheinische Gebiete zu bewirtschaften – eingeräumt zu bekommen. Julian nahm bereits eine unnachgiebigere, härtere Haltung ein, indem er nicht mehr bereit war, die alemannischen Ansprüche auf linksrheinische Gebiete, auch wenn diese mit schriftlichen Zusagen des Kaisers dokumentiert wurden, zu akzeptieren. Der Breisgaukönig Vadomar hatte deshalb, wie wir gesehen haben, im Verlauf der Entzweiung zwischen Julian und Constantius auf letzteren gesetzt, der ihn in schriftlicher Form „unter den Schutz des römischen Staates" gestellt hatte. Ähnliche Schutzverträge konnte er von Julian offenbar nicht mehr ohne weiteres für die Alemannenkönige Urius, Ursicinus und Vestralpus erlangen, für die er sich als deren „Gesandter und Fürbitter" einsetzte. Sie mußten selbst vor Julian erscheinen und demütig um Frieden bitten, der ihnen erst nach Rückgabe aller Kriegsgefangenen gewährt wurde.

Nachdem Vadomar nun in Verbannung geschickt und sowohl Constantius II. (361) als auch Julian (363) gestorben waren, verhärteten sich die Fronten unter Kaiser Valentinian weiter. Denn keiner der Verträge, die Julian nach der Schlacht bei Straßburg 357 mit Chnodomarius, 358 mit Suomarius und Hortarius und 359 mit Macrianus, Hariobaudes, Urius, Ursicinus, Vestralpus und Vadomarius geschlossen hatte, wurde nach dem Amtsantritt Valentinians I. am 25. Februar 364 erneuert. Aus einer nicht zuletzt durch Julians Erfolge gestärkten Position heraus bemühte sich der neue Augustus, der gemeinsam mit seinem Bruder Valens in Ostrom eine neue Herrscherdynastie begründete, nicht mehr von sich aus um Bündnisse mit den Alemannen. Diplomatische Kontakte wurden nun offensichtlich als Zeichen der Schwäche angesehen, zumal die erzielten Verträge in der Regel mit Zahlungen (‚Subsidien') an die Barbaren verbunden waren.

Den Alemannenkönigen blieb also nichts anderes übrig, als von sich aus beim Kaiser vorstellig zu werden und ihm ihre Dienste und ihr Wohlverhalten anzubieten. Sie schickten deshalb Gesandte an den Kaiserhof nach Mailand, damit ihnen dort „bestimmte, nach altem Brauch festgelegte Geschenke gegeben werden sollten". Die Tributzahlungen fielen aber weitaus geringer aus, als man sich dies erhofft hatte. Die „wenigen und wertlosen" Geschenke nahmen die Gesandten, „wurden wütend und warfen sie weg, als sei es eine Schmach für sie". Zusätzlich wurden sie durch das unhöfliche Verhalten des Oberhofmeisters (*magister officiorum*) verärgert, nach Ammian „ein jähzorniger, unfreundlicher Mann". Nach Hause zurückgekehrt, „übertrieben sie das Geschehnis und hetzten die barbarischen Völker auf, als seien sie schändlich beleidigt worden".

Nun „wurden die wildesten Völker unruhig, als ob die Trompeten in der ganzen römischen Welt das Kriegszeichen gäben, und sie durchstreiften die ihnen jeweils nächsten Grenzgebiete. Die Alemannen verwüsteten Gallien und Raetien zugleich...". Der Kaiser mußte jetzt, obwohl sein Bruder im Osten seiner Hilfe im Kampf gegen den Usurpator Procopius dringend bedurfte, Stärke demonstrieren und zum Gegenschlag ausholen. Nach Ammian soll er geäußert haben, „Procopius sei nur s e i n Feind und der seines Bruders, die Alemannen aber seien die

Feinde der ganzen römischen Welt". So kam es nicht einmal zehn Jahre nach der Schlacht bei Straßburg erneut zu verlustreichen Kämpfen. Das römische Heeresaufgebot wurde zunächst von einem Franken namens Charietto angeführt, der bereits unter Julian zum Befehlshaber in beiden Germanien (*per utramque Germaniam comes*) aufgestiegen war. 365 fiel er im Kampf gegen die weit nach Gallien eingefallenen Alemannen. Zu seinem Nachfolger bestimmte der Kaiser den Reitergeneral Jovinus, dem es schließlich gelang, die Alemannen vernichtend zu schlagen. In Anerkennung seiner Verdienste erhob ihn Valentinian zum Konsul für das Jahr 367.

6000 Tote und 4000 Verwundete waren bei den Alemannen diesmal zu beklagen, während die Römer nach Ammian nur 1200 Tote und 200 Verwundete zählten. Entscheidend und folgenreich aber war die Wende im Verhalten der Römer gegenüber den Alemannen, die beim Übergang der Herrschaft von Julian auf Valentinian zu konstatieren ist. Offensichtlich wurden die Versuche der konstantinischen Kaiser, die Alemannen vertraglich zu binden und als Bündnispartner in die Politik einzubeziehen, nach 364 aufgegeben. Kaum hören wir nach diesem Zeitpunkt noch von Alemannen, die im römischen Heer Karriere machen.

Dafür treten nun, beginnend mit Charietto, der im Kampf für die Römer gegen die Alemannen fiel, zunehmend Franken in römischen Diensten hervor: Merobaudes (*magister peditum,* 375–388?), Richomeres (*consul,* 384), Bauto (*magister militum,* 380–385, *consul* 385) und Arbogastes (*magister militum,* 388–394)[24]. Bezeichnend für die „Wende"[25] nach 364 ist nicht nur die Ausschaltung von Alemannen aus höheren Positionen im römischen Heeresdienst, sondern zugleich das auffallend harte Vorgehen gegen jene Alemannenkönige, die zuvor Bündnispartner der Römer waren: Von König Hortarius, der mit Julian einen Bündnisvertrag abgeschlossen hatte und in römischem Militärdienst stand, erpresste man auf der Folter das Geständnis, er habe „gegen den Staat gerichtete Briefe" an andere Alemannenkönige geschrieben; daraufhin „strafte man ihn durch den Tod in den Flammen". Durch einen gedungenen Mörder wurde der bereits mehrfach erwähnte Breisgaukönig Vithicab, ein „Jüngling in der ersten Blüte der Mannesjahre", beseitigt, dessen Vater Vadomar von Constantius II. einen Bündnisvertrag erhalten hatte und nach seiner Verbannung im Osten für die Römer kämpfte. „Nach seinem Tode ließen die feindlichen Streifzüge eine Zeitlang nach". Ein anderer namentlich nicht genannter alemannischer *rex* wurde 367 sogar „aus soldatischem Übereifer... ans Kreuz geschlagen".

Den Bucinobantenkönig Macrian schließlich versuchte Kaiser Valentinian „mit Gewalt oder List lebend in seine Gewalt zu bringen". Dabei bediente er sich sogar der Burgunder, die diese Aufgabe wegen ihrer Feindschaft mit den Alemannen, aber auch, weil sie laut Ammian „schon seit alten Zeiten wissen, daß sie Nachkommen der Römer sind", bereitwillig übernahmen. Als der Versuch fehlschlug, „knurrte" der Kaiser „wie ein Löwe, der um einen Hirsch oder um ein Reh gekommen ist, und nichts zu beißen hat". Sein neuer Plan, bei den Bucinobanten „anstelle des Macrian den Fraomar als *rex* einzusetzen", führte langfristig auch nicht zum Erfolg. Fraomar wurde, nachdem „ein neuer Kriegszug diesen Gau verwüstet hatte", vom Kaiser als Befehlshaber einer Alemanneneinheit nach Britannien versetzt. Schließlich blieb Valentinian nichts anderes übrig, als Macrian, den „König und Meister der Unruhen", doch durch einen Bündnisvertrag zu binden. Der Grimm und ohnmächtige Zorn darüber spricht aus Ammians Schilderung: „(Macrian) kam, in jeder Beziehung schrecklich aufgeblasen, als werde er der oberste Richter über Krieg und Frieden sein:... er stand am Rande des Rheinufers, hocherhobenen Hauptes, und von allen Seiten tönte der Schall der Schilde seiner Mannen.... Als sich das maßlose Getue und Getöse der Barbaren endlich gelegt hatte, wurde hin und wider geredet und angehört, und es wurde Freundschaft (*amicitia*[26]) zwischen ihnen durch einen Treueid (*sacramenti fide*) bekräftigt". Bezeichnenderweise wurde Macrian später, nachdem er den Römern eine Zeitlang ein guter Bundesgenosse war, „ein Opfer der Nachstellungen des kriegerischen Mallobaudes", eines Frankenkönigs, der den Römern als *comes domesticorum* diente.

Hier zeichnet sich in der zweiten Hälfte des 4. Jahrhunderts eine Entwicklung ab, die es ein Jahrhundert später den Franken ermöglichte, sich als „Nachkommen der Römer" (als welche sich die Burgunder schon jetzt betrachteten) durchzusetzen, während die Alemannen als „Feinde des ganzen römischen Erdkreises" den kürzeren zogen. Das fast vollständige Schweigen der Quellen über Könige und Heerführer der Alemannen vom ausgehenden 4. bis zum ausgehenden 5. Jahrhundert erklärt sich weitgehend daraus, daß die alemannischen Völker fortan den Römern nur noch als feindliche Barbaren, nicht aber wie zur Zeit der constantinischen Dynastie als Bündnispartner gegenüberstanden.

10. Valentinians Feldzug
ins linksrheinische Gebiet

Im Frühjahr des Jahres 368 überfiel ein alemannischer *regalis* namens Rando die Stadt Mainz, als man dort gerade ein „Fest der christlichen Religion" – also wohl das Oster- oder Pfingstfest – feierte. Ungehindert konnte er Menschen und Hausrat rauben. Denn der Kaiser hatte den Winter in Trier verbracht und bereitete „ausführlich und sorgfältig, mit Truppen verschiedener Art, ein Unternehmen von größerem Gewicht als gewöhnlich gegen die Alemannen" vor. Gemeinsam mit italischen und illyrischen Verbänden, die er eigens angefordert hatte, überschritt er den Rhein und fiel vermutlich zuerst in den Breisgau ein, der soeben durch die Ermordung des Vithicab führungslos geworden war[27]. Zunächst stießen die römischen Truppen auf keinen Widerstand, da sich die Alemannen bei *Solicinium* auf einen Berg zurückgezogen hatten. Möglicherweise handelte es sich bei diesem „hohen Berg, der mit seinen zerklüfteten Erhebungen auf allen Seiten steil und unzugänglich war, außer an der Nordseite, wo er einen flachen und glatten Abhang hatte", um eine der alemannischen Höhensiedlungen, deren Bedeutung, Funktion und geographische Verbreitung in letzter Zeit das besondere Interesse der Forschung gefunden haben[28].
   Da aus dem Bericht des Ammianus Marcellinus nicht hervorgeht, wie weit Valentinian in rechtsrheinisches Gebiet vorgedrungen war, als er die auf dem Berg verbarrikadierten Alemannen antraf, kommen so ziemlich alle bekannten Höhensiedlungen im Gebiet der *Alamannia* in Betracht. So wurden, um nur einige zu nennen, bereits der Glauberg in Oberhessen, der „Runde Berg" bei Urach und der Schweinsberg bei Heilbronn in Erwägung gezogen. Auch die Ortsangabe *Solicinium* konnte bislang nicht eindeutig identifiziert beziehungsweise lokalisiert werden: Sulz und Sülchen (bei Rottenburg) am oberen Neckar, aber auch die Gegend von Heidelberg und Schwetzingen wurden erwogen[29]. Die Vermutung, daß auf jenem Berg der „Fürstensitz Randos"[30] lag, die Aktion des Kaisers also den Charakter eines Rachefeldzuges für dessen frechen Überfall auf Mainz trug, ist den Quellen nicht zu entnehmen. Eher dürfte es sich um eine Demonstration römischer Stärke und Überlegenheit gehandelt haben, die allerdings nicht ungefährlich, sondern mit großen Risiken verbunden war. Denn nach Ammian wäre Valentinian fast „beim plötzlichen Angriff einer versteckt im Hinter-

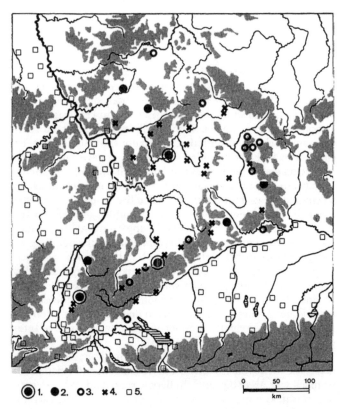

●1. ●2. ○3. ✗4. □5.

Karte 2: Höhensiedlungen des 4./5. Jahrhunderts. (Die folgende Klassifi-
zierung ist unsicher und vom gegenwärtigen Forschungsstand abhängig).
– 1 Umfangreichere Grabungen in jüngster Zeit, die den Charakter der
Höhensiedlung beschreiben lassen. – 2 Umfangreiches Fundmaterial oder
einzelne Funde, die eine Dauerbesiedlung des Berges sowie handwerkliche
Tätigkeiten belegen. – 3 Funde oder Geländespuren, die mit gewisser
Wahrscheinlichkeit für eine Höhensiedlung sprechen. – 4 Einzelfunde auf
Höhen, die u. U. auf eine Höhensiedlung hinweisen können. – 5 Kastell-
Linie des spätrömischen Limes.
Quelle: Archäologie und Geschichte. Freiburger Forschungen zum ersten
Jahrtausend in Südwestdeutschland, hg. von Hans Ulrich Nuber, Karl
Schmid, Heiko Steuer und Thomas Zotz. Band 1: Archäologie und Ge-
schichte des ersten Jahrtausends in Südwestdeutschland, Jan Thorbecke
Verlag, Sigmaringen 1992, S. 144.

halt aufgestellten Schar ums Leben gekommen". „Er war dem Abgrund einer Gefahr so nahe, daß der Diener, der seinen mit Gold und Edelsteinen gezierten Helm trug, mit eben diesem spurlos verschwand und weder lebend noch tot je gefunden wurde".

„Die Schlacht war kurze Zeit unentschieden, mit nicht geringer Wut kämpfte man weiter, während es auf beiden Seiten Tod und Vernichtung gab". Das römische Heer arbeitete „sich durch rauhes, gestrüppbewachsenes Gelände in gewaltiger Kraftanstrengung hinauf auf die Höhe". Dann stießen die feindlichen Reihen „im Nahkampf zusammen, hier der im Kriegshandwerk geschulte Soldat, dort die Barbaren, zwar voll wilder Kampfkraft, aber ganz unbedacht". „Am Ende waren viele erschlagen", und Ammian räumt ein: „in diesem Kampf fielen auch auf unserer Seite einige bedeutende Männer". Das dezimierte Römerheer suchte das Winterlager auf; der Kaiser, der auf diesem Feldzug von seinem noch minderjährigen Sohn Gratian (367/75–383) begleitet worden war, kehrte nach Trier zurück.

Decimus Magnus Ausonius (310–395), den Valentinian zum Erzieher seines Sohnes berufen hatte, durfte als Kriegsbeute ein „suebisches Mädchen" (*Sueba virguncula*) namens *Bissula* mit nach Trier nehmen. Das Mädchen stammte wohl aus Alemannien, genauer von den Donauquellen, die Ausonius merkwürdigerweise als „inmitten des Suebenlandes" (*mediis Suebiis*) liegend lokalisiert. Dieser Bissula widmete er ein Gedicht, das er an den Schriftsteller Axius Paulus in seiner Heimatstadt Bordeaux (*Budigala*) sandte; es lautet in prosaischer Übertragung[31]:

> „Bissula, jenseits des eiskalten Rheines durch Abstammung und Wohnsitz heimisch, Bissula, welche die Quellen der Donau kennt, mit Kriegsgewalt gefangen, durch Handzeichen entlassen (*missa manu*), regiert nun in dessen glücklichem Leben, dessen Kriegsbeute sie war. Fern von der Mutter, die Amme entbehrend... Dem Glück und dem Vaterland macht sie keine Vorwürfe, auf der Stelle von der ihr unbekannten Knechtschaft befreit, hat sie diese nun mit den Annehmlichkeiten Latiums vertauscht. Germanin aber bleibt sie vom Aussehen, mit dunkelblauen Augen und blonden Haaren. Bald macht die Sprache, bald die äußere Erscheinung sie zu einem rätselhaften (*ambiguam*) Mädchen; diese preist ihre Herkunft vom Rhein, jene aber die von Latium".

11. Valentinian befestigt die Rheingrenze

„Valentinianus hatte große und vielversprechende Pläne: den ganzen Rhein, vom Ursprung in Raetien bis zur Meerenge des Ozeans befestigte er mit großen Dämmen, errichtete an höheren Punkten Lager und Kastelle und eine Reihe von Türmen an geeigneten, günstig gelegenen Plätzen, der ganzen Ausdehnung der gallischen Provinzen entlang; bisweilen wurden auch jenseits des Stromes, der ja am Gebiet der Barbaren vorbeifließt, Bauten errichtet". So beschreibt Ammianus Marcellinus die umfangreichen Maßnahmen, die Kaiser Valentinian nach der Rückkehr von seiner linksrheinischen Strafexpedition im Jahr 369 begann. Als Beispiel einer am Rhein erbauten Befestigungsanlage erwähnt er Altrip, als das einer rechtsrheinischen den *mons Piri.*

Der heutige Ortsname Altrip (südlich von Ludwigshafen am Rhein) läßt noch die ursprüngliche Bedeutung „hohes Ufer" (*alta ripa*) erkennen. Gegenüber mündete einst der Neckar in den Rhein, und dadurch war ein Hochgestade entstanden: ein „Geschenk der Natur", wie Q. Aurelius Symmachus (345–402) in einer Lobrede auf Kaiser Valentinian es nennt; denn „ein erhöhter Platz und die günstige Hinwendung zweier Flüsse"[32] schufen optimale Voraussetzungen. Durch „Fachleute im Wasserbau" (*artificibus peritis aquariae*) ließ der Kaiser Eichenstämme ins Flußbett rammen, ein System von Mauern und Türmen errichten, deren Spitzen vergoldet und damit weithin sichtbar waren, so daß die Alemannenkönige nicht wußten, ob sie das Befestigungswerk „mehr bewundern oder fürchten sollten".

Während das *munimentum* Altrip der Befestigung der Rheingrenze diente, lag der *mons Piri* östlich des Rheins inmitten des „Barbarenlandes". Die genaue Lokalisierung dieses Berges, den der Kaiser ebenfalls durch ein Kastell befestigen lassen wollte, ist umstritten. Meist wird eine Erhebung auf dem Gebiet der heutigen Stadt Heidelberg angenommen[33]. Diese Demonstration römischer Macht auf dem Gebiet der *Alamannia* wurde jedoch nicht hingenommen. Wenn vornehme Alemannen (*optimates Alamanni*) den Kaiser warnten, er solle „nicht die Abmachungen mit Füßen treten und nichts Unehrenhaftes beginnen", so nahmen sie offensichtlich Bezug auf Vereinbarungen, die im Zusammenhang der Erbauung der Festung Altrip getroffen und durch die Stellung von Geiseln seitens der Alemannen besiegelt worden waren. „Aber dies und Ähnliches sprachen sie vergeb-

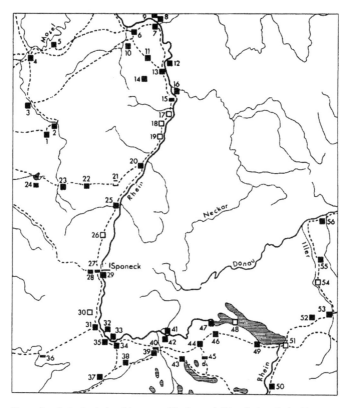

Karte 3: Spätrömischer Limes am Hoch- und Oberrhein mit der Burg
Sponeck

1 Herapel	12 Zullestein	22 Saverne	33 Wylen	44 Oberwinter-
2 Saarbrücken	13 Worms	23 Sarrebourg	34 Kaiseraugst	thur
3 Pachten	14 Eisenberg	24 Tarquimpol	35 Basel	45 Irgenhausen
4 Trier	15 Altrip	25 Strasbourg	36 Epamanduo	46 Pfyn
5 Neumagen	16 Mannheim-	26 Benfeld-Ehl	durum	47 Burg von Stein
6 Bingen	Neckarau	27 Oedenburg	37 Solothurn	48 Konstanz
7 Mainz	17 Speyer	28 Borbourg	38 Olten	49 Arbo
8 Kastel	18 Germers-	29 Breisach	39 Altenburg	50 Schaan
9 Wiesbaden-	heim	30 Illzach	40 Windisch	51 Bregenz
Biebrich	19 Rheinzabern	31 Kembs	41 Rheinheim	52 Isny
10 Kreuznach	20 Seltz	32 Robur	42 Zurzach	53 Kempten
11 Alzey	21 Brumath	(Kleinbasel)	43 Zürich	54 Cassiliacum
				55 Kellmünz
				56 Günzburg

■ Befestigte Anlagen, nachgewiesen   □ befestigte Anlagen, angenommen

Quelle: Gerhard Fingerlin, Römische Zeit. In: Jechtingen am Kaiserstuhl,
hg. von Gerhard A. Auer, Emmendingen 1992, S. 20. Umzeichnung einer
Karte von Roksanda M. Swoboda (Literaturverzeichnis Nr. 94).

61

lich", merkt Ammian kritisch an, „man hörte ihnen nicht einmal zu, noch bekamen sie eine beruhigende oder freundliche Botschaft zu hören".

Die Folgen waren für die Römer ernüchternd: Kaum waren die Väter der Geiseln „über den Verlust ihrer Söhne weinend" zu den Ihren zurückgekehrt, da griffen die Alemannen „die halbnackten, auch noch mit Erdarbeiten beschäftigten Soldaten an und schlugen sie mit hurtig gezogenen Schwertern nieder, auch die beiden Offiziere fielen. Keiner überlebte, um von dem Geschehenen zu berichten, außer Syagrius, der nach dem Untergang aller an den Hof zurückkehrte". Als dieser kaiserliche Geheimsekretär (*notarius*) dem Valentinian die Hiobsbotschaft überbrachte, büßte er dies mit seiner Amtsenthebung[34].

So gelang das imponierende große Befestigungswerk an der Rheingrenze, das mit dem Namen des Kaisers Valentinian I. verbunden ist, nicht ohne Rückschläge. Zahlreiche weitere Kastelle wie die Burg Sponeck (Kreis Emmendingen), die Festung Breisach und das *munimentum Robur* bei Basel sind unter seiner Herrschaft erneut befestigt worden beziehungsweise entstanden[35]. Und so rühmte schon der erwähnte zeitgenössische Lobredner Symmachus das Werk des Kaisers: „Vom Ursprung des Rheins bis zur Mündung im Ozean hat ein Kranz von Befestigungswerken die Ränder der Ufer beschirmt".

Während der Kaiser gerade mit der Befestigung eines Brückenkopfes bei Basel beschäftigt war, riefen ihn schlechte Nachrichten nach Illyrien. Aber erst nachdem der Unruhestifter Macrian wenn schon nicht getötet, so doch vertraglich gebunden war[36], konnte Valentinian im Frühjahr des Jahres 375 die Rheingrenze in Richtung Pannonien verlassen. Sein Sohn Gratian übernahm als Mitregent und dann nach Valentinians Tod im Herbst des Jahres gemeinsam mit seinem allerdings noch minderjährigen Halbbruder Valentinian II. (375–392) die Sicherung Galliens.

12. Die Schlacht bei *Argentovaria* (378)

Zunächst herrschte nach dem Tod Valentinians einige Jahre Ruhe an der Rheinfront. Aber schon bald wirkten sich die Ereignisse im Osten, wo die Hunnen die Goten verdrängt und zur Rebellion gegen Kaiser Valens veranlaßt hatten, auch auf den Westen aus. Valens bat Gratian um militärischen Beistand, den dieser im Februar 378 vorbereitete. Ein Lentienser, der in der kaiserlichen Garde am Hofe Gratians diente und „wegen einer dringlichen Angelegenheit" Heimaturlaub bekommen hatte, erzählte zu Hause von der bevorstehenden Truppenverlagerung nach Osten[37]. „Das hörten die *Lentienses* begierig an …; und da sie rasch entschlossen und räuberisch sind, taten sie sich zu plündernden Haufen zusammen und… überschritten im Monat Februar den in der Kälte zugefrorenen und begehbaren Rhein".

Aus diesem Bericht des Ammianus Marcellinus geht nicht eindeutig hervor, ob die Überfälle der Lentienser über den Hochrhein nach Süden oder über den Oberrhein nach Westen erfolgten[38]. Jedenfalls gelang es den Römern zunächst, diese Einfälle zurückzuschlagen. Aber da die Lentienser nun einmal „wußten, daß der größte Teil des Heeres nach Illyrien vorausgezogen war und auch der Kaiser bald dort sein werde, entbrannten sie in noch heißerer Kampflust. So machten sie sich an ein größeres Unternehmen, sammelten die Bewohner sämtlicher Gaue zusammen und mit 40 000 Bewaffneten oder 70 000, wie einige übertreibend behaupteten, um die Lobpreisung des Kaisers noch zu steigern, brachen sie stolzgeschwellt und voll Zuversicht in unser Land ein".

Gratian blieb nichts anderes übrig, als die vorausgeschickten Kohorten schleunigst zurückzurufen und mit einer vorsichtshalber zurückbehaltenen Reserve zu vereinigen. Es verdient wiederum Beachtung, daß es zwei Franken waren, denen der damals gerade erst neunzehnjährige Kaiser den Oberbefehl über das römische Heeresaufgebot übertrug: dem *comes* Nannienus und dem Frankenkönig und *comes* der *domestici* Mallobaudes. Auf alemannischer Seite nennt Ammian den König Priarius als „Anstifter der mörderischen Schlacht", in der mehr als 30 000 Alemannen gefallen sein sollen[39]. Als Ort der Auseinandersetzung wird in den Quellen *Argent(ov)aria* angegeben, eine „gallische Stadt" zwischen Basel und Straßburg, die im allgemeinen mit Horburg bei Colmar im Elsaß identifiziert wird.

Nach Ammian überlebten nicht mehr als 5000 Alemannen die Niederlage, die auch Priarius das Leben kostete. Sie zogen sich in panischer Flucht in die „dichten Wälder" – wohl des Schwarzwaldes – zurück. „Im stolzen Bewußtsein dieses erfreulichen Erfolges" beschloß Gratian, die günstige Gelegenheit zu nutzen und „das ganze unzuverlässige, aufrührerische Volk zu vernichten". „Schon nach den östlichen Gebieten strebend bog er nach links ab, überschritt heimlich den Rhein" und verfolgte die Flüchtenden, die sich, wie schon bei der Strafexpedition Valentinians, auf die Schwarzwaldhöhen mit ihren unwegsamen und „ringsum abschüssigen Felsen" zurückzogen. Und auch diesmal gelang es den römischen Truppen trotz eifrigen Bemühens nicht, „die Berge zu ersteigen und dann schnell und kampflos, sobald sie die Höhen betreten hätten, sozusagen ihre Jagdbeute zu packen". Als sich die Kämpfe, die mittags begonnen hatten, bis tief in die Nacht hinzogen, änderte der Kaiser nach „langer Beratung mit den höheren Offizieren" seine Taktik. Denn es erschien ihm zu „gefahrvoll und fruchtlos, gegen die rauhen, steilen Berghänge mit unangebrachtem Trotz anzugehen", da die Feinde „durch das ungünstige Gelände gegen den Kampf gesichert waren". Der Plan, sie mit einem Wall zu umgeben und auf diese Weise auszuhungern, führte jedoch auch nicht zum Erfolg, denn aufgrund ihrer besseren Ortskenntnis entkamen sie der versuchten Einkesselung und flüchteten auf „andere, immer noch höhere Berge als die bisher besetzten". Die Hartnäckigkeit, mit welcher der Kaiser ihnen nachsetzte, wurde schließlich belohnt: „Wie die Lentienser nun sahen, daß er mit allem Eifer und aller Beharrlichkeit ihnen an die Kehle ging, erlangten sie mit demütigen Bitten, daß ihre Unterwerfung (*deditio*) angenommen wurde". Der Kapitulationsvertrag sah vor, daß die jungen wehrfähigen Männer als Rekruten ins römische Heer eingereiht wurden, während die übrigen in ihre Heimat (*ad genitales terras*) zurückkehren durften. Der Kaiser aber durfte fortan den Beinamen *Alamannicus maximus* führen.

Nach Adrianopel aber kam Gratian mit seinen Truppen wegen des Lentienserfeldzuges bekanntlich zu spät: Sein Onkel Valens verlor in der Schlacht bei Adrianopel gegen die Goten sein Leben und zwei Drittel seines Heeres. Hier zeigen sich die katastrophalen Folgen einer Situation, die immer dann entstand, wenn die römische Heereskraft an mehreren Stellen zur gleichen Zeit benötigt wurde. Erst nachdem Gratian am 19. Januar *379* in Sirmium Theodosius (379–395) zum Kaiser im Osten erhoben hatte, konnte er im Frühsommer wieder nach Gallien zurückkehren. Die Rheingrenze aber hat nach ihm kein römischer Kaiser mehr überschritten.

13. Das Ende der Römerherrschaft

Es ist erstaunlich, daß wir nach der Schlacht bei *Argentovaria* (378), als der „Sturm der Völkerwanderung" infolge des Hunneneinfalls erst richtig losbrach, kaum noch von größeren alemannischen Beutezügen hören. Jedenfalls konnten Übergriffe über die Rheingrenze offenbar relativ schnell und problemlos zurückgeworfen werden, ohne daß kritische Situationen hervorgerufen wurden. Als Gratian am 25. August 383 ermordet wurde, fielen die Juthungen über die Donau nach Raetien ein. Valentinian II. konnte gegen sie ein Heeresaufgebot mobilisieren, in dem auch Hunnen und Alanen kämpften. Mit der Leitung des Feldzuges wurde wiederum ein Franke, der *magister militum* Bauto, betraut. Trotz weiterer Usurpationen, bürgerkriegsähnlicher Situationen und immer deutlicher erkennbarer Schwächen in der römischen Heeresorganisation ließ der alemannische Druck auf die Rheingrenze nach. Es macht den Eindruck, als wären die alemannischen Völker rechts des Rheins seßhafter geworden, „als wäre unter ihnen eine Beruhigung eingetreten oder als hätten sie ihre Kräfte vorläufig auf irgendwelche anderen Ziele gerichtet"[40].

Daß wir nun für ein Jahrhundert erheblich weniger über die Alemannen hören als während des dritten Viertels des 4. Jahrhunderts, liegt zweifellos vor allem an Ammianus Marcellinus, der seinen Bericht mit dem Jahre 378 enden läßt. Kein anderer Schriftsteller hat uns ein auch nur annähernd vergleichbar deutliches Bild von den alemannischen Völkern hinterlassen wie Ammian. Daß sie aber in den Quellen des ausgehenden 4. und des 5. Jahrhunderts weniger Erwähnung finden als etwa die Franken oder die Burgunder, liegt wohl auch daran, daß das „freie" Alemannien den römischen Schriftstellern schon geographisch ferner lag als die Gebiete der Burgunder und Franken, die vom Sog des untergehenden Imperium, und damit auch von den Schriftstellern, ungleich stärker erfaßt wurden.

Wir hören von den Alemannen, daß sie von Eugenius in ein Bündnis einbezogen wurden, als sich dieser 392 vom fränkischen Heermeister Arbogastes gegen Theodosius I. zum Kaiser ausrufen ließ[41]. Wir erfahren, daß Alemannen 406/7 gemeinsam mit Vandalen und Alanen den Rhein überschritten, als Stilicho, der mächtige Heermeister des schwachen weströmischen Kaisers Honorius (393–423), die römischen Truppen zur Abwehr der Ost- und Westgoten nach Italien abzog. Hinter Iovinus (411–413) standen außer Franken, Burgundern und Alanen auch Alemannen, als er sich im Jahre 411 zum Kaiser ausrufen ließ. Ansonsten hören wir zum Jahre 430 noch von den Juthungen, daß sie beim Angriff auf Raetien vom weströmischen Heermeister Aetius (429–454) zurückgeschlagen wurden.

14. Das Reich der Burgunder

Die Burgunder, die einst (286/87) mit den alemannischen Einwanderern ins Dekumatland eingedrungen, von Kaiser Maximian aber – möglicherweise mit alemannischer Unterstützung – über den Limes zurückgeworfen worden waren, fühlten sich, wie wir oben[42] hörten, den Römern „seit alten Zeiten" (*temporibus priscis*) besonders verbunden. Aus diesem Grund, weil sie sich als „Nachkommen der Römer" fühlten, waren sie im Jahr 370 auch bereit, mit diesen unter Kaiser Valentinian gemeinsam gegen die Bucinobanten und ihren König Macrian vorzugehen. Die alemannischen Bucinobanten saßen rechts des Rheins gegenüber von Mainz. Es ist anzunehmen, daß die Burgunder schon zu Beginn der siebziger Jahre des 4. Jahrhunderts in dieses Gebiet drängten und es den Bucinobanten mit Hilfe der Römer zu entreißen versuchten.

Daß die Burgunder zu dieser Zeit Nachbarn der Alemannen waren, teilt Ammianus Marcellinus mit, der von den „Grenzsteinen" (*terminales lapides*) zwischen beiden Völkern in der Gegend von *Capillacii* oder *Palas* (östlich des Neckar bei Osterburken und Öhringen) berichtet[43]. Der Versuch, die Bucinobanten zu vertreiben, scheint damals jedoch nicht ganz erfolgreich gewesen zu sein, obwohl die Burgunder zum Schrecken der römischen Bevölkerung „bis zu den Ufern des Rheins vorrückten". Sie fühlten sich aber vom Kaiser, der „noch mit dem Bau von Befestigungsanlagen beschäftigt war", im Stich gelassen. Die Könige (*reges*) der Burgunder reagierten „wütend, da man sie sozusagen zum Narren gehalten hatte, töteten alle Gefangenen und kehrten in ihr Heimatland (*genitales terras*) zurück".

Der Oberbefehlshaber der römischen Reiterei (*magister equitum*) Theodosius, der Vater des gleichnamigen späteren Kaisers (379–395), soll übrigens Ammian zufolge die Gelegenheit des Burgunderüberfalls auf die Bucinobanten genutzt haben, die Alemannen, „die aus Furcht vor dem oben genannten Volk [der Burgunder] auseinandergelaufen waren", von Raetien aus anzugreifen. Viele von ihnen seien getötet worden; die gefangenen Alemannen aber habe Theodosius auf Befehl des Kaisers nach Italien geschickt, „wo sie fruchtbares Land bekamen und noch jetzt als Tributpflichtige (*tributarii*) am Fluß Po siedeln".

Doch zurück zu den Burgundern: Was ihnen damals unter Kaiser Valentinian nicht gelungen war, erreichten sie nun in den Wirren unter Kaiser Honorius zu Beginn des 5. Jahrhunderts.

Im Jahre 409 stießen sie bis zum Rhein und über diesen hinaus vor und besetzten die Städte Mainz und Worms. Der Usurpator Constantinus (III. 407–411) war nicht in der Lage, die Burgunder wieder über die Rheingrenze zurückzuwerfen; stattdessen versuchte er, sie für sich zu gewinnen und ihnen als Verbündeten linksrheinisches Gebiet zu überlassen, um seine Herrschaft mit ihrer Hilfe zu festigen. Dieser Plan mißlang jedoch, denn die Burgunder unterstützten schon bald, gemeinsam mit den Alemannen, Franken und Alanen, den neuen Gegenkaiser Iovinus, an dessen Erhebung in Mainz im Sommer des Jahres 411 der Burgunderkönig Gunthar maßgeblichen Anteil hatte[44]. Nach der Ermordung des Iovinus wurde den Burgundern das errungene Gebiet um Worms und Mainz auch von Kaiser Honorius nicht mehr abgesprochen, sondern auf Dauer bestätigt (413).

Im Jahre 435 fielen die Burgunder unter ihrem König Gunthar in die Provinz Belgica ein, sie wurden aber vom römischen Heermeister Aetius zurückgeworfen und zu einem Friedensvertrag gezwungen. Diesen soll Aetius selbst jedoch im folgenden Jahr schon wieder gebrochen haben, indem er in römischen Diensten stehende Hunnen veranlaßte, gegen die Burgunder vorzugehen. Dies führte für die letzteren zur Katastrophe: Gunthar fiel mit seiner ganzen Dynastie und 20 000 Kriegern. Das Nibelungenlied hat den historischen Kern dieser burgundischen Niederlage bewahrt. Den Überlebenden wies Aetius neue Wohnsitze in der *Sapaudia*, in der Gegend um Genf, zu, wo sie sich schon bald wieder als treue römische Foederaten – nicht zuletzt gegen die Alemannen – erwiesen.

15. Die Schlacht auf den Katalaunischen Feldern (451)

Wenn auch 443 auf Befehl des Aetius nicht alle Burgunder das Gebiet beiderseits des Mittelrheins verlassen haben dürften, so ergaben sich doch für die Alemannen nun Möglichkeiten, sich auch über den Rhein hinweg auszubreiten. In welchem Umfang damals links des Rheins, insbesondere im Elsaß, alemannische Siedlungen entstanden, ist den Schriftquellen nicht zu entnehmen. Wenn die Archäologen links des Rheins im 5. Jahrhundert einen Rückgang römischer Funde konstatieren, dürfte dies seinen Grund vor allem in der Abwanderung gallorömischer Bevölkerung haben, die sich nicht zuletzt aufgrund der kriegerischen Ereignisse, von denen nun die Rede sein wird, durch die Rheingrenze nicht mehr geschützt sah.

Der Hunnenkönig Attila (440–453) zog, nachdem er mit seinem Heer von Hunnen, Gepiden, Ostgoten, Markomannen, Sueben, Quaden, Herulern, Rugiern, Skiren und Thüringern „die Donauprovinzen kahlgeplündert"[45] hatte, nach Gallien. Auf seinem Weg den Main entlang zum Mittelrhein schlossen sich dem Zerstörung und Verderben bringenden Zug Burgunder, Franken und Alemannen an. Die Quellen sprechen von 500 000 Kriegern auf seiten Attilas, denen der römische Heermeister Aetius auf den Katalaunischen Feldern (zwischen Châlons-sur-Marne und Troyes) ein ähnlich buntes Völkergemisch entgegenstellte: Den linken Flügel bildeten die Römer, im Zentrum standen barbarische Bundesgenossen, unter ihnen vor allem Franken und Burgunder, vermutlich aber auch Alemannen; den Hauptstoß führten die Westgoten auf dem rechten Flügel unter ihrem König Theoderich I., der in der Schlacht fiel. Zwei Tage lang tobten im Juni 451 die Kämpfe, in denen nicht nur Ostgoten den Westgoten gegenüberstanden, sondern auch wohl Franken, Burgunder und Alemannen auf beiden Seiten mitwirkten. Obwohl das Heer des Aetius keinen entscheidenden Sieg erringen konnte, gelang es, die Hunnen zum Rückzug zu bewegen. Plündernd zogen sie nach Italien, wo sie Mailand und Aquileia zerstörten. Auf Bitten von Papst Leo dem Großen (440–461) sollen sie Rom verschont haben und nach Pannonien zurückgekehrt sein. Das Ende Attilas, der 453 nach der Hochzeitsnacht mit einer gotischen Prinzessin tot aufgefunden wurde, bot reichen Stoff für die Sage.

Der Tod des Aetius, den der Kaiser Valentinian III. (425–455) am 21. September 454 selbst ermordet haben soll, brachte erneut Unruhen in Gallien mit sich, an denen auch Franken und Alemannen beteiligt waren. Nur ein halbes Jahr später fiel auch Valentinian einem Racheakt zum Opfer. Sein Nachfolger Maximus ernannte mit Avitus 455 nochmals einen fähigen Heermeister, dem es in nur drei Monaten gelang, die Barbarengefahr zu bannen. Noch im selben Jahr ließ er sich in Arles zum Kaiser ausrufen. Die Lobrede, die sein Schwiegersohn Sidonius Apollinaris auf Avitus gehalten hat, als er am 1. Januar 456 in Rom sein Kaiserkonsulat antrat, lautet in prosaischer Übersetzung:

„Der Franke warf die Provinzen Germania prima und Belgica secunda nieder; Du, wilder Alemanne, trankst aus dem Rhein auf den römischen Ufern und warst, Übermütiger, im Lande auf beiden Seiten des Flusses, als Bürger oder Sieger. Als der Kaiser Maximus die weiten Gebiete verloren sah, tat er das einzig Richtige: er wählte Dich, Avitus, sich zum Heermeister"[46].

Wenn Sidonius auch fortfährt, die Alemannen hätten den Avitus nach seiner Berufung zum Heermeister um Verzeihung „für das vorherige Wüten (*furor*)" gebeten, so ist kaum anzunehmen, daß sie sich wieder über den Rhein zurückbegeben und diese alte Grenze fortan in den Turbulenzen des untergehenden Imperium respektiert hätten.

III. Von der römischen zur fränkischen Oberherrschaft (456–496)

Die vierzig Jahre vom Sturz des gallischen Kaisers Avitus 456 bis zur „Schlacht bei Zülpich" 496/97 waren zweifellos die Zeit der größten Freiheit der Alemannen und vermutlich auch die der größten Ausdehnung der *Alamannia*. Diese relativ kurze Zeitspanne in der Geschichte der Alemannen, „vergleichbar mit der Lebensspanne der DDR"[1], beginnt mit dem Ende der römischen Herrschaft am Ober- und Hochrhein und endet mit dem Beginn der fränkischen Oberherrschaft über die Alemannen.

„Der trotzige Alemanne war... über den rätischen Paß.., in die Alpen gestiegen", beschreibt Sidonius poetisch einen Beutezug, der eine alemannische Schar von 900 Kriegern bis in die Gegend von Bellinzona führte[2]. In der Nähe von Passau verhandelte ein Alemannenkönig zwischen 470 und 476 mit dem hl. Severin, und etwa um die gleiche Zeit ließ ein Alemannenkönig in der Champagne auf Bitten des Bischofs von Troyes Gefangene frei. Bei Zülpich (Kreis Euskirchen bei Bonn) schließlich wurde gegen Ende des Jahrhunderts der Rheinfrankenkönig Sigibert im Kampf mit Alemannen am Knie verwundet. Die vier erwähnten Ortsangaben dürfen zwar nicht als Eckpunkte einer von den Alpen bis zur Kölner Bucht und von Bayern bis zur Champagne sich erstreckenden *Alamannia* interpretiert werden; aber sie lassen doch für die Zeit nach dem Zusammenbruch der Römerherrschaft am Rhein einen gewaltigen Aktionsradius der Alemannen erkennen.

1. Die Kosmographie des Geographen von Ravenna

Die tatsächliche Ausdehnung des Alemannenlandes (*Alamannorum patria*) in der zweiten Hälfte des 5. Jahrhunderts hat man aus der Beschreibung eines anonymen Geographen herauslesen wollen, dessen *Cosmographia* zwar erst zwischen dem Ende des 7. und der Mitte des 9. Jahrhunderts niedergeschrieben wurde, aber offenbar aus Quellen des 5. oder frühen 6. Jahrhunderts schöpft[3]. Schon die Identifizierung und Lokalisierung der genannten Ortsnamen, aber auch die Bewertung und Interpretation des in sehr verderbter Form überlieferten Textes bereiten große, wohl kaum je zu bewältigende Schwierigkeiten. Da die Vorlagen, die der Geograph, wie er selbst mitteilt, rezipiert hat, allem Anschein nach verschiedenen Zeitstufen angehören, entsteht das Bild eines „Großalemannien", das es in dieser Ausdehnung sicherlich nie gegeben hat.

So werden etwa links des Rheins die Städte (*civitates*) Langres (*Ligonas*), Besançon (*Bizantia*) und Mandeure (*Mandroda*) genannt, die, wenn überhaupt, dann nur kurzfristig in alemannischer Hand waren. Denn der Gewährsmann Athanarid, auf den sich der Geograph bei diesen Angaben beruft, weist Besançon und Mandeure an anderer Stelle auch den Burgundern zu. Verschiedene „Momentaufnahmen" der turbulenten Jahrzehnte vor 500 scheinen in der Aufzählung der Kosmographie zum Bild einer *Alamannorum patria* zusammengefaßt worden zu sein, die in dieser Gestalt niemals existiert hat. Möglicherweise sind in der Liste auch, insbesondere im Westen, Orte erfaßt, die zu einem nicht mehr rekonstruierbaren Zeitpunkt von den Alemannen militärisch kontrolliert wurden, ohne daß die dort ansässige provinzialrömische Bevölkerung deshalb alemannischen Siedlern gewichen sein muß.

Als Grundlage der Kosmographie sind offensichtlich römische Wegekarten oder -beschreibungen (*Itinerare*) benutzt worden, die großen Straßen oder Flüssen folgen[4]. Die Beschreibung des Gebietes der Alemannen, das mit dem der Suaven gleichgesetzt wird (*patria Suavorum que et Alamannorum patria*), folgt der Beschreibung Thüringens, das *die Alamannia* im Osten begrenzt; im Süden wird Italien genannt. Im Südwesten waren die Burgunder und im Westen und Norden die Franken die Nachbarn. Weitergehende Informationen über die territoriale Ausdehnung des „alemannischen Vaterlandes" in der zweiten Hälfte des 5. Jahrhunderts sind dem Geographen von Ravenna nicht zu entnehmen; allerdings ist der Schatz früher Ortsnamen, auch wenn er nicht leicht zu heben ist, beachtlich.

2. Waren die Alemannen unter einem Großkönig geeint?

Merkwürdigerweise herrscht in der Forschung bis heute weitgehend Einigkeit darüber, „daß es im Lauf des 5. Jahrhunderts zum Zusammenschluß des ganzen Stammes unter eine einheitliche politische Spitze gekommen ist"[5]. Denn, so wird argumentiert, der am Ende des Jahrhunderts gegen die unter Chlodwig geeinten Franken gefallene Alemannenkönig „kann nach dem Sinnzusammenhang nur ein Gesamtkönig gewesen sein"[6]. Merkwürdig ist diese Annahme deshalb, weil sie aus den vorhandenen Quellen nicht zu begründen ist; ja, die erhaltenen Schriftzeugnisse sind mit dieser Hypothese nicht einmal in Einklang zu bringen und müssen, um sie aufrecht erhalten zu könne, sogar korrigiert werden.

Insofern spielen die Quellen als Begründung für die Annahme eines alemannischen Großkönigtums keine entscheidende Rolle. Vielmehr ist der Blick auf jene „Entscheidungsschlacht" gerichtet, in die auf der einen Seite die unter Chlodwig zusammengefaßten Franken ziehen. Muß nicht auf der anderen Seite ein ebenfalls unter einem Großkönig geeintes Alemannenvolk gekämpft haben, wenn der Ausgang dieser Schlacht über die Zukunft der germanischen Völker, ja über die Zukunft Europas entschied und Chlodwig im Innersten so bewegte, daß er sich zur Konversion zum Christentum und zur Taufe entschloß? Wir werden uns mit der Frage nach der Berechtigung dieser Etikettierung der Auseinandersetzung zwischen Franken und Alemannen um 500 als „Entscheidungsschlacht" noch eingehend beschäftigen. Aus den bisher vorgestellten Schriftzeugnissen ergab sich kein Hinweis auf ein alemannisches Großkönigtum, nicht einmal, wie neuerdings behauptet wird, auf einen Trend hin zu einer Zusammenfassung der Kräfte unter e i n e m König[7].

Die Quellen des 4. Jahrhunderts, die, wie wir sahen, erheblich reichlicher fließen und sich als ergiebiger erwiesen als die des 5. Jahrhunderts, zeigten eine Vielzahl eigenständig agierender Könige (*reges*), die über getrennt siedelnde Bevölkerungsgruppen (*populi, nationes, gentes*) in unterschiedlichen Gauen (*pagi, regiones*) herrschten. So konnten wir rechts des Rheins gegenüber von Mainz die *Bucinobantes*, weiter oberhalb gegenüber von Breisach und Basel die *Brisigavi* und nördlich des Bodensees die *Lentienses* als selbständige Volksgruppen ausmachen. Sie wurden von Ammianus Marcellinus – ebenso wie die zunächst völlig

unabhängigen Juthungen nördlich der Donau – als „alemannische Stämme" (*gentes Alamannicae*) bezeichnet. In ihrer Gesamtheit wurden sie von den Römern „Barbaren", „Germanen"
oder „Alemannen" genannt; die letztere Bezeichnung diente
etwa zur Abgrenzung von den Franken oder den Burgundern.

Was das Gemeinsame dieser *gentes Alamannicae* war und
was sie aus der Sicht der Römer – denn nur aus dieser Sicht lernen wir sie kennen – von den Franken, Burgundern usw. trennte,
ist den Quellen nicht zu entnehmen. Das einzige Trennende, von
dem die Schriftsteller berichten, sind die Grenzen zwischen ihnen, und es spricht vieles dafür, daß diese von den Römern gezogen worden sind. So ist von „Grenzsteinen" zwischen Alemannen und Burgundern die Rede, die wohl kaum von diesen
selbst errichtet worden sein dürften[8]. Auch die Umsiedlung eines
ganzen Volkes – der Burgunder 443 vom Mittelrhein an den
Genfer See – durch den römischen Heermeister spricht eine
deutliche Sprache. Inwiefern aber unterschiedliche Rechtsauf-
fassungen, religiöse Vorstellungen, Herkunftssagen und Dia-
lekte die Alemannen von den Franken, Burgundern und Thüringern vor 500 trennten sowie ob und wieweit diese zwischen
den Bucinobanten, Lentiensern, Breisgauern und Juthungen dif-
ferieren, entzieht sich unserer Kenntnis.

3. Der Alemannenkönig *Gibuldus-Gebavultus*

Aus dem gesamten 5. Jahrhundert kennen wir nur zwei Namen
von Alemannenkönigen, nämlich *Gibuldus* und *Gebavultus,* die
möglicherweise sogar ein und dieselbe Person bezeichnen. Diese
Vermutung, die durch die Ähnlichkeit der beiden Namenformen
gestützt wird, gilt seit mehr als hundert Jahren als wichtige
Stütze für die Hypothese von der „Concentrierung zu einem
Ein-Königthume" bei den Alemannen in der zweiten Hälfte des
5. Jahrhunderts[9]. Wir müssen uns deshalb mit diesem Argument, das auch heute noch Gültigkeit beansprucht[10], auseinandersetzen.

Die Vita des heiligen Abtes Severin (gest. 482), die dessen
Schüler Eugipp (gest. nach 533) verfaßt hat, berichtet von einem
rex Gibuldus, der den Heiligen „sehr schätzte und verehrte".
Vor der Stadt Passau, deren Bürger unter den ständigen Einfällen der Alemannen litten, kam es zu einer Begegnung zwischen
dem König und dem Abt, die Gibuldus so nachhaltig beein-

druckte, daß er „dem Diener Gottes die Wahl freistellte zu verlangen, was er wolle". Daraufhin ermahnt Severin den König, er „solle sein Volk davon abhalten, römisches Land zu verwüsten", und erbittet die Freilassung von Gefangenen. Der König sagt dies zu, und ein Diakon, „der dem König auf Schritt und Tritt folgte", führt nach einigem Hin und Her „ungefähr siebzig Gefangene zurück". Einem anderen Priester gelingt es darüber hinaus, eine weitere „große Zahl von Unglücklichen aus der Gefangenschaft zurück[zuholen]". Diese Episode im Leben des hl. Severin wird in die Jahre 469/70–476 datiert[11].

Auch die Vita des heiligen Bischofs Lupus von Troyes (ca. 426–478) berichtet von der Freilassung Gefangener, die sich in der Gewalt von Alemannen befanden. Das Motiv für die Freilassung ist hier ebenfalls die „Verehrung und Zuneigung", die dem Heiligen von allen Stammeskönigen (*ab omnibus gentium regibus*) erwiesen wurde, „besonders aber... von König Gebavult" (*specialius a rege Gebavulto*). Wie zwischen Severin und Gibuldus vermittelt auch zwischen Lupus und Gebavultus ein Priester[12].

Der nahezu identische Name des Alemannenkönigs, aber auch die auffallenden Ähnlichkeiten und Übereinstimmungen zwischen beiden Heiligenviten haben Bruno Krusch schon vor hundert Jahren bewogen, die entsprechende Passage der Lupus-Vita als Entlehnung aus der Lebensbeschreibung des hl. Severin zu verstehen. *Gebavultus,* die abweichende, älter wirkende Form des Namens *Gibuldus,* erklärte er dadurch, daß dem Autor der Lupus-Vita eine ältere, heute nicht mehr erhaltene Fassung der Vita Severini vorgelegen habe[13]. Eugen Ewig sieht in Kruschs Interpretation der Lupus-Vita als Fälschung „eine unbewiesene Vermutung" und möchte deshalb an ihrer Eigenständigkeit und Glaubwürdigkeit festhalten. Allerdings warnt er davor, aus Zeit- und Namengleichheit von Gebavultus und Gibuldus auf Identität der mit diesen Namen bezeichneten Personen zu schließen: „Gebavultus und Gibuldus können der gleichen Königssippe angehört, aber trotz gleichen Namens verschiedene Personen und auch Zeitgenossen verschiedener Generationen gewesen sein"[14].

Gleichwohl wurde Ewigs vorsichtig formulierte Kritik an Krusch schon bald als „Beweis" für die Existenz eines alemannischen „Großkönigs", eines „Einheits- und Großstammkönigs" verstanden, „der in Macht und Funktion den Heerkönigen anderer völkerwanderungszeitlicher Großstämme durchaus vergleichbar" gewesen sei[15]. Eine solch schwerwiegende Folgerung kann wohl kaum aus den beiden beiläufig erzählten Episoden in zwei frühmittelalterlichen Heiligenviten gezogen werden. Denn selbst die Annahme eines identischen Alemannenkönigs Gebavultus = Gibuldus, der in den siebziger Jahren des 5. Jahrhunderts einmal vor den Toren von Passau und ein andermal in der Nähe von Troyes bezeugt ist, muß nicht zwingend dahingehend interpretiert werden, daß er als Großkönig von Bayern bis zur Champagne geherrscht habe. Raub- und Beutezüge führten die alemannischen *reges* – Bischof Lupus hatte es nach dem Wortlaut seiner Vita mit vielen Königen zu tun! – in weit entfernte Gegenden, ohne daß man diese Operationen im Zusammenhang einer zielgerichteten Außenpolitik eines Königs aller Alemannen sehen muß.

4. Die Ausbreitung der Alemannen vor 500

In der zweiten Hälfte des 5. Jahrhunderts geriet der westliche Teil des römischen Reiches zunehmend unter die Herrschaft germanischer Völker: In Nordgallien dehnten sich die Franken aus, an der Rhône saßen die Burgunder, in Aquitanien breiteten sich die Westgoten aus; die Iberische Halbinsel war in der Hand von Westgoten und Sueben; die Vandalen hatten Afrika und die Hunnen Pannonien erobert. Es liegt auf der Hand, daß auch die alemannischen Völker in dieser Zeit ihren Aktionsradius erweiterten. Alemannen, „die durch einen Teil Italiens gezogen waren", wurden 469, wie Gregor von Tours berichtet[16], vom Frankenkönig Childerich (ca. 460–482) und dem späteren König von Italien Odoakar (476–493) unterworfen. In Troyes hat Bischof Lupus, in Passau Abt Severin mit Alemannen zu tun, die in den siebziger Jahren Städte überfallen und romanische Bevölkerung verschleppen. Die Herausbildung einer beständigen Territorialherrschaft außerhalb ihres ursprünglichen Siedlungsgebietes scheint ihnen aber, wenn sie eine solche überhaupt angestrebt haben, nicht gelungen zu sein.

„Über die Westexpansion der Alamannen im 5. Jahrhundert sind wir ungewöhnlich schlecht unterrichtet"[17]. Sie begann etwa 455, führte um 470 alemannische Scharen durch die Burgundische Pforte bis zum Flußlauf des Doubs und setzte sich, wenn man der Lupus-Vita glauben darf, über Langres hinaus in Richtung Troyes und Châlons-sur-Marne fort. Diese Alemannenzüge, über deren Stärke, Organisation und konkrete Absichten wir kaum etwas wissen, führten offensichtlich nicht zu einer dauerhaften Herrschaftsbildung in den durchstreiften Gebieten. Die Bemerkung in der Lupus-Vita, Gebavult habe „sich sozusagen den Gesetzen des Staates" (*rei publicae legibus*) unterworfen und die „früheren Freiheiten" (*libertates pristinae*) der Bevölkerung wiederhergestellt, läßt sogar vermuten, der Alemannenkönig habe in einem Foederatenverhältnis gestanden[18].

Im Osten führten die alemannischen Vorstöße bis nach Binnennorikum ebenfalls nicht zu einer beständigen Territorialherrschaft, sondern endeten mit einem „ausgesprochenen Mißerfolg"[19]. Möglicherweise hat aber das gemeinsame Vorgehen von Alemannen und Sueben, die von einem König Hunimund angeführt wurden, zu einer dauerhaften Verschmelzung dieser beiden Völker geführt. Hagen Keller hält es jedenfalls für möglich, daß „die geschwächten, aus älteren Sitzen anscheinend nach Westen abgedrängten Sueben aus dem Vorfeld der mittleren Donau damals in den alamannischen Verband integriert worden sind"[20]. Diese ansprechende These würde erklären, warum der Name der Sueben von diesem Zeitpunkt ab aus der Überlieferung verschwindet, während seit dem 6. Jahrhundert die Gleichsetzung von Sueben („Schwaben") und Alemannen in den Quellen üblich wird.

Umstritten ist die Frage, inwieweit die Alemannen das Elsaß und die Nordschweiz in dieser Phase der kriegerischen Expansion bereits systematisch besiedelt haben. Gegenüber der früher vertretenen Auffassung einer „zweiten großen Landnahme" in der zweiten Hälfte des 5. Jahrhunderts mehren sich kritische Stimmen, die nicht nur den Begriff der „Landnahme", sondern auch eine nennenswerte alemannische Siedlungstätigkeit in diesem Raum vor 500 in Frage stellen[21]. Zumindest der Hochrhein hat bis in das frühe 6. Jahrhundert eine Kulturscheide und damit wohl auch eine Siedlungsgrenze gebildet. Dies lassen jedenfalls die Grabfunde erkennen. Die Frage, ob und in welchem Maße dies auch für den alten Grenzverlauf am Oberrhein und an der Donau gilt, muß archäologischen Untersuchungen überlassen bleiben. Dabei ist zu beachten, daß ein Rückgang römischer Funde zwar mit einem allmählichen Rückzug der gallorömischen Bevölkerung aus diesen Gebieten in Verbindung gebracht werden kann, nicht aber zwangsläufig auf eine alemannische Siedlungstätigkeit schließen lassen muß. Die Machtausübung der Alemannen bis tief in das ehemals römische Gebiet hinein, die zweifellos nach dem Wegfall der römischen Militärpräsenz möglich und auch gegeben war, muß nicht schon mit einer „Landnahme" verbunden gewesen sein.

Klarheit über das Ausmaß der Siedlungstätigkeit vor 500 jenseits des Rheins bieten weder Verbreitungskarten alemannischer Ortsnamen noch der Verlauf der deutsch-französischen Sprachgrenze, da in beiden Fällen sichere Datierungskriterien für die Entstehung fehlen.

IV. Die Unterwerfung
durch die Franken (496–537)

Entscheidend für das weitere Schicksal der alemannischen Völker wurden nicht ihre Versuche der Expansion nach Osten zur Donau, sondern die Konfrontation mit den Franken im Nordwesten und Norden ihres Siedlungsgebietes. Diese führte, wie uns die Schul- und Handbücher lehren, zur „Entscheidungsschlacht" zwischen Franken und Alemannen.

1. Die „Entscheidungsschlacht"

Chlodwigs entscheidender Sieg über die Alemannen „schaltete diese als Rivalen in der Eroberung Galliens aus und entschied darüber, daß nicht ihnen, sondern den Franken die Aufgabe zufiel, die germanischen Stämme zwischen Alpen und Nordsee zur politischen Einheit zusammenzufassen", heißt es in einem der historischen Standardwerke unter der Überschrift „Die Begründung des fränkischen Reiches durch Chlodowech"[1]. Wir haben es demnach mit einer „Entscheidungsschlacht" zu tun, die nicht nur über die Zukunft der Franken und Alemannen, sondern der „germanischen Stämme zwischen Alpen und Nordsee" und damit Europas entschied.

Nun gibt es in der Geschichte zweifellos sogenannte „Entscheidungsschlachten", denen deshalb eine außergewöhnliche historische Bedeutung zukommt, weil von ihrem Ausgang das Schicksal der beteiligten Völker abhing. Es ist aber nicht ohne weiteres einsichtig, warum der kriegerischen Auseinandersetzung zwischen Franken und Alemannen, die nach dem Bericht des Gregor von Tours „im fünfzehnten Jahr" der Regierung Chlodwigs stattfand[2], eine besondere historische Bedeutung zukommen soll. Denn ohne jede Ortsangabe wird recht beiläufig berichtet, daß Chlodwig „einmal (*aliquando*) mit Alemannen in einen Krieg geraten" sei. Von einer bevorstehenden Entscheidung oder von einer außergewöhnlichen Bedeutung des Kampfes ist keine Rede. Es wird auch keine Vorgeschichte erzählt, wir wissen nicht, warum es zum Kampf kam, und wir erfahren nicht einmal den Namen des alemannischen Anführers. Über den Ausgang berichtet Gregor: Die Alemannen „wandten sich und begannen zu fliehen. Als sie ihren König (*regem suum*) getötet sahen, unterwarfen sie sich Chlodwig.... Da tat jener dem Kampfe Einhalt, ermahnte das Volk und kehrte in Frieden heim".

Die Schilderung macht den Eindruck einer nichtssagenden Episode, die jeder historischen Bedeutung entbehrt und von Gregor der Aufzeichnung sicher nicht für würdig erachtet worden wäre, wenn sie nicht mit einer wichtigen und folgenreichen Entscheidung des Frankenkönigs verbunden gewesen oder von Gregor nachträglich mit einer solchen verknüpft worden wäre. Niemand außer Chlodwigs Gemahlin Chrodechilde, die der König nach der Schlacht ins Vertrauen zog, erfuhr offensichtlich von dem Gelübde, das er angesichts der drohenden Niederlage seines Heeres getan haben soll: „Jesus Christ, Chrodechilde verkündet, du seiest der Sohn des lebendigen Gottes; Hilfe, sagt man, gebest du den Bedrängten, Sieg denen, die auf dich hoffen – ich flehe dich demütig an um deinen mächtigen Beistand: gewährst du mir jetzt den Sieg über diese meine Feinde und erfahre ich so jene Macht, die das Volk, das deinem Namen sich weiht, an dir erprobt zu haben rühmt, so will ich an dich glauben und mich taufen lassen auf deinen Namen. Denn ich habe meine Götter angerufen, aber „wie ich erfahre, sind sie weit davon entfernt, mir zu helfen. Ich meine daher, ohnmächtig sind sie, da sie denen nicht helfen, die ihnen dienen. Dich nun rufe ich an, und ich verlange, an dich zu glauben; nur entreiße mich aus der Hand meiner Widersacher".

Die Königin, der Chlodwig nach der Schlacht erzählte, „wie er Christi Namen angerufen und so den Sieg errungen habe", ließ daraufhin „heimlich" den Bischof Remigius von Reims rufen. Dieser wiederum beschied Chlodwig „im Geheimen zu sich" und begann damit, ihn zum „wahren Gott" zu bekehren. Vom Gelübde während der Schlacht ist nun keine Rede mehr; Konversion und Taufe erscheinen allein als Werk des „heiligen Bischofs Remigius", der als „Mann von hoher Wissenschaft und besonders in der Kunst der Beredsamkeit erfahren" geschildert wird. Auch die Franken erfahren und wissen offensichtlich nichts vom Schlachtengelübde ihres Königs. Der von ihrer Seite erwartete Widerstand gegen den neuen Glauben wird von Gott selbst (*praecurrente potentia dei*) in den Wunsch verwandelt, „dem unsterblichen Gott zu folgen, den Remigius(!) verkündet".

Deutlich lassen sich zwei oder gar drei Erzählstränge trennen, die unabhängig voneinander, im einzelnen sogar widersprüchlich zu sein scheinen: Die Bekehrung des Frankenkönigs wird (1.) durch sein Gelübde und den Schlachtensieg verursacht, (2.) von Remigius bewirkt, der gemeinsam mit oder auch unabhängig von (3.) Chrodechilde den Sinneswandel bei Chlodwig herbeiführt.

Denn zuvor hatte Gregor berichtet, daß Chlodwigs Gemahlin den König schon lange vor der Schlacht inständig gebeten hatte, sich endlich taufen zu lassen. Sie selbst war bereits katholisch, und auch ihre beiden gemeinsamen Söhne, Ingomer und Chlodomer, waren, wie Gregor im vorangehenden Kapitel berichtet hatte, katholisch getauft und erzogen worden.

Die drei Erzählstränge, die Gregor uns präsentiert, wollen, wie es scheint, nicht so recht zusammenpassen. War die Königin Chrodechilde für Chlodwigs Bekehrung maßgeblich? Immerhin hatte sie auch die Taufe der beiden Söhne durchsetzen können, und zwar schon vor der Alemannenschlacht! Niemand wird aber ernsthaft annehmen wollen, sie seien ohne die Zustimmung des Königs getauft worden. Oder war die Bekehrung das Werk des heiligen Remigius, der den König „heimlich" zu sich rufen ließ und im katholischen Glauben „im Geheimen" unterwies? Und welche Bedeutung kommt in diesem Zusammenhang Chlodwigs eigener Entscheidung inmitten der Schlacht gegen die Alemannen zu? „Die Erzählung vom Alamannensiege (c. 30) läßt sich ausschalten, ohne daß der Zusammenhang im mindesten zerrissen würde", hat schon Wilhelm Levison erkannt[3].

Nun war Gregor bekanntlich kein Augenzeuge der Vorgänge, sondern er schrieb etwa 80 Jahre nach den Ereignissen. Unterschiedliche Überlieferungen, auf die er zurückgriff, dürften der Grund für die Widersprüche seiner Bekehrungsgeschichte gewesen sein. So hat man auch bereits an eine *Vita Chrodechildis* sowie an eine *Vita Remigii* als Vorlagen für Gregors Bericht gedacht[4]. In der einen wurde vermutlich der Königin, in der anderen dem Bischof die Bekehrung des Frankenkönigs zugeschrieben. Die Verknüpfung der Glaubensentscheidung mit der Schlacht gegen die heidnischen Alemannen könnte dagegen einer wiederum anderen Überlieferung entstammen oder durch Gregor von Tours selbst vorgenommen worden sein. Schließlich war Gregor selbst Bischof und als solcher daran interessiert, seinen Lesern die Überlegenheit des christlichen Gottes als des Stärkeren augenfällig zu demonstrieren.

Diese letztere Vermutung wird durch eine von Gregor unabhängige Quelle gestützt, die zudem noch zeitlich früher als dessen Geschichtswerk aufgezeichnet worden ist. Von Nicetius, der

525 – also nur 14 Jahre nach Chlodwigs Tod – Bischof von Trier wurde, besitzen wir einen Brief, den er in den sechziger Jahren an Chlodosuind, eine Enkelin Chlodwigs, geschrieben hat. Chlodosuind solle ihren Gemahl, wie einst ihre Großmutter Chrodechilde ihren Gemahl Chlodwig zum katholischen Glauben führte (*ad legem catholicam adduxerit*), der wahren Lehre zuführen, legt der Bischof ihr nahe[5]. Denn Chlodosuinds Gemahl, der Langobardenkönig Alboin (568–573), hing der arianischen Lehre an, die sich, obwohl sie seit dem Konzil von Nicäa (325) offiziell als Irrlehre galt, bei den germanischen Völkern großer Beliebtheit erfreute und bei den Langobarden besonders lange fortlebte.

Um nun zu beweisen, daß der wahre Gott der Stärkere ist, führt Nicetius der Langobardenkönigin nicht etwa die Alemannenschlacht ihres Großvaters als Beispiel vor Augen, in der sich doch, wenn wir Gregor von Tours glauben dürfen, der wahre Gott augenfällig als der Stärkere erwiesen hat, sondern Chlodwigs Sieg gegen die Westgoten und die Burgunder. Offensichtlich wußte Nicetius, der seine Jugend noch als Zeitgenosse Chlodwigs verbracht hat, nichts von dessen spektakulärem Gelöbnis in der Alemannenschlacht; sonst hätte er Chlodosuind doch sicherlich dieses Beispiel vor Augen geführt.

Die Vita des Bischofs Sollemnis von Chartres berichtet übrigens, Chlodwig habe vor einem Feldzug gegen die Westgoten gelobt, er werde sich im Falle eines Sieges taufen lassen. Andere Quellen verlegen die Entscheidung Chlodwigs an das Martinsgrab in Tours[6]. Möglicherweise ist die Frage, welcher der sich widersprechenden Überlieferungen die größte Glaubwürdigkeit zukommt, falsch gestellt. Denn allen Autoren ist gemeinsam, daß sie der Glaubensentscheidung des Frankenkönigs größte Bedeutung beimessen und deshalb bemüht sind, sie mit einem wichtigen Ereignis oder Ort in Verbindung zu bringen. Daß Gregor von Tours die Entscheidung Chlodwigs in einer Alemannenschlacht fallen läßt, mag seinen Grund, wie gesagt, in einer entsprechenden Vorlage haben, die er – neben einer Chrodechilde- und einer Remigiusüberlieferung rezipiert hat. Letztlich kann aber auch nicht völlig ausgeschlossen werden, daß die Verknüpfung mit einer Schlacht gegen die Alemannen, die damals als einziges Nachbarvolk noch heidnisch waren, sein eigener Beitrag zur augenfälligen Demonstration des stärkeren Gottes ist. Das Beispiel des ersten christlichen Kaisers Constantin (306–337), der einst an der Milvischen Brücke im Zeichen des Kreuzes siegte, war Gregor nicht nur bekannt; er weist auf diese Parallele in seinem Bericht sogar ausdrücklich hin, indem er Chlodwig als „neuen Constantin" bezeichnet und von Bischof Remigius behauptet, „daß er an Wundertaten dem heiligen Silvester gleichkam". Von Papst Silvester (314–335) erzählt bekanntlicht die seit dem 6. Jahrhundert verbreitete Legende, daß er Kaiser Constantin getauft habe.

Zur „Entscheidungs"-Schlacht ist der von Gregor geschilderte Kampf mit jenem alemannischen Volk (*populus*) und seinem ungenannten König lediglich durch die Verknüpfung mit der Bekehrung Chlodwigs geworden: zur Entscheidung für den christlich-katholischen Glauben! Nichts berechtigt indessen zu der gleichwohl verbreiteten Annahme, daß in dieser Schlacht „die Macht der Alamannen durch die unter Chlodowechs Führung vereinigten Franken für immer gebrochen und damit die Frage (entschieden) wurde, welchem der beiden großen Stämme die Herrschaft über Gallien zufallen sollte"[7]. Die Verklärung dieser „ins Dämmerlicht der Sage getauchten" Schlacht „zum epochalen Ereignis der fränkisch-gallischen Geschichte", zur „mörderischen Schlacht", in der „die beiden lebenskräftigsten Germanenstämme zu einer blutigen Entscheidung aufeinanderprallten"[8], hat eine nüchterne Einschätzung dieser vermutlich eher episodenhaften Konfrontation bis heute verhindert. Diese Stilisierung zur Entscheidungsschlacht zwischen Alemannen und Franken wurde nicht allein durch die Verknüpfung mit der spektakulären und folgenreichen Bekehrung des Frankenkönigs verursacht, sondern auch dadurch, daß in diesem Kampf nach dem Bericht des Gregor von Tours der alemannische König fiel. Denn damit war nach allgemeiner Auffassung der Geschichtsforschung, die sich auch in den Schul- und Handbüchern niedergeschlagen hat[9], das Schicksal der Alemannen ein für allemal besiegelt.

2. Kämpften die Alemannen unter einem Großkönig gegen Chlodwig?

Die Einschätzung, daß der Tod des Alemannenkönigs in der „Bekehrungsschlacht" „die schwere Niederlage zur Katastrophe (machte)", ist nur dann richtig, wenn man davon ausgeht, daß die Gesamtheit der Alemannen damals unter einem Großkönig geeint war. Nur dann war „damit... die Macht des Stammes ... gebrochen"[10]. Dafür besitzen wir aber kein Zeugnis; vielmehr lassen sämtliche Quellen, die wir bislang in diesem Buch kennengelernt haben, eine Vielzahl alemannischer Könige erkennen, die über einen Teilbereich dessen herrschten, was wir als *Alamannia zu* bezeichnen gewohnt sind.

Nun zwingen die Quellen der Zeit um 500 ohnehin dazu, von zwei oder gar drei Schlachten der Franken gegen die Alemannen auszugehen. Entsprechend nimmt man in der neueren Forschung[11] an: Die erste habe „in den 80er oder frühen 90er Jahren des 5. Jahrhunderts" bei Zülpich stattgefunden und zur Knieverletzung des Rheinfrankenkönigs Sigibert geführt. Die zweite Auseinandersetzung, die nach Gregor von Tours in das „fünfzehnte Jahr" der Herrschaft Chlodwigs zu datieren ist – also auf 496/97 – sei jene „Bekehrungsschlacht" gewesen, die zur Taufe führte. In der dritten Schlacht schließlich im Jahre 506 habe Chlodwig den Alemannen eine so „vernichtende Niederlage (bei Straßburg?)" beigebracht, daß sie „ihre politische Selbständigkeit verloren". Diese dritte Schlacht sei der Anlaß für die Intervention des Ostgotenkönigs Theoderich des Großen (471–526) gewesen, der sich 507 in einem Schreiben an Chlodwig für „die erschöpften Reste… der alemannischen Völker" einsetzte und dem Frankenkönig Einhalt gebot[12].

Das mag durchaus so gewesen sei; aber die Annahme, es habe um 500 bereits ein alemannisches Gesamtkönigtum gegeben, bringt alle Historiker, die von dieser Hypothese ausgehen, in größte Schwierigkeiten. Denn wie läßt es sich dann erklären, daß sowohl 496/97 als auch 506 in den entsprechenden Quellen vom Tod des Alemannenkönigs die Rede ist? Die Erklärungsversuche gingen bislang in zwei Richtungen. Zum einen wurde die Zuverlässigkeit der Angaben bei Gregor von Tours in Frage gestellt. So ist für Claude „der Bericht Gregors vom Schlachtentod des Herrschers bereits 496/97 unglaubwürdig", und er gelangt deshalb „zu dem Schluß, daß der Herrscher die ‚Bekehrungsschlacht' überlebte"[13]. „Erst ca. 10 Jahre später" hat nach Helmut Castritius[14] „der Alemannenkönig, der bereits 496/97 geschlagen worden, aber mit dem Leben davongekommen" war, „in einer neuerlichen Schlacht gegen die Franken sein Leben eingebüßt". Die Vertreter dieser Auffassung beharren also auf der Annahme von zwei Schlachten, unterstellen aber Gregor, in seinem Bericht über die „Bekehrungsschlacht 496/97" irrtümlich oder absichtlich „eine Dublette des tatsächlichen Schlachtentodes dieses Königs in der späteren Schlacht" produziert zu haben[15].

Zum anderen glaubten schon Andre van de Vyver, Ludwig Schmidt und andere, einen Ausweg aus dem Dilemma gefunden zu haben, indem sie „nur von einer entscheidenden Schlacht" ausgingen, die nach Rolf Weiss im Jahre 506 bei Zülpich stattgefunden hat[16]. Sich für nur eine Alemannenschlacht auszusprechen, ist allerdings nur möglich, wenn man entweder – wie Weiss – Gregors Datierung auf 496/97 anzweifelt oder die Anspielung Theoderichs 507 auf „jenen *rex,* der mit der Blüte seiner *gens* gefallen ist", auf ein zehn Jahre zurückliegendes Ereignis bezieht.

Die grundsätzlichen Schwierigkeiten, die beiden Erklärungsversuchen im Wege stehen, bereiten weniger die Aussagen der Quellen als die überkommene Vorstellung der Historiker, die alemannischen Völker müßten vor ihrer Konfrontation mit den Franken um 500 unter einem Großkönig oder Gesamtkönig geeint gewesen sein. Diese traditionelle Auffassung, die den Vorstellungen des 19. Jahrhunderts von einem Volk unter einem König entspricht, ist durch die Quellen über die Alemannen nicht zu begründen. Im Gegenteil: Die Möglichkeit, die sich nach dem Zusammenbruch der römischen Herrschaft bot und nach dem Ausweis der Quellen auch genutzt wurde, Raub- und Beutezüge weit über die Grenzen des ursprünglichen Siedlungsgebietes hinaus zu unternehmen, zwang weniger denn je zu einer Zusammenfassung der alemannischen Völker unter einem König, sondern ließ jedem *rex* genügend Spielraum zur freien Entfaltung. Eine Einigung bei den Alemannen, wie sie Chlodwig zur gleichen Zeit bei den Franken gelang, wäre doch wohl von den Schriftstellern registriert worden. Aber: „Kein Ereignis ist zu ermitteln, das sie herbeigeführt, kein König, der sie ins Werk gesetzt, keiner, der sie übernommen und fortgesetzt hätte"[17].

Geht man indessen von der fragwürdigen und durch keine Quelle gestützten Hypothese eines Einkönigtums bei den alemannischen Völkern ab und setzt für die Zeit um 500 ähnliche Zustände voraus, wie sie in den Quellen für die zweite Hälfte des 4. Jahrhunderts ausdrücklich bezeugt sind, so entfällt der Zwang, entweder den nach Gregor von Tours 496/97 getöteten Alemannenkönig überleben lassen zu müssen oder für 506 vom Untergang eines zwischenzeitlich neu erhobenen Alemannenkönigs auszugehen. Für die römischen Kaiser Julian und Valentinian I. war es im 4. Jahrhundert gerade deshalb so schwierig, mit den Alemannen fertig zu werden, weil sie nicht unter einem Gesamtkönig geeint waren: War der eine König besiegt oder durch einen Vertrag gebunden, so fühlten sich die anderen Alemannenkönige dadurch nicht besiegt oder gebunden, sondern führten weiterhin Raub- und Beutezüge. Ähnlich dürfte es auch Chlodwig in seinem Kampf mit den Alemannen ergangen sein.

3. Eine oder mehrere Schlachten gegen die Franken?

Nichts verbietet es, von mehreren Schlachten zwischen Franken und Alemannen auszugehen, bei denen jeweils ein Alemannenkönig fiel. Im Gegenteil: Daß Chlodwig die Alemannen nicht in einer einzigen Schlacht zu besiegen vermochte und der Tod eines Alemannenkönigs nicht die völlige Unterwerfung der gesamten *Alamannia* bedeutete, steht in bestem Einklang mit den Quellen. Nachdem die Alemannen nach Gregor von Tours 496/ 97 eine Niederlage hatten hinnehmen müssen, bei der einer ihrer Könige fiel, „blieben sie", wie der sogenannte Fredegar mitteilt, „neun Jahre lang vertrieben von ihren Wohnsitzen und konnten kein Volk finden, das ihnen gegen die Franken zu Hilfe kam; endlich ergaben sie sich der Herrschaft Chlodwigs"[18]. Das dürfte demnach 506 gewesen sein; folglich beglückwünscht der Ostgotenkönig Theoderich den Frankenkönig 507, daß er nun endlich „die alemannischen Völker, die wankten (*Alamannicos populos inclinatos*), weil die Stärkeren gefallen waren (*caesis fortioribus*), mit siegreicher Hand unterworfen" habe. Dennoch verblieben nach der Niederlage von 506, bei der „jener König zugleich mit der Blüte seiner *gens* gefallen ist", der sich zuletzt gegen Chlodwig erhoben hatte, noch „die erschöpften Reste" der „zahllosen *natio* (der Alemannen)", die sich „unter den Schutz" Theoderichs begaben. Und auf diese geflüchteten Reste der Alemannen bezieht sich die Mahnung des „in solchen Dingen vielfach erfahrenen" Ostgotenkönigs an Chlodwig: „Wenn Du mit den übrigen weiter kämpfst, glaubt man nicht, daß du schon alle besiegt hast"[19].

Es ist bemerkenswert, daß keine der Quellen, die von den Auseinandersetzungen mit den Alemannen um 500 erzählen, den Namen eines ihrer *reges* nennt. Dies ist umso erstaunlicher, als wir die Namen der ostgotischen, westgotischen, vandalischen, burgundischen, fränkischen und thüringischen Könige dieser Zeit aus den Berichten über die Kriege, die Chlodwig und Theoderich geführt, und über die Bündnisse, die sie geschlossen haben, kennen. Da die Bündnispolitik oft mit einer Heiratspolitik verbunden war, sind uns darüberhinaus sogar weibliche Mitglieder der Königsfamilien dieser Völker namentlich bekannt[20]. Der merkwürdige Befund, daß um 500 kein einziger Alemannenkönig, geschweige denn Mitglieder seiner Familie, mit Namen genannt werden, findet seine Erklärung darin, daß es einen Verhandlungspartner, der für alle Alemannen hätte sprechen können, eben nicht gab. Hätte es ihn gegeben, so wären er und Mitglieder seiner Familie zweifellos in die Bündnis- und Heiratspolitik Chlodwigs und Theoderichs einbezogen und damit auch in den Quellen genannt worden. Daß Gregor von Tours, Cassiodor, Ennodius, Avitus von Vienne, Jonas von Susa und der sogenannte Fredegar zwar von einem *rex Alamannorum* berichten, aber keinen Namen nennen, bestätigt das gewonnene Bild: Einen für die „Gesamtheit Alemanniens" (*Alamanniae generalitas*) handelnden Gesamtkönig hat es offensichtlich nicht gegeben[21].

Als Ergebnis können wir festhalten, daß sich die Zahl der Schlachten zwischen Franken und Alemannen zur Zeit Chlodwigs aus den Quellen nicht sicher ermitteln läßt. Eine „Entscheidungsschlacht", die durch den Tod des Alemannenkönigs „zur Katastrophe" führte, hat es nicht gegeben, weil es um 500 keinen Gesamtkönig aller Alemannen gab. Gregor von Tours berichtet einmal (II,37) beiläufig, daß der Rheinfrankenkönig Sigibert von Köln „im Kampf gegen Alemannen bei Zülpich" (*pugnans contra Alamannos apud Tulbiacensim oppidum*) am Knie verletzt wurde, und an anderer Stelle (II,30), daß Chlodwig „einmal mit Alemannen in einen Krieg geraten" sei (*aliquando bellum contra Alamannos commoveretur*), die dabei ihren König (*regem suum*) durch Tod verloren. Daß es sich um ein und dieselbe Schlacht handelt, die nach Gregor 496/97 stattfand und zur Taufe Chlodwigs (Weihnachten 498?) führte, ist möglich[22], aber durch nichts zu erweisen[23]. Ob sich die Quellenaussagen bei Cassiodor und Ennodius um 506/7 auf diese Schlacht von 496/97 beziehen oder, was wahrscheinlicher ist[24], auf eine kurz zuvor erfolgte weitere Schlacht, die an einem unbekannten Ort mit dem Tod eines Alemannenkönigs endete, kann offen bleiben, da durchaus von einem länger andauernden Kriegszustand mit mehreren Schlachten zwischen den Franken und den alemannischen Völkern zu rechnen ist.

4. Unter fränkischer und ostgotischer Herrschaft

Die Ausbreitung der Franken durch Chlodwigs Sieg 486 über den römischen Statthalter Syagrius und durch die Annexion des Kleinreiches der Thüringer 491/92 wird der Ostgotenkönig Theoderich aufmerksam verfolgt haben. Daß er bald darauf

(494?) Chlodwigs Schwester Audofleda zur Frau nahm, ist vermutlich auch als Versuch zu werten, den Frankenkönig in ein umfassendes Bündnissystem einzubeziehen. Wie sehr der Ostgotenkönig Heiratspolitik mit Bündnispolitik verband, zeigt die Verheiratung seiner Tochter Ostrogoto mit dem burgundischen Thronfolger Sigismund, seiner Tochter Theodegota mit dem Westgotenkönig Alarich II. und seiner Schwester Amalfreda mit dem Vandalenkönig Thrasamund. Chlodwigs wiederholte Angriffe gegen die Westgoten unter Alarich II. und sein Eingreifen in die Streitigkeiten zwischen den burgundischen Brüdern Gundobad und Godegisil dürften Theoderich dann die Gefahr deutlich vor Augen geführt haben, die von den unter Chlodwig vereinten und erstarkten Franken ausging. Durch die Annahme des katholisch-orthodoxen Glaubens trat Chlodwig zudem auch in einen religiösen Gegensatz zum arianischen Glauben der Ostgoten und der anderen germanischen Völker, die Theoderich an sich zu binden suchte.

Als die Franken nun darangingen, die *Alamannia zu* besetzen, sah sich Theoderich zur Intervention veranlaßt. Denn einerseits gehörte der südliche Teil Alemanniens zu seiner eigenen Interessensphäre und andererseits hatte sich offensichtlich ein Teil der von Norden und Nordwesten her bedrängten Alemannen unter seinen Schutz (*defensio*) begeben. In deutlicher Anspielung auf die durch seine Ehe mit Chlodwigs Schwester gegebene Verwandtschaft gebot Theoderich dem Frankenkönig nun Einhalt und setzte sich für die geflohenen Alemannen ein: „...Mäßigt Euer Vorgehen gegen die erschöpften Reste [der alemannischen Völker]; denn durch das Recht der Gnade können die beanspruchen davon zu kommen, die, wie Ihr wohl bedenkt, sich unter den Schutz Eurer Verwandten geflüchtet haben. Seid milde denen gegenüber, die sich voll Entsetzen in unserem Gebiet verbergen". Und unmißverständlich trennt er im selben Schreiben den Teil der alemannischen Völker, der von Chlodwig bereits „teils durch das Schwert, teils durch Gefangenschaft unterjocht ist", von „dem Teil, der, wie Ihr erkennt, zu unseren Angelegenheiten gehört".

So waren die Alemannen nun zwischen die beiden Machtblöcke geraten, die sich zu Beginn des 6. Jahrhunderts zu behaupten und ihre Machtsphären auszuweiten versuchten. Die Franken übten von Norden und Nordwesten her Druck aus und verdrängten offenbar große Teile der alemannischen Bevölkerung des Gebietes, das einst die Bucinobanten besetzt hatten, nach Süden. Vielleicht wurde damals als Folge der Niederlagen um 500 bereits jene Nordgrenze der *Alamannia* festgelegt, die sich als Dialektgrenze zwischen dem „Fränkischen" und dem „Alemannischen" im Laufe der folgenden Jahrhunderte gefestigt hat. „So ist die herrschende Ansicht, die an sich viel Wahrscheinlichkeit für sich hat, aber auf einer keineswegs sehr festen Grundlage beruht", so charakterisierte bereits Ludwig Schmidt diese Vermutung[25], und an dieser nüchternen Einschätzung hat sich seither nichts geändert. Jedenfalls dominierte fortan nördlich der Linie, die vom Rhein bei Baden-Baden entlang dem Fluß Oos über die Hornisgrinde, den Asperg und Lemberg (bei Ludwigsburg) und den Hohenberg (bei Ellwangen) zum Hesselberg verläuft, der fränkische Einfluß.

Ähnlich schwierig ist die Situation im Elsaß zu beurteilen. Da wir nicht wissen, ob die linksrheinischen Gebiete in der Zeit der Agonie des weströmischen Kaisertums im 5. Jahrhundert von den Alemannen nur beherrscht oder auch besiedelt wurden, können wir die im 6. Jahrhundert feststellbare Abnahme des romanischen und Zunahme des germanischen Elements nicht recht beurteilen. Waren die Alemannen mit den Franken gemeinsam an jenem Vorgang beteiligt, der die Oberrheinebene nun zu einem weitgehend einheitlichen Kulturraum werden ließ? Allerdings ist für das 6. Jahrhundert im Elsaß nicht nur zunehmend fränkischer Einfluß, sondern auch eine stärkere Präsenz des merowingischen Königtums bezeugt[26]. Dennoch stellt sich die Frage, ob damals von den Franken ein älteres alemannisches Element zurückgedrängt oder ob der Germanisierungsprozeß von Alemannen und Franken gemeinsam vorangetrieben wurde.

Auch die in diesem Zusammenhang immer wieder bemühte Ortsnamenforschung vermag hinsichtlich der Abgrenzung alemannischer von fränkischer Siedlungtätigkeit keine Klarheit zu verschaffen[27]. Aus der grundsätzlichen Überzeugung heraus, die frühen Ortsnamentypen seien stammesgebundene Erscheinungen, glaubte man, die -*ingen*-Namen als alemannische und die -*heim*-Namen als fränkische Bildungen ansehen zu können. Die Dominanz der Ortsnamen auf -*heim* im Elsaß gegenüber dem Vorherrschen der -*ingen*-Bildungen rechts des Rheins wurde dadurch erklärt, daß der Namentyp auf -*heim* erst „unter fränkischem Einfluß ins Elsaß gekommen" sei (Fritz Langenbeck). Die -*heim*-Orte wurden linksrheinisch als „staats-fränkische Siedlungen" (Bruno Boesch) interpretiert, die als Zeugnisse der Frankonisierung des Elsaß nach der alemannischen Niederlage gegen die Franken zu werten seien. Ursprüngliche -*ingen*-Orte,

die linksrheinisch einst so häufig und so dominierend wie rechts-
rheinisch gewesen seien, wären demnach unter fränkischem
Einfluß nach 500 „umbenannt" worden.

Abgesehen davon, daß wir die Entstehung der Ortsnamen vor
oder nach 500 nicht datieren können, ist festzuhalten, daß sowohl die Bildungen auf -ingen als auch diejenigen auf -heim ge-
meingermanische Möglichkeiten der Ortsnamenbildung sind.
Die Wortbedeutung der beiden Ortsnamensuffixe erlaubt keine
ethnische, aber vielleicht eine zeitliche Differenzierung: Während das -ingen-Suffix für den Personenverband der Frühzeit
kennzeichnend ist, unabhängig vom Ort, an dem er siedelt, bezeichnet -heim den ständigen Wohnsitz, einen „platzgebunde-
nen Siedlungskern" (Ernst Schubert). Der Gegensatz von -ingen
und -heim ist demnach kein alemannisch-fränkischer, ist also
nicht ethnisch, sondern entwicklungsgeschichtlich zu erklären.
Da sich die Ablösung der gentilizischen Ordnung des Personen-
verbandes durch das räumliche Gliederungsprinzip in engem
Zusammenhang mit der Herausbildung des merowingischen
Staatsgebildes vollzog, ist der Wandel von -ingen zu -heim zwar
zeitgleich mit der fränkischen Durchdringung des Südwestens,
er ist aber nicht ethnisch zu begründen.

Im Süden fanden die Alemannen Schutz und wohl auch Aufnahme im Voralpengebiet der beiden rätischen Provinzen, das
Theoderich als ostgotisches Territorium für sich in Anspruch
nahm. Chlodwig, der die flüchtenden Alemannen offensichtlich
über die Donau hinweg nach Südosten verfolgen wollte, wurde
damit Einhalt geboten; zugleich war damit die südliche Grenz-
linie der fränkischen Provinz Alamannia festgelegt. Sie war jedoch im Gegensatz zur nördlichen Begrenzung nicht lange von
Bestand. Schon 537 sah sich der Ostgotenkönig Witigis (536–
540) gezwungen, einige Provinzen seines Reiches an den Frankenkönig Theudebert I. (534–547) abzutreten, um dessen Unterstützung gegen die Byzantiner zu erlangen. Dazu gehörten
außer der Provence auch Churrätien und das Protektorat über
„die Alemannen und andere benachbarte Stämme"[28]. Da kurz
zuvor durch die Eroberung Burgunds auch die Alemannen, die
sich im Gebiet von Windisch (Vindonissa, Kanton Aargau) fest-
gesetzt hatten, unter fränkische Herrschaft gekommen waren,
standen nun alle Alemannen unter der Oberhoheit der fränkischen Merowinger.

5. Die Baiern, eine alemannische Stammesgruppe?

In der Gotengeschichte des Jordanes, die im Jahre 551 beendet wurde, begegnet zum letzten Mal das Volk der Sueben (*Suavi*), bevor ihr Völkername dann vom 6. Jahrhundert ab nur noch als Synonym des Namens der Alemannen erscheint. In seinem Bericht zum Jahre 469/70 bezeichnet Jordanes die Sueben und Alemannen als Verbündete, die gemeinsam von den Goten geschlagen wurden. Von besonderem Interesse ist seine Beschreibung des Gebietes der Sueben[29]: „Dies Land der Sueben (*regio Suavorum*) hat im Osten die Baiern (*Baibaros*), im Westen die Franken, im Süden die Burgunder und im Norden die Thüringer als Nachbarn". Diese Stelle hat aus zwei Gründen Beachtung gefunden: Zum einen könnte die Tatsache, daß die Sueben als Nachbarn und Verbündete der Alemannen genannt werden und „danach aus der Überlieferung verschwinden", dafür sprechen, daß sie „damals in den alamannischen Verband integriert worden sind"[30]. Zum anderen handelt es sich um die früheste Erwähnung der Baiern, deren Stammesname ein Jahrhundert später auch bei Venantius Fortunatus bezeugt ist.

Es ist hier nicht der Platz, die schier endlose Diskussion um die ethnische Zuordnung und Herkunft der Baiern zu referieren oder gar fortzuführen. Aber in unserem Zusammenhang muß doch auf die von Wolfgang Hartung zuletzt wieder aufgeworfene Frage kurz eingegangen werden, ob in den erst spät bezeugten Baiern nicht vornehmlich nach Osten ausgewichene alemannische Stammesgruppen zu sehen seien[31]. Diese Vermutung hat einiges für sich; denn der Name der *Baiovarii* ist wie der oben erläuterte Name der *Raetovarii* ganz offensichtlich kein altüberkommener Stammesname, sondern eine sekundäre territorial bestimmte Fremdbezeichnung. Die bekannten sprachlichen Gemeinsamkeiten, die sich in den frühesten bairischen und alemannischen Sprachzeugnissen des 8. und 9. Jahrhunderts erkennen lassen, könnten zudem im Sinne einer gemeinsamen Abkunft interpretiert werden. Wenig besagt allerdings der archäologische Befund, daß sich vor dem Ende des 6. Jahrhunderts kein „typisch bajuwarisches Element" erkennen läßt. Denn ebensowenig ist, wie das Beispiel des Elsaß zeigte, alemannisches Fundgut eindeutig von fränkischem abgrenzbar. Die Archäologie könnte hier nur weiterhelfen, wenn sich alemannisch-bairische Gemeinsamkeiten im Fundgut aufdecken ließen, die bei den anderen angrenzenden Völkern nicht anzutreffen sind[32].

Die Frage, ob die Baiern von den Alemannen „abstammen", zielt überdies ins Leere, beziehungsweise stellt sich in ganz anderer Weise, wenn wir, wie dies oben unter Hinweis auf die Quellen getan wurde, die ethnische Homogenität und die politische Einheit der alemannischen Völker vor 500 bestreiten. So mag es durchaus zutreffen, daß die Lechgrenze als eine späte und vornehmlich herrschaftlich-politische Grenzziehung anzusehen ist, die erst allmählich festere Konturen als „Stammesgrenze" erhalten hat[33]. Denn nach den bisherigen Ausführungen spricht alles dafür, daß die Alemannen erst durch die Begrenzung von außen, durch die Einfügung in die Organisation des fränkischen Merowingerreiches jene politische Zusammenfassung und territoriale Begrenzung erhalten haben, die von der älteren Forschung meist ohne stichhaltige Begründung in die Zeit ihrer ersten Erwähnungen zurückprojiziert wurde. In diesem Zusammenhang ist möglicherweise auch der Prozeß der Ethnogenese der Baiern zu sehen, an dem durchaus Gruppen beteiligt gewesen sein können, die sich selbst vorher den Alemannen zugeordnet hatten oder die von außen als Alemannen betrachtet wurden.

V. Das alemannische Herzogtum
(537–746)

Einerseits ließe es sich durchaus rechtfertigen, wenn wir die
„Geschichte der Alemannen" mit dem Zeitpunkt der Unterwerfung durch die Franken enden lassen würden. Denn die *Alamannia* ist spätestens seit dem Jahr 537, in dem sie nach dem
„ostgotischen Intermezzo" in festgelegten Grenzen unter die
Oberherrschaft der Franken kam, fränkische Provinz, Teil der
auf die römische Tradition zurückgreifenden Organisation des
merowingischen Großreiches. Andererseits könnte man mit
Blick auf das in diesem Buch bereits öfter angesprochene Problem der Ethnogenese, der „Volkswerdung" oder „Stammesbildung" der Alemannen auch ernsthaft fragen, ob nicht erst mit
der Einbeziehung der Alemannen in das Merowingerreich und
der Fixierung ihres „Platzes" in einer räumlich übergreifenden
Ordnung die Voraussetzungen für die Ausbildung einer territorial zu umschreibenden, aber ethnisch verstandenen Gemeinschaft gegeben waren. Denn von nun an konnten sich die von
den Franken gezogenen Grenzen allmählich zu Stammes-, Kul-
tur- und Sprachgrenzen entwickeln, konnte sich bei den innerhalb dieser Grenzen lebenden Menschen ein „Stammesbewußtsein" herausbilden.

Denn „von einem Stammesgefühl begegnen uns bis in die merowingische Zeit hinein... keine Spuren", stellte bereits Gerhard
Julius Wais fest, und auch er wollte „die wirksamen Kräfte, die
die Alamannen zu einem Stamm geprägt haben,... wesentlich
der politischen Begegnung mit den Franken zuschreiben"[1]. Mit
anderen Worten: Erst als die Alemannen zu Beginn des 6. Jahrhunderts ihre Selbständigkeit und Freiheit verloren, haben sie
innerhalb der merowingischen Reichsorganisation ihre Einheit
und Identität gefunden. Von nun an ist klar, wer die Alemannen
sind: die in der fränkischen Provinz *Alamannia* siedelnden Menschen. Unklar bleibt jedoch weitgehend, wie die Herrschaft über
diese *Alamannia* organisiert war: Wie regierten und kontrollier-
ten die Merowinger dieses Gebiet, wie und durch wen übten sie
ihre Herrschaft über die Alemannen aus? Die Antwort scheint
der byzantinische Geschichtsschreiber Agathias (ca. 530/32–
582) zu geben, der uns in seinen *Historiae* die Namen von zwei

Alemannen überliefert, die im Auftrag des Merowingerkönigs Theudebert (534–547) „ihr Volk anführten".

1. Die Brüder Leuthari und Butilin

„Diese beiden Männer waren Brüder und der Abstammung nach Alemannen, hatten aber großen Einfluß bei den Franken", so charakterisiert Agathias die Herkunft und Stellung der Heerführer *Leuthari(s)* und *Butilinus.* Entsprechend gelten sie als die beiden ersten Herzöge der Alemannen, die ihre Amtsgewalt vom Frankenkönig erhalten haben. Sie scheinen also „Amtsträger der Merowinger", „fränkische Amtsherzöge" im Gebiet der *Alamannia* gewesen zu sein[2]. Bruno Behr folgerte aus einer eingehenden Analyse des Berichts über den Italienfeldzug der beiden Brüder im Jahre 553/54 jedoch, daß sie „eher als fränkische Heerführer alemannischer (Adels-)Abstammung, denn als alemannische Herzöge an fränkischer Kandare" zu bezeichnen seien. Denn ihre alemannische Herkunft ermöglichte es Agathias, die Schuld an dem schließlich gescheiterten Kriegszug gegen den römischen Feldherrn Narses von den Franken abzulenken und den Alemannen anzulasten. Die beiden Brüder hätten sich von den Goten zu diesem Unternehmen gegen die Römer verleiten lassen, obwohl es „ihrem König (Theudebald I. 548–555) gar nicht paßte", will uns der byzantinische Geschichtsschreiber glauben machen.

In der Tat bezeichnen die anderen Quellen, die von diesem Feldzug berichten, ihn als ein fränkisches Unternehmen und ihren Anführer *Buccelenus,* der dort unter dieser Namenform und ohne seinen Bruder Leuthari genannt wird, als „Frankenherzog" (*dux Francorum*)[3]. Vermutlich handelte es sich um einen fränkischen Eroberungszug mit alemannischer Beteiligung, den Agathias in seinen *Historiae* in ein alemannisches Unternehmen umdeuten wollte, um die Franken in einem besseren Licht erscheinen zu lassen und als potentielle Bündnispartner für Byzanz zu empfehlen.

Wir können hier die Frage, ob und inwieweit Leuthari und Butilin im Auftrag des Frankenkönigs Theudebald Italien von der Poebene bis zur Meerenge von Messina unsicher gemacht haben oder „auf eigene Rechnung Krieg führten" (Otto Feger), offen lassen. Jedenfalls war dies der letzte Eroberungsversuch südlich der Alpen, an dem Alemannen beteiligt waren. Butilin/

Buccelenus begegnet übrigens auch in der Chronik des Marius von Avenches (530–594) an zweiter Stelle einer Reihe von als *dux Francorum* betitelten Amtsträgern, die für das Gebiet der Diözese Avenches zuständig waren. Versucht man beide Erwähnungen im Zusammenhang zu sehen, so könnten die Brüder Butilinus und Leuthari durchaus beide zur gleichen Zeit Herzöge in Alemannien gewesen sein: ersterer in einem Bereich, der auch die Diözese Avenches umschloß, und letzterer möglicherweise in einem weiter östlich oder nördlich gelegenen Bereich der *Alamannia*[4].

Bevor wir uns den anderen fränkischen Amtsträgern in Alemannien zuwenden, sei noch eine Bemerkung des Agathias wiedergegeben, mit der er den Prozeß der Akkulturation charakterisiert, der sich aus seiner Sicht seit der Unterwerfung der Alemannen durch die Franken vollzieht. Die Alemannen, schreibt Agathias im Zusammenhang der Erwähnung der Brüder Leuthari und Butilin, „haben zwar von den Vätern überkommene Sitten, aber auf dem Gebiet der Staatsverwaltung und Obrigkeit richten sie sich nach der fränkischen Staatsform. Nur im Religiösen haben sie nicht die gleiche Anschauung. Sie verehren irgendwelche Bäume und Flüsse, Hügel und Klüfte, und für diese schneiden sie, als wären es heilige Handlungen, Pferden und Rindern und Mengen anderer Tiere die Köpfe ab und verehren sie wie Götter. Aber der enge Kontakt mit den Franken wirkt sich günstig aus, beeinflußt sie so weit und zieht die Einsichtsvolleren an; er wird, glaube ich, in kurzer Zeit sich ganz durchsetzen".

2. Ein Randgebiet des Merowingerreiches

Der bereits erwähnte Bischof Marius von Avenches nennt für den Zeitraum von vor 548 bis nach 573 fünf Amtsträger, die für das Gebiet seiner Diözese zuständig waren. Er bezeichnet sie als Frankenherzöge (*duces Francorum*); da aber an zweiter Stelle jener *Buccelenus* erwähnt ist, dessen alemannische Herkunft Agathias bezeugt, wird unser Interesse auch auf die anderen genannten *duces* gelenkt: *Lanthacarius* (548), *Buccelenus* (555, nach Agathias der Bruder des Leuthari), *Magnacharius* (565), *Vaefarius* (573) und dessen Nachfolger *Theodefridus*[5]. Ob diese Herzöge indessen Alemannen oder Franken waren sowie ob und wieweit sich ihr Herrschaftsbereich über die Diözese Avenches, beziehungsweise nach der Reichsteilung von 561 über den transjuranischen Dukat (*ducatus Transiuranus*) hinaus erstreckte, entzieht sich unserer Kenntnis. Die Hypothese, daß sie und die im folgenden genannten weiteren *duces Alamannorum* des 6. und 7. Jahrhunderts jeweils alleinige Herzöge in Alemannien gewesen seien, bleibt angesichts der dürftigen Quellenlage eine Vermutung. Jedenfalls erstreckte sich ihre Kompetenz nicht auf eine fest umrissene Gesamt-*Alamannia*.

Über die rechtsrheinischen Gebiete Inneralemanniens erfahren wir in dieser Zeit nichts. Die Besiedlung dürfte dort insgesamt weniger dicht gewesen sein als in den Gebieten am Oberrhein und südlich des Hochrheins, wo die aus römischer Zeit überkommene Infrastruktur die Herrschaftsausübung erleichterte. Das Innere Alemanniens scheint erst im 7. Jahrhundert von der fränkischen Verwaltungsorganisation allmählich erfaßt worden zu sein. Impulse dazu könnten in der Zeit des Merowingerkönigs Chlothar II. (613–629) erfolgt sein, dessen Gesetzgebung die Voraussetzungen für eine intensivere staatlich-herrschaftliche Durchdringung schuf[6]. Der Aufbau einer kirchlichen Organisation unter Chlothars Sohn und Nachfolger Dagobert I. (629–638/9) dürfte sich ebenfalls bis ins Innere Alemanniens bemerkbar gemacht haben, auch wenn die Auswirkungen der Bistumsgründung in Konstanz auf die politische Erfassung und territoriale Begrenzung der *Alamannia* in dieser Frühzeit meist überschätzt werden.

Früheste Ansätze einer Verwaltungsorganisation können in den Baaren (Bertoldsbaar, Alaholfsbaar) gesehen werden. Sie spiegeln offenbar ältere Bezirkseinteilungen wider und wurden von sogenannten Huntaren umfaßt[7]. Diese dürften den Zentenen, den Gerichtsbezirken, innerhalb der Grafschaften, entsprechen, in denen ein *centenarius* in Vertretung des Grafen dem Gericht vorstand. Bezirksnamen auf -*huntari* sind südlich des Bodensees, vor allem aber beiderseits der oberen Donau und vereinzelt am Neckar (Hattenhuntari) überliefert. Wann diese Bezirksnamen entstanden sind und zu welchem Zeitpunkt die Grafschaftsverfassung in Alemannien eingeführt wurde, ist umstritten. Nach Michael Borgolte „deuten Quellensplitter ganz verschiedener Art auf eine Initiative Dagoberts I." hin[8]. Von einer Durchdringung und verwaltungsmäßigen Erfassung der gesamten *Alamannia* wird man aber auch in der ersten Hälfte des 7. Jahrhunderts noch nicht ausgehen dürfen. Schrittweise werden die Versuche einer Verwaltungsorganisation durch die fränkische Zentralgewalt von den stärker romanisierten Rändern

Alemanniens her unternommen worden sein. Dort in der an das Frankenreich angrenzenden Kontaktzone lagen die Bischofssitze von Windisch, Avenches und Straßburg, und auch die Alemannenherzöge hatten, soweit wir sie im 6. und 7. Jahrhundert in den Quellen fassen können, ihre Herrschaftsbasis im romanisch-fränkisch-alemannischen Mischgebiet westlich des Ober- und südlich des Hochrheins.

Wir erfahren von den Alemannenherzögen zu dieser Zeit in der Regel nur dann etwas, wenn sie in die innerfränkischen Machtkämpfe und Adelsrivalitäten am austrasischen Königshof oder in die Auseinandersetzungen zwischen den Königen von Burgund und Austrasien einbezogen waren. Im Jahr 587 setzte der austrasische König Childebert II. (575–596) den *dux Alamannorum Leudefredus* ab und bestimmte an seiner Stelle *Uncelenus* zum Alemannenherzog[9]. Da die Nordschweiz und das Elsaß damals zum Reich Childeberts gehörten, verfügte er auch über das alemannische Herzogtum. Ob und wieweit dieses Inneralemannien umfaßte, wird aus den Quellen nicht deutlich.

Als der Thurgau, der Kembsgau und das Elsaß 596 an Burgund kamen, wechselte auch der Alemannenherzog zum Gefolge Theuderichs II., des frankoburgundischen Königs (596–613), über. Entsprechend finden wir Uncelin 605 im Heer Theuderichs, als dieser gegen seinen Bruder Theudebert II. von Austrasien (596–612) zu Felde zog. Als Gefolgsmann des Burgunderkönigs geriet er in Gegensatz zum Hausmeier Protadius, dem Günstling der Königin Brunichilde (gest. 613). Welche Bedeutung der König ihm beimaß, wird daraus ersichtlich, daß er Uncelin mit dem Auftrag zum Heer schickte, die Soldaten zum Abfall von Protadius zu veranlassen. Der Alemannenherzog aber forderte die Soldaten im Namen des Königs eigenmächtig auf, Protadius zu töten. Daß dies daraufhin geschah und der Krieg dadurch vermieden wurde, macht die maßgebliche Rolle deutlich, die Uncelin im burgundischen Bereich spielte.

Zwei Jahre später nahm Brunichilde Rache an Uncelin und ließ ihm, da er „heimtückisch für den Tod des Protadius gesprochen hatte", einen Fuß abschlagen. Diese Verstümmelung machte ihn gemäß den Bestimmungen der *Lex Alamannorum* amtsunfähig, da er nicht mehr in der Lage war, ein Pferd zu besteigen[10]. Außerdem wurde er „seines Besitzes beraubt und auf eine ganz niedrige Stufe gestellt". An der Schlacht bei *Wangas* (in der Nähe von Bern?), in der 610 ein Alemannenheer mit transjuranischen Truppen kämpfte, wird er demnach nicht mehr teilgenommen haben. Der dieser Schlacht vorangegangene Einfall der Alemannen in die Gegend von Avenches (*in pago Aventicense Ultraiorano*) dürfte im Zusammenhang der Rückerstattung des Thurgaus, des Kembsgaus und des Elsaß an Austrasien zu sehen sein, zu der Theuderich im Jahre 610 gezwungen war.

Die Nachrichten über die beiden Alemannenherzöge Leudefred und Uncelin, über deren Machtbereich und Kompetenzen bleiben insgesamt lückenhaft und zusammenhanglos, da sie nur am Rande der Berichte über die Auseinandersetzungen zwischen Burgund und Austrasien Erwähnung finden. Sie lassen aber erkennen, daß dem *dux Alamannorum* eine maßgebliche Rolle in der fränkischen Politik zukam und die Basis seiner Herzogsgewalt ganz offensichtlich im alemannisch-romanischen Grenzgebiet lag.

3. Herzog Gunzo von Überlingen

Es mag mit der starken Stellung der Merowingerkönige Chlothar II. (613–629) und Dagobert 1. (629–638/9) zusammenhängen, daß wir bis in die dreißiger Jahre des 7. Jahrhunderts hinein von Herzögen der Alemannen nichts erfahren. Weder in der Rechtsaufzeichnung des *Pactus Alamannorum*, der zu dieser Zeit abgefaßt worden sein wird, noch in den Berichten über die Verlegung des Bistums von Windisch an den Königshof in Konstanz spielt der Herzog eine Rolle. Man könnte sogar bezweifeln, „ob in der Zeit zwischen ca. 610 und ca. 630 das Amt des *dux Alamannorum* überhaupt vergeben war"[11]. In die Jahre 631/32 fällt eine Nachricht Fredegars, daß ein alemannisches Heer unter dem Herzog *Crodobertus* an einem Feldzug Dagoberts gegen den slawischen Herrscher Samo erfolgreich teilgenommen habe[12].

Ausführlichere Informationen über den Alemannenherzog, seinen Hof in Überlingen (*villa Iburninga*) und seine Beziehungen zum Königshof in Metz vermittelt die Lebensbeschreibung des heiligen Gallus (etwa 560–650). Allerdings sind vollständige Fassungen der Gallus-Vita erst aus dem 9. Jahrhundert überliefert. Den Reichenauer Mönchen Wetti (gest. 824) und Walahfrid (gest. 849) verdanken wir Überarbeitungen der ansonsten nur fragmentarisch erhaltenen Vita, deren erste Aufzeichnung nach den Forschungen von Walter Berschin bereits um 680, also etwa drei Jahrzehnte nach dem Tod des Heiligen, erfolgt ist[13]. Die umstrittene Frage, inwieweit einzelne Sachverhalte, die in der Vita berichtet werden, – etwa die Stellung und Funktion des Herzogs oder die politische Situation und Herrschaftsverhältnisse in Alemannien betreffend – möglicherweise aus späterer Zeit in die Zeit des Gallus zurückprojiziert wurden, macht die Bestimmung ihres historischen Gehalts äußerst schwierig.

Wir erfahren von einem Herzog Gunzo, dessen Residenz in Überlingen am Bodensee liegt. Ihn hat man mit dem 587–607/8 bezeugten Alemannenherzog Uncelin gleichsetzen wollen[14]. Dagegen sprechen jedoch sowohl die unterschiedlichen Namenformen als auch der zeitliche Abstand zwischen den von Fredegar geschilderten Ereignissen, die 607/8 mit der Verstümmelung Uncelins endeten, und den in der Gallus-Vita überlieferten Nachrichten über Gunzo, die nach Hagen Keller in die dreißiger oder vierziger Jahre des 7. Jahrhunderts zu datieren sind. Entsprechend wird man in dem Merowingerkönig Sigibert, der nach Bericht der Vita mit Gunzos Tochter Fridiburga verlobt war, Sigibert III. (633–656), den Sohn Dagoberts I., sehen. Die Gallus-Vita nennt ihn jedoch den „Sohn Theuderichs" (II.), meint also Sigibert II., der im Sommer 613 für nur wenige Monate über Austrasien und Burgund herrschte. Die Gründe, die gegen diese, dem Wortlaut des überlieferten Textes entsprechende Identifizierung und für Sigibert III. sprechen, brauchen hier nicht im einzelnen dargelegt zu werden[15]. Wichtig erscheint in unserem Zusammenhang, daß der Herzog, als er seine Tochter dem König „mit großem Gefolge" zuführte, diese bis zum Rhein geleitete, wo königliche Begleiter sie übernahmen und an den Königshof in Metz brachten. Die Amtsgewalt des Alemannenherzogs endete also vermutlich am Rhein.

Beachtenswert ist auch die Schilderung der Wahl des Konstanzer Bischofs, die nach dem Tode des Gaudentius vorgenommen wird und schließlich auf den Diakon Johannes fällt. Die Einladung zur Versammlung (*synodus, concilium*) geht vom Herzog aus, der „durch Boten und Briefe den Priestern, Diakonen und der ganzen Menge der Kleriker aus ganz Alemannien" befahl, „sie sollten an dem festgesetzten Tag… in Konstanz zusammenkommen. Auch er selbst nahm mit seinen Fürsten und Begleitern (*cum principibus et comitibus suis*) an der Versammlung teil". „Er berief dazu auch die Bischöfe von *Augustidunum* (Autun?, Augsburg?, Augst?[16]), und *Veridunum* (Verdun) mit einer Menge Kleriker; auch den Bischof von *Nemidona,* das von den Heutigen *Spira* (Speyer) genannt wird, ließ er kommen".

Der Herzog eröffnete selbst das Konzil mit einem Gebet, führte die Verhandlung, und ganz offensichtlich hing es entscheidend von seinem Willen ab, wer zum Bischof berufen wurde. Nur der König war befugt, dem Herzog Weisungen zu erteilen, und er stellte als solcher dem heiligen Gallus einen Schutzbrief (*conscriptio firmitatis*) aus, damit „der Heilige den Ort, den er bewohnte, durch königliche Ermächtigung (*per auctoritatem regiam*) behalte". Ein Gegensatz zwischen Herzog und König ist nicht spürbar. Vielmehr lassen die einvernehmliche Unterstützung, die Gallus von beiden erfährt, sowie die Verlobung der Herzogstochter mit dem Merowingerkönig auf gute Beziehungen zwischen dem austrasischen Königshof und dem Alemannenherzog schließen.

Nach Aussonderung der Bestandteile, die offenkundig aus der Lebensbeschreibung des hl. Columban stammen und erst nachträglich mit der Gallus-Vita vermischt worden sind, ergibt sich eine Datierung der geschilderten Ereignisse um den Herzog Gunzo und die Erhebung des Gallus-Schülers Johannes zum Bischof von Konstanz in die Zeit von etwa 635–650. Da zu dieser Zeit in der Vita des Abtes Germanus von Moutier-Grandval ein *Gundoinus dux* als Gründer des südlich von Basel gelegenen Klosters bezeugt ist, hat Hagen Keller sich mit guten Gründen für eine Gleichsetzung des Überlinger Herzogs Gunzo mit dem in der Vita Germani genannten Herzog Gundoin ausgesprochen[17]. Diese Vermutung ist, obwohl die beiden Namenformen durchaus in Einklang zu bringen sind, nicht unwidersprochen geblieben. Man muß, um sie kritisch zu beleuchten, nur an das erwähnte Geleit für die Herzogstochter „bis zum Rhein" erinnern, wo offensichtlich der Herrschaftsbereich des Herzogs Gunzo endete. Gundoin aber gilt als der erste nachgewiesene Herzog des Elsaß, dem Bonifatius (662/666) und dann Eticho (675/683), der „Stammvater" der Etichonen, in diesem Amt folgten[18].

Akzeptiert man jedoch die Gleichsetzung Gunzo = Gundoin, so verstärkt sich der Eindruck, daß das Amt des Alemannenherzogs auch in der Mitte des 7. Jahrhunderts noch linksrheinisch orientiert und begründet war. Wenn die Gallus-Vita suggeriert, Herzog Gunzo habe über „ganz Alemannien" geherrscht, so kann dies eine Rückprojektion aufgrund der Situation zur Zeit der Niederschrift sein. Hinzuweisen ist in diesem Zusammenhang auf einen weiteren Alemannenherzog Leuthari, der nach der Chronik Fredegars im Jahre 643 Otto, den Erzieher des Königs Sigibert III., tötete und damit die Bestrebungen Grimoalds (643–661/2) zur Erlangung des Hausmeieramtes am austrasischen Hof unterstützte[19]. Ob er zeitgleich mit Gunzo amtierte, dessen Herzogtum dann regional begrenzt und nicht auf die gesamte *Alamannia* bezogen gewesen wäre, entzieht sich unserer Kenntnis, zumal wir auch den Herrschaftsbereich des Leuthari nicht kennen.

4. Das Bistum Konstanz

Das Bistum Konstanz wurde um 600 oder bald danach innerhalb der einstigen römischen Siedlung *Constantia* gegründet, beziehungsweise vom früheren Sitz des Bischofs in Windisch (*Vindonissa*) an den Bodensee verlegt. Nach einer gut bezeugten Tradition verdankt es seine Ausstattung dem Merowingerkönig Dagobert I. (623–639), dem in manchen Quellen auch die Verlegung und Begründung selbst zugeschrieben wird. Zur Zeit des Alemannenherzogs Gunzo, der die Wahl des Diakons Johannes zum Nachfolger des verstorbenen Bischofs Gaudentius leitete, scheint das Bistum bereits fest etabliert gewesen zu sein. Auf die Probleme der Datierung der Ereignisse, die in der Gallus-Vita berichtet werden, und, damit verbunden, der frühen Bischöfe, wurde bereits hingewiesen[20].

Nach dem Wortlaut eines Privilegs des Kaisers Friedrich Barbarossa aus dem Jahre 1155 soll König Dagobert zur Zeit des Konstanzer Bischofs Martianus die Grenzen des Bistums festgelegt haben. Die in der Urkunde des 12. Jahrhunderts wiedergegebene Grenzbeschreibung kann jedoch nicht ohne weiteres in die Gründungszeit zurückprojiziert werden; der dort angegebene Grenzverlauf ist vielmehr das Ergebnis einer allmählichen Entwicklung. Zunächst dürfte vor allem die christliche Bevölkerung südlich des Bodensees und des Hochrheins im Blick des Bischofs gewesen und von Konstanz aus betreut worden sein. Insofern kommt der Abgrenzung des neu geschaffenen Bistums gegenüber den Bistümern Lausanne, Chur und Augst vermutlich das höchste Alter zu. Der Grenzverlauf entlang der Iller bis zu ihrer Einmündung in die Donau dürfte ebenfalls alt sein, wenn, wie angenommen wird[21], die Anfänge des Bistums Augsburg bereits in die Regierungszeit König Dagoberts zu datieren sind.

Es ist des öfteren versucht worden, die Grenzen des „Alemannen-Bistums" als ethnische Begrenzung des ursprünglichen „Stammesgebietes" der Alemannen zu interpretieren. Dagegen spricht jedoch schon der Grenzverlauf im Westen, wo die Diö-

Karte 4: Die Grenzen des Bistums Konstanz.

Quelle: Südbaden, hg. von Alexander Schweickert.
Kohlhammer, Stuttgart 1992.

zese Straßburg über den Rhein hinübergreift und die gesamte Ortenau umfaßt, während dem Basler Bischof mit Sitz am Rheinknie ebenfalls „alemannische" Gebiete westlich des Ober- und südlich des Hochrheins unterstanden. Die Abtrennung des Herrschaftsbereichs im Elsaß und in der Nordschweiz, die sich in der Konstanzer Diözesangrenze am Hoch- und Oberrhein niedergeschlagen hat, dürfte erst in der zweiten Hälfte des 7. Jahrhunderts erfolgt sein, zumal, wenn man von der Identität des Alemannenherzogs Gunzo = Gundoin ausgeht.

In eine noch spätere Zeit gehört die Festlegung des Grenzverlaufs im Norden, wo das Bistum Speyer weit in rechtsrheinisches Gebiet hinübergreift und an das 742 gegründete Bistum Würzburg angrenzt. Die inneralemannischen Gebiete nördlich des Bodensees und Hochrheins dürften erst im Verlauf der langsam voranschreitenden Christianisierung von der Konstanzer Kirchenorganisation erfaßt worden sein. Die Zeugnisse einer Mitwirkung des Konstanzer Bischofs an den frühen Kirchen- und Klostergründungen sind in dieser Region so dürftig, daß von einem nennenswerten Missionierungsimpuls aus Konstanz kaum gesprochen werden kann[22]. Weder in der Lebensbeschreibung des heiligen Trudpert (gest. 643?), der im rechtsrheinischen Münstertal eine Zelle gründete, noch im Leben des heiligen Fridolin, der im 7. Jahrhundert auf einer Insel im Hochrhein das Nonnenkloster Säckingen gründete, spielt der Bischof von Konstanz eine Rolle. In der Vita Fridolini wird sogar von einem Besuch des Heiligen in Straßburg und am rätischen Bischofssitz in Chur berichtet, nicht aber von einem Kontakt mit dem Bischof von Konstanz[23].

Die Ausdehnung des Bistums Konstanz, wie sie in der Grenzbeschreibung des 12. Jahrhunderts festgehalten ist, dürfte in etwa der Reichweite des alemannischen Herzogtums nach 700 entsprechen. Für den Kompetenzbereich der von der Mitte des 6. bis zur Mitte des 7. Jahrhunderts bezeugten Alemannenherzöge sind diese Diözesangrenzen jedoch nicht aussagekräftig. Und erst recht gibt es keinen Grund, sie als „Stammesgrenzen" oder alte Siedlungsgrenzen der landnehmenden Alemannen zu interpretieren. Dies ist gegenüber älteren Auffassungen festzuhalten, die im Siedlungs- oder „Stammes"-Gebiet die primäre Größe sahen, auf welche die kirchliche Organisation des Bistums und die politische Begrenzung der *Alamannia* dann erst sekundär Bezug genommen hätten. Auch der teilweise bis heute feststellbare Befund der Sprachwissenschaft, daß die Dialektgrenzen mit den Diözesangrenzen korrespondieren, kann nicht ohne weiteres mit „alten" Siedlungsgrenzen in vorkarolingischer Zeit in Verbindung gebracht oder ethnisch durch alemannisch-fränkische oder alemannisch-bayrische Stammesgegensätze erklärt werden. Besser begründet ist die Annahme, daß sich – wie das auch andernorts feststellbar ist – die kirchlichen Sprengelgrenzen allmählich zu Mundartgrenzen entwickelten[24].

5. Die Alemannenherzöge als Gegner der karolingischen Hausmeier

Seit der Wende zum 8. Jahrhundert gewinnen wir aus den Quellen ein deutlicheres Bild von den Herzögen der Alemannen. Von Herzog Gotfrid (gest. 709) wissen wir sogar, daß er in der Gegend von Cannstatt, also im Norden der *Alamannia,* begütert war. Dort wurde nämlich im Jahr 700 eine Urkunde ausgestellt, in der festgehalten ist, daß Herzog Gotfrid auf Bitten eines Priesters *Magulfus* den Ort Biberburg (bei Stuttgart) an die Zelle des heiligen Gallus schenkte. Mit diesem *Cotefredus dux Alamannorum* beginnt eine Reihe von Herzögen, die erfolgreich versuchten, das Herzogsamt innerhalb ihrer Familie, die agilolfingischer Herkunft und mit dem bayrischen Herzogshaus verwandt war[25], weiterzugeben, also ein alemannisches Herzogshaus zu begründen. Zeitgleich mit dem Aufstieg dieses alemannischen Herzogshauses vollzog sich im Frankenreich der Aufstieg der Arnulfinger-Pippiniden, die das Amt des Hausmeiers im Gesamtreich in ihre Hand brachten und selbst die Königswürde anstrebten.

Der Gegensatz, in den die Herzöge und der Adel Alemanniens zu den fränkischen Hausmeiern gerieten, und die kriegerischen Auseinandersetzungen, die damit verbunden waren, haben die irrige Vorstellung aufkommen lassen, es habe sich um einen Volkswiderstand gehandelt. Vor allem im Schrifttum des 19. Jahrhunderts, aber auch in neueren Darstellungen wird der Eindruck erweckt, mit dem sogenannten „Blutgericht zu Cannstatt" sei von der fränkischen Zentralgewalt ein nationalvölkischer Widerstand des Alemannenstammes gebrochen worden. Gotfrid und seine Nachfolger im Amt lehnten sich nicht gegen die Merowingerkönige auf, sondern gegen die als Rivalen empfundenen „Herzöge der Franken", die Hausmeier also, die den Machtverlust des merowingischen Königtums zugunsten ihres Hauses auszunutzen trachteten. Dies wird aus dem *Breviarium Erchanberti,* einer Quelle des frühen 9. Jahrhunderts, deutlich: Seit Pippin der Mittlere (690–714) Hausmeier in Austrasien geworden war, – heißt es dort – „begannen die Könige nur noch den Namen, nicht aber die Hochachtung (*honor*) zu haben. Es stand ihnen aber, wie ein Gesetz sagte, genügend für den Lebensunterhalt zur Verfügung, und man hielt sie gefangen, damit sie nicht etwas verordnen konnten, das ihnen Kraft ihres Titels (*iure potestatis*) zugestanden wäre. In jener Zeit und späterhin wollten der Herzog der Alemannen *Cotefredus* und die übrigen Herzöge ringsum den Herzögen der Franken nicht gehorchen, und zwar deshalb, weil sie nicht den Merowingerkönigen dienen konnten, wie sie es bisher gewohnt waren"[26].

Es ist also abwegig, in der ersten Hälfte des 8. Jahrhunderts von einem eskalierenden alemannisch-fränkischen Gegensatz zu sprechen. Vielmehr ist es die Rivalität herausragender Adelsdynastien, die in einer Zeit königlichen Machtverfalls nicht nur die alemannischen, sondern auch die bayrischen Herzöge zu kriegerischen Auseinandersetzungen mit den „fränkischen Herzögen" veranlaßt. Zugleich sind diese Herzogsfamilien bestrebt, das Amt in ihren Familien erblich werden zu lassen und damit der Verfügbarkeit durch die Zentralgewalt zu entziehen. Zur Kennzeichnung dieses neuen Typs eines Herzogs erweist sich der etablierte Begriff des „Stammesherzogs" als ebenso unpassend und irreführend wie schon zur Kennzeichnung des fränkischen Amtsherzogs im 6. und 7. Jahrhundert. Karl Ferdinand Werner spricht von einer „Entwicklung zum gentilen Prinzipat", die nicht antifränkisch, sondern „in Wahrheit antiaustrasisch und, dynastisch gesehen, vor allem antikarolingisch war"[27].

Als Gotfrid 709 starb, erhoben seine beiden Söhne Lantfrid (gest. 730) und Theudebald (–746) Anspruch auf den Titel eines *dux*. Demnach bestand im alemannischen Herzogshaus das Prinzip der Herrschaftsteilung und nicht das der Individualsukzession. Erblichkeit und Teilung der Herzogswürde waren entsprechend auch in der Neufassung des alemannischen Rechts vorgeschrieben, die mit dem Namen des Herzogs Lantfrid verbunden ist[28]. Dieselbe Entwicklung stellen wir aber zur gleichen Zeit auch im Elsaß fest, wo sich das Herzogshaus der Etichonen etablierte: Auf den „Stammvater" des Hauses Eticho (675/683) folgte dessen Sohn Adalbert (723), der das Herzogsamt auf seine Söhne Liutfrid und Eberhard übertrug. Da diese beiden Brüder offensichtlich ohne Erben blieben, hatten die fränkischen Hausmeier im Elsaß leichteres Spiel, das Herzogsamt zu beseitigen und dem Land eine neue politische Ordnung zu geben, als in Alemannien[29].

Ob Gotfrid der erste seines Hauses war, der die Herzogswürde erlangte, oder ob etwa die *duces Alamannorum* Crodobert (631/32) und Leuthari (643) zu seinen Vorfahren zu zählen sind[30], entzieht sich unserer Kenntnis. Auch die Frage, ob er und seine Söhne zu Beginn des 8. Jahrhunderts die einzigen Herzöge in Alemannien waren und ihre Herrschaft das gesamte Land umfaßte, ist aus den Quellen nicht eindeutig zu beantworten. Wir wissen nicht, aus welchem Grund und mit welchem Ziel der Hausmeier Pippin der Mittlere nach dem Tode Gotfrids (709) in Alemannien eingriff. Seine Feldzüge richteten sich gegen einen *dux Wilharius* (*Vilarius/Willicharius*), von dem die Lebensbeschreibung des heiligen Desiderius berichtet, daß er im Gebiet der Alemannen (*in fines Alamannorum*) in der Ortenau (*Mortunaugia*) geherrscht habe[31]. Es erscheint durchaus möglich, daß Pippin mit seinen Kriegszügen gegen Wilharius unter Inanspruchnahme königlicher Hoheitsrechte in die Regelung der Nachfolge Gotfrids – möglicherweise zugunsten der Söhne des verstorbenen Herzogs[32] – eingreifen wollte. Sollte er damit eine engere Bindung der Söhne Gotfrids an die Pippiniden angestrebt haben, so wurde dieses Ziel jedenfalls nicht erreicht. Lantfrid und sein Bruder Theudebald standen nach dem Tode Pippins den Hausmeiern in erbitterter Feindschaft gegenüber.

Die Quellen berichten, 722 habe Karl Martell (714–741) Alemannien und Bayern mit Waffengewalt unterworfen, 723 hätten sich beide Völker wieder gegen Karl erhoben und die „Friedenseide schmählich gebrochen"[33]. Offensichtlich standen die beiden miteinander verwandten Herzogsfamilien in Bayern und Alemannien in gemeinsamer Opposition gegen die fränkischen Hausmeier. 724 gründete der Klosterbischof Pirmin unter dem Schutz Karl Martells auf der Bodenseeinsel Reichenau ein Kloster, das inmitten des alten Kerngebietes der Alemannenherzöge offensichtlich als Provokation empfunden wurde. Nur etwa drei Jahre konnte sich Pirmin als Abt auf der Insel halten, dann vertrieb ihn Theudebald, der Sohn Gotfrids und Bruder Lantfrids, „aus Haß gegen Karl" (*ob odium Karoli*)[34]. Wenige Jahre später mußte auch sein Nachfolger Heddo (727–732) das Kloster verlassen, vermutlich, weil auch er das Vertrauen Karl Martells besaß, gerade deshalb aber wohl nicht das des alemannischen Herzogshauses zu erringen vermochte. Daß beide Äbte nach ihrer Vertreibung im Elsaß ein neues Betätigungsfeld suchten und fanden, weist auf die dort bereits fortgeschrittene Integration ins Frankenreich hin. Pirmin gründete 728 mit Unterstützung der Etichonen das Kloster Murbach und weitere monastische Gemeinschaften, Heddo gelangte 734 auf den Straßburger Bischofsstuhl und gilt als Gründer des nach ihm benannten Klosters Etten(heim)münster.

Im Gegensatz zur Reichenau genoß die Mönchsgemeinschaft St. Gallen, die der in Chur zum Priester geweihte Alemanne Otmar 719 am Grab des heiligen Gallus ins Leben rief, von Anfang an die Gunst des Herzogshauses und des regionalen Adels. Desto mehr gerieten Otmar und seine Mönche allerdings nach der Beseitigung des alemannischen Herzogtums 746 in Konflikt mit den Karolingern und ihren Amtswaltern in Alemannien[35].

Das verfassungsgeschichtliche Problem, ob Theudebald bereits neben seinem Bruder als Herzog – vielleicht eines südlichen Teilherzogtums – amtierte oder ob er erst nach dem Tod Lantfrids die Herzogswürde übernahm, ist keineswegs als gelöst anzusehen[36]. 730 wandte sich Karl Martell mit einem Heerzug gegen Lantfrid, der noch im selben Jahr starb. In der darauf folgenden Zeit bis zur Beseitigung des alemannischen Herzogtums im Jahre 746 scheint Theudebald allein das Herzogsamt in Alemannien beansprucht zu haben. Die Frage, ob er von den karolingischen Hausmeiern nach dem Jahr 732, in dem er nach dem Bericht der Chronik Hermanns des Lahmen „vertrieben" worden war, noch als Herzog anerkannt worden ist, können wir hier offenlassen[37].

In den dreißiger Jahren beschäftigten Karl Martell bekanntlich andere Aufgaben, ohne daß er jedoch das langfristig avisierte Ziel der Beseitigung des alemannischen Herzogtums und der Unterwerfung des ständig rebellierenden Theudebald aus den Augen verloren haben dürfte. Die im Süden des Reiches errungenen Erfolge stärkten sein Ansehen und seine Stellung dermaßen, daß er darauf verzichten konnte, einen Nachfolger für den 737 gestorbenen König Theuderich IV. (721–737) auf den Merowingerthron setzen zu lassen. Papst Gregor III. (731–741) titulierte den Hausmeier in seinen Briefen als „Vizekönig" (*subregulus*). Als Karl sein Ende nahen fühlte, teilte er das Frankenreich „nach dem Rat der Großen" wie ein König an seine beiden Söhne auf: Karlmann, der ältere, erhielt Austrasien, Thüringen und Alemannien, während Pippin der Jüngere, Neustrien, Burgund und die Provence zugesprochen bekam[38].

Die Teilung bedeutete keine Schwächung des karolingischen Herrschaftsanspruchs über Alemannien. Gemeinsam zogen die beiden Hausmeier 742 gegen den „Schwaben"-Herzog Theudebald (*Theodebaldum Sueviae ducem*), wie Hermann der Lahme ihn an dieser Stelle nennt[39]. Vorangegangen war eine Rebellion Theudebalds im Elsaß, an der auch Wasconen, Bayern und Sachsen beteiligt waren. Im folgenden Jahr führten Pippin und Karlmann wiederum vereint einen Feldzug gegen den Bayernherzog Odilo (737–748) durch, der mit Theudebald verwandt, vielleicht sogar sein Bruder war[40]. Er wurde von Slawen und Sachsen unterstützt. Wie dramatisch sich die Situation in diesen ersten Jahren nach dem Tod Karl Martells zuspitzte und wie bedrohlich die „Koalition aller Unzufriedenen" (Rudolf Schieffer) wurde, ist daraus ersichtlich, daß die beiden Hausmeier es für notwendig erachteten, mit Childerich III. (743–751) nochmals einen Merowingerkönig auf den Thron zu erheben, um die Legitimation ihres Vorgehens gegen die rebellierenden Kräfte zu verbessern.

Trotz der Niederlage, die Odilo und Theudebald 743 am Lech erlitten und die sie zur Flucht zwang, hören wir 744 erneut von einem Aufstand des Alemannenherzogs. Diesmal ist es Pippin, der Theudebald „durch die Macht seines Heeres schimpflich aus den Stellungen in den *Alpes* (Vogesen?) in die Flucht [trieb]". Pippin „brachte", heißt es in den Aufzeichnungen Childebrands weiter, „den Dukat dieser Gegend (*eiusdem loci*) wieder an sich und kehrte nach Hause zurück"[41]. Im folgenden Jahr 746 schlug Karlmann, zu dessen Reichsteil Alemannien gehörte, eine letzte Empörung blutig nieder. „In großer Wut" (*cum magno furore*) sei Karlmann mit seinem Heer nach Alemannien eingefallen, schreibt Childebrand, „und sehr viele von denen, die sich gegen ihn erhoben, tötete er mit dem Schwert". Die Metzer Annalen berichten von einer Versammlung (*placitum*) bei Cannstatt, die Karlmann angeordnet habe. „Dort wurde das Heer der Franken und Alemannen vereint. Es war dort ein großes Wunder, daß ein Heer das andere ergriff und fesselte ohne irgendeine Kriegsgefahr. Die aber, die die ersten waren mit Theudebald bei der Unterstützung des Odilo gegen die unbesiegbaren Fürsten Pippin und Karlmann, nahm er fest und wies sie gnädig zurecht, wie es die einzelnen verdient hatten".

Wenn die Schulbücher bis in unsere Tage vom „Blutgericht zu Cannstatt" sprechen, so nehmen sie auf den oben zitierten Bericht Childebrands Bezug oder auf die Annales Petaviani, wo es zum Jahr 746 heißt: „Karlmann betrat Alemannien, wo er viele tausend Menschen getötet haben soll"[42]. Erst die methodisch unzulässige Kombination aller drei Textstellen hat das Bild von einem Gerichtstag entstehen lassen, auf dem tausende Adlige wegen Hochverrats hingerichtet wurden.

Mit der endgültigen Ausschaltung der alemannischen Herzöge und der Einführung und Durchsetzung der Grafschaftsverfassung war der Weg zu einer unmittelbaren Einbeziehung Alemanniens in das Frankenreich geebnet. Der alemannische Adel, der sich in der Folgezeit rasch mit dem fränkischen vermischte, trug zu dieser Integration in das Reich der Karolinger maßgeblich bei.

6. Recht, Sprache und Religion

In unserer Darstellung der Geschichte der Alemannen galt die Aufmerksamkeit der Herkunft und Ethnogenese, der „Stammes"-Struktur und Verfassung sowie der politischen Geschichte dieses Volkes von den Anfängen bis zur Beseitigung des Herzogtums im Jahre 746, soweit die überkommenen Schriftzeugnisse darüber berichten. Auf Recht, Sprache und Religion der Alemannen wurde nur sozusagen nebenbei, meist, wenn in den Schriftquellen davon die Rede war, eingegangen. So, wie bewußt auf eine Auswertung der Bodenfunde verzichtet wurde, um die daraus zu gewinnenden Argumente der Archäologen nicht voreilig mit denen der Historiker zu vermischen, so wurde auch die Grenze zu den Fachgebieten der Rechtsgeschichte, der Sprachwissenschaft und Religionswissenschaft nur dann überschritten, wenn deren Aussagen mit den Erkenntnissen und Ergebnissen des Historikers nicht in Einklang standen[43]. Entsprechend sollen und können im folgenden nur einige allgemeine Bemerkungen und Hinweise zum Recht, zur Sprache und zur Religion der Alemannen gegeben werden.

Angesichts der erhaltenen Rechtsaufzeichnungen des *Pactus Legis Alamannorum* und der *Lex Alamannorum* könnte es scheinen, als besäßen wir optimale Voraussetzungen, die Rechtsvorstellungen der Alemannen kennenzulernen. Immerhin wird die Aufzeichnung des Pactus mit König Chlothar (596–629) in Verbindung gebracht und gehört damit in das erste Drittel des 7. Jahrhunderts, während die Neufassung des Alemannenrechts auf den Alemannenherzog Lantfrid (*Lex Alamannorum Lantfridana*) zurückzuführen und in die Zeit 724–730 zu datieren ist[44]. Die Hoffnung, in diesen Texten womöglich altes alemannisches Stammesrecht aus der Zeit vor der Unterwerfung und Beeinflussung durch die Franken vorzufinden, erfüllt sich jedoch nach dem Urteil der Rechtshistoriker nicht. Vielmehr „erweisen sich Pactus und Lex Alamannorum in ihrer Grundhaltung nicht als Spiegel landestypischen Rechts, sondern als Erzeugnisse einer intellektuellen europäischen Schicht, die das Gedankengut der Antike in die germanische Welt hinübergerettet und verarbeitet hat"[45].

Vom Inhalt her ist die Lex umfassender als der Pactus. Gemeinsam ist beiden Aufzeichnungen der Bußenkatalog, dem in der Lex ein kirchenrechtlicher Teil sowie ein Teil, der über die Dinge handelt, die den Herzog betreffen (*De causis, qui ad duce pertinent*), vorangestellt sind:

Im ersten Teil ist der privilegierte Status, den die Kirche genießt, deutlich erkennbar. Neu gegenüber den alten Vorstellungen vom Familienbesitz, denen Verfügungen von Todes wegen unbekannt waren, ist die Bestimmung, daß jedermann aus freiem Willen und ungehindert durch Herzog, Graf oder Verwandte seinen Besitz der Kirche übergeben dürfe. Auch die Schenkung unter dem Vorbehalt lebenslänglichen Nießbrauches, die den Grundbesitz der Klöster rasch anwachsen ließ, ist in der Lex vorgesehen. Bei den Bußen, die bei Beleidigung, Verwundung oder Tötung von Personen festgelegt sind, ist es bezeichnend, daß die Bußsätze bei Vergehen gegen den Bischof denen bei Vergehen gegen den Herzog angeglichen sind. Das Verbot, am Sonntag knechtliche Arbeit zu verrichten, zeigt den fortgeschrittenen Christianisierungsprozeß in Alemannien zu Beginn des 8. Jahrhunderts.

Die herausragende Stellung des Herzogs, die im zweiten Teil verankert ist, entspricht offensichtlich der Situation zur Zeit Lantfrids, dem das Herzogsamt von seinem Vater, dem Alemannenherzog Gotfrid (gest. 709), vererbt worden war. Der König wird zwar ebenfalls mehrfach erwähnt, der Herzog steht aber als Gerichtsherr, Friedensgarant, Kriegsherr und Befehlshaber deutlich im Vordergrund. Wer ihm nach dem Leben trachtet, hat sein eigenes Leben verwirkt. Auch die ihm nahestehenden Personen und die Umgebung des Herzogs sind durch hohe Bußleistungen und Strafen geschützt. Sogar die Frage, wie eine mißglückte Rebellion des Herzogssohnes gegen den noch rüstigen Vater zu ahnden ist, wird geregelt.

Beim Wergeld und den Bußen, die bei Vergehen zu entrichten sind, kommt die gesellschaftliche Gliederung in den Blick. Klarer noch als in der späteren Lex ist im Pactus eine Dreiteilung der Gesellschaft in Freie (*ingenuus*), Halbfreie (*litus*) und Unfreie (*servus*) erkennbar. Innerhalb der Schicht der Freien ist eine weitere soziale Gruppierung in Hochfreie (*primi* oder *meliorissimi*), Mittelfreie (*mediani*) und Minderfreie (*minofleti*) vorgesehen. Die Lex nennt nur noch den Freien (*liber*) und den Mittelfreien (*medius*); aber der letzte Begriff setzt eindeutig voraus, daß es darüber noch eine Oberschicht gab, die in den Quellen als *principes* oder *optimates* in Erscheinung tritt[46].

Es ist eine Eigenart der lateinisch niedergeschriebenen Volksrechte, daß bestimmte Begriffe aus der jeweiligen Volkssprache in den Text übernommen sind, um das Gemeinte zu verdeutlichen und für jedermann eindeutig zu bezeichnen. Um beispielsweise einen Führhund, „der einen Menschen führt" (*qui hominem ducit*), genau zu bezeichnen, heißt es in der Lex Alamannorum erläuternd: *quod [Alamanni] laitihunt dicunt* („den die Alemannen Leithund nennen"). Solche volkssprachigen Wörter innerhalb der Rechtstexte sind für die Sprachwissenschaft von höchstem Wert, da sie nahezu die einzigen Zeugnisse der gesprochenen Sprache aus der Zeit vor dem 8. Jahrhundert darstellen. Aber auch diese Rechtswörter erweisen sich zu einem großen Teil als Gemeingut mehrerer Volksrechte und zeigen den Austausch und die wechselseitige Beeinflussung, die zwischen den frühen salfränkischen, westgotischen, langobardischen, bayerischen und alemannischen Rechtsaufzeichnungen feststellbar sind. Die volkssprachigen Wörter in den alemannischen Rechtstexten weisen mehr „den Charakter einer Mischsprache" auf, als den „einer stammesrechtlich bedingten Rechtssprache"[47]. Erstaunlicherweise ist die Abhängigkeit der Rechtswörter von der fränkischen Volkssprache im Pactus des 7. Jahrhunderts sogar noch sehr viel stärker als in der Lex Alamannorum des 8. Jahrhunderts.

Vollends unmöglich ist es, eine Vorstellung von der Sprache der Alemannen zu gewinnen, die sie in der Zeit vor ihrer Unterwerfung und der darauf folgenden kulturellen, politischen und sicher auch sprachlichen Beeinflussung durch die Franken gesprochen haben. Gibt man die Auffassung auf, die lange Zeit vorherrschend war, die Alemannen seien als geeintes Volk von der Elbe in das Gebiet des heutigen Bundeslandes Baden-Württemberg gezogen, dann kann die Entwicklung zum „Alemannischen", das in Sprachdenkmälern der Klöster St. Gallen, Reichenau und Murbach im 9. Jahrhundert erstmals in Erscheinung tritt, auch als ein Ausgleichsvorgang zwischen den Dialekten der an der Ethnogenese zum alemannischen Volk beteiligten unterschiedlichen Personengruppen verstanden und erklärt werden.

Bucinobanten, Brisigavi, Lentienser, Raetovarier, Juthungen und weitere „alemannische" Volksgruppen, deren Namen uns nicht überliefert sind, – möglicherweise vom 5. Jahrhundert ab auch die Donausueben[48] – dürften an diesem Prozeß beteiligt gewesen sein.

Ob sich letztlich die Sprache einer vielleicht auch politisch dominierenden Stammesgruppe oder sozialen Schicht, einer Adelssippe oder Königsdynastie etwa, gegenüber anderen zunächst konkurrierenden Mundarten durchsetzte und vor allem, wann dies geschah, entzieht sich unserer Kenntnis.

Nicht einmal für die Zeit um 800, als die ersten volkssprachigen Texte in den genannten „alemannischen" Klöstern zu Pergament gebracht wurden, steht fest, wieweit die in den jeweiligen Mönchsgemeinschaften gesprochenen Sprachen noch auseinanderlagen. Denn „das Alemannische" läßt sich auch zu dieser Zeit des sogenannten Althochdeutschen noch nicht als Mundart eines Sprachraumes mit fixierbaren Dialektgrenzen ermitteln, sondern nur punktuell in einigen wenigen Kulturzentren fassen[49].

Aussagen über die räumliche Ausdehnung des „Alemannischen" im 3. bis 5. Jahrhundert – wie auch immer dies ausgesehen haben mag – können nur auf dem methodisch bedenklichen und höchst anfechtbaren Weg der Rückprojektion späterer Dialektgrenzen in die Frühzeit gewonnen werden. Hat es den landnehmenden Stamm der Alemannen im 3. Jahrhundert nicht gegeben, dann hat es zu dieser Zeit auch keine alemannische Stammessprache gegeben; und wenn es in der Frühzeit keine Stammesgrenzen gab, dann kann es auch keine Dialektgrenzen dieses Stammes gegeben haben. Diese letzte Aussage gilt umso mehr, wenn unsere Vermutung zutrifft, daß die einzelnen in die *agri decumates* eingedrungenen Volksgruppen anfangs in semipermanenter Wohnweise, ohne feste Siedlungsplätze auf Dauer zu beziehen, umhergezogen und mit ihren unterschiedlichen Herkunftsgebieten in Kontakt geblieben sind. Unabhängig von der sprachwissenschaftlich äußerst interessanten Frage, ob sich ein ursprünglich einheitliches „Alemannisch" beim Seßhaftwerden im neuen Siedlungsgebiet in Gau-Dialekte differenziert hat oder ob sich – was wahrscheinlicher ist – ursprünglich unterschiedliche Mundarten erst allmählich zu einer alemannischen Verkehrssprache entwickelt haben, muß der Historiker feststellen, daß er von der Sprachwissenschaft keine Auskunft über die Herkunft und den Vorgang der Ethnogenese der Alemannen sowie über die Grenzen der *Alamannia* vor 500 erwarten kann. Da wir aus dem 3. bis 5. Jahrhundert weder Sprachzeugnisse aus den vermuteten Herkunftsgebieten der Alemannen besitzen noch aus dem neu errungenen Siedlungsgebiet in den *agri decumates,* können auch keinerlei Aussagen über die Herkunft und sprachliche Gestalt des frühen „Alemannischen" gemacht werden.

Weitgehend im Dunkeln bleiben auch die Göttervorstellungen und religiösen Praktiken der frühen Alemannen. Wenn Ammianus Marcellinus von einem Oberpriester (*sinistus*) bei den Burgundern berichtet, aber über keinerlei gemeinsame Kulthandlungen oder Heiligtümer bei den Alemannen, obwohl er die Verhältnisse bei diesen weitaus besser zu kennen scheint als bei jenen, dann kann dieses *argumentum e silentio* durchaus dahingehend gewertet werden, daß es zu dieser Zeit, über die Ammian berichtet, wohl kein zentrales Heiligtum und keine kultische Gemeinschaft gab[50]. Dieser Feststellung widerspricht es nicht, wenn wir auf Amuletten, Zierscheiben und Brakteaten zahlreiche Bildzeugnisse heidnischer Götterverehrung bei den Alemannen besitzen. Vor allem Karl Hauck hat sich um die Erforschung und Auswertung dieser „alemannischen Denkmäler der vorchristlichen Adelskultur[51]" verdient gemacht und diesen Sachzeugnissen den ihnen gebührenden Platz neben den Schriftquellen zugewiesen. Seine Forschungen, die hier nicht zu referieren sind, haben zwar eine gewisse „Sonderstellung des alemannischen Fundmaterials" innerhalb des inzwischen erstaunlich reichhaltigen Bestandes früher figuraler Bildzeugnisse herausgearbeitet. Die im Bereich der *Alamannia* aufgefundenen ikonographischen Darstellungen sind aber offenbar „mit Hilfe von ganz verschiedenen Einflußströmen" entstanden, die, ebenso wie die Schriftzeugnisse, keine Rückschlüsse auf spezifisch alemannische Glaubenspraktiken, Göttervorstellungen oder Gemeinschaftskulte zulassen. Die Abbildungen des Gottes Wodan als Sieghelfer auf der Scheibenfibel von Pliezhausen und als Mischgestalt von Mensch und Raubvogel auf dem Schmuckbrakteaten von Daxlanden sowie die Götterdreiheit Donar – Wodan – Loki, die in Runen auf der Bügelfibel von Nordendorf bezeugt ist, lassen pagane Göttervorstellungen erkennen, die den Alemannen mit anderen Kulturkreisen der Völkerwanderungszeit gemeinsam waren.

Die These, „daß der Ziukult für die Alamannen besonders kennzeichnend war und sie von anderen Germanenstämmen scheidet"[52], stützt sich vor allem auf die oben bereits kritisch erörterte Hypothese, die Alemannen seien aus dem suebischen Stamm der Semnonen hervorgegangen. Ferner wird darauf hingewiesen, daß allein im alemannischen Dialekt der Name Ziestag für den Dienstag erhalten geblieben ist, daß die Schwaben im Wessobrunner Gebet als Ziuverehrer (*cyuuari suapa*) bezeichnet werden und Augsburg in der Notitia Galliarum als Ziesburg (*civitas Augustensis id est ciesburc*) glossiert worden ist. Abgesehen davon, daß für die Glossierungen zum Wessobrunner Gebet und zur Notitia Galliarum auch andere Deutungen möglich und sogar wahrscheinlicher sind, handelt es sich insgesamt um Zeugnisse, die nicht in die Zeit vor 800 zurückreichen. Dennoch können sie, ebenso wie die an Ziudarstellungen erinnernden Prunkzierscheiben von Hailfingen und Löhningen, als Reflexe einer gewissen Ziuverehrung im Südwesten gelten, der jedoch nach dem Ausweis des überkommenen Bildmaterials kein erkennbarer Vorrang gegenüber anderen Kulten zukam. Die Folgerung, die Alemannen hätten sich in Augsburg „wieder einen kultischen Mittelpunkt (ge)schaffen, wie sie ihn einst im Semnonenhain besaßen"[53], entbehrt jedenfalls einer tragfähigen Grundlage.

Die Hinweise in der schriftlichen Überlieferung auf religiöse Praktiken und Kulthandlungen der frühen Alemannen sind, wie gesagt, dürftig. Als die von den Breisgaukönigen Gundomadus und Vadomarius angeführten Alemannen eine günstige Gelegenheit zum Angriff entgegen den Erwartungen auf römischer Seite nicht nutzen, vermutet Ammianus Marcellinus, daß „vielleicht die Vorzeichen (*auspicii*) abrieten oder die entscheidende Aussage der Opfer (*sacrorum*) den Kampf verbot"[54]. Auch Agathias berichtet, daß die mit dem *dux* Butilin durch Italien ziehenden Alemannen und Franken zum Kampf gegen das römische Heer des Feldherrn Narses antreten wollten, „obwohl ihnen von den alemannischen Weissagern (ὑπὸ τῶν Ἀλαμανιχῶν μάντεων) vorhergesagt worden war, sie sollten nicht an jenem Tag sich in den Kampf einlassen, sonst müßten sie erfahren, daß sie alle samt und sonders zugrunde gingen"[55]. Derselbe Schriftsteller gibt uns an anderer Stelle Einblick in heidnische Praktiken, die bei den Alemannen im Gegensatz zu den offenbar bereits christianisierten Franken in der Mitte des 6. Jahrhunderts noch üblich waren. Demnach verehrten sie „Bäume und Flüsse, Hügel und Klüfte... wie Götter" und schnitten, „als wären es heilige Handlungen, Pferden und Rindern und Mengen anderer Tiere die Köpfe ab". Die darauf folgende Bemerkung: „Aber der enge Kontakt mit den Franken wirkt sich günstig aus, beeinflußt sie so weit und zieht die Einsichtsvolleren an; er wird, glaube ich, in kurzer Zeit sich ganz durchsetzen"[56], dürfte als Hinweis auf die im 6. Jahrhundert einsetzende Christianisierung der Alemannen unter der fränkischen Oberherrschaft zu verstehen sein.

Hinweise auf alte pagane Bräuche vermitteln auch die Heiligenviten, in denen geschildert wird, wie die christlichen Missionare sich mit heidnischen Praktiken auseinandersetzen. Nach dem Bericht des Jonas von Susa traf Columban 611/12 in Bregenz am Bodensee Bewohner der Stadt an, die ein heidnisches Opferfest feierten. Heiden und bereits getaufte Christen umringten ein Faß (*cupa*), das mit etwa 20 Eimern Bier gefüllt war. Dieses sollte Wodan geopfert werden, „von dem sie auch, wie andere sagen, behaupten, daß er Mercurius sei"[57]. Ebenfalls in Bregenz soll sich nach der Schilderung Walahfrids eine der heiligen Aurelia geweihte christliche Kirche befunden haben, in der zur Zeit Columbans ein alter Götzenkult wieder auflebte. Drei eherne, vergoldete Bildwerke (*imagines*), die man an der Kirchenwand befestigt hatte, waren Gegenstand heidnischer Verehrung, bevor Gallus sie auf Geheiß seines Lehrers Columban zerschlug und in den Bodensee warf. Zu ihrer Rechtfertigung brachten die Bregenzer, bei denen es sich wohl um ins Heidentum zurückgefallene Christen handelte, vor: „Das sind die alten Götter, die alten Beschützer dieses Ortes, durch deren Beistand wir und unser Besitz bis heute bestehen"[58].

Mehr noch als diese wenigen Schriftzeugnisse lassen die Grabbeigaben und Bestattungssitten erkennen, daß der Übergang vom Heidentum zum Christentum nicht sozusagen von heute auf morgen erfolgte, sondern in einem längeren Prozeß vonstatten ging, der regional verschieden und offenbar auch in den einzelnen sozialen Schichten unterschiedlich verlief. Daß „die Alamannen das Christentum in römisch-katholischer Form in einer Stammesversammlung um 560 oder 570 freiwillig angenommen" hätten[59], ist eine völlig unrealistische Vorstellung, die sich auf keinerlei Quellen stützen kann. Neben der Missionierung durch Columban, Gallus, Fridolin, Trudpert, Landelin, Pirmin und andere Glaubensboten, die auf dem Weg über das Frankenreich nach Alemannien kamen und unter dem Schutz der Merowinger das Christentum verbreiteten, ist offensichtlich auch von Südosten her ein christlicher Einfluß geltend geworden. Die Verbreitung der sogenannten Goldblattkreuze, die den Verstorbenen als Totenbeigabe mit ins Grab gegeben wurden, läßt möglicherweise „eine bislang anonyme Missionstätigkeit in Alamannien im 7. Jahrhundert" erkennen, deren Ursprung im Langobardenreich vermutet wird[60]. Dort waren solche Kreuze aus dünner Goldfolie, die eigens für die Bestattung hergestellt und den Toten „gleichsam wie ein verdinglichter Segen" mitgegeben wurden, schon in der zweiten Hälfte des 6. Jahrhunderts in Gebrauch.

Daß die Alemannen das Christentum mit einer gewissen zeitlichen Verzögerung gegenüber den Nachbarvölkern annahmen, lag nicht etwa daran, daß „die Masse des Volkes noch zäh an ihren alten Göttern festhielt"[61], sondern ist allein darin begründet, daß die Alemannen nicht wie etwa die Franken, Burgunder und Goten in direktem und intensivem Kontakt mit der römischen Welt standen, sondern außerhalb der Grenzen des Imperiums siedelten. Insofern ist die Christianisierung, die 746 keineswegs abgeschlossen, vielmehr in vollem Gange war, kein Spezifikum alemannischer Geschichte. Die Verbreitung des Christentums – zunächst beim Adel und dann hinab bis zu den Unterschichten – dürfte hier wie anderswo im Frankenreich in ähnlicher Weise erfolgt sein. Wenn eine Besonderheit anzumerken ist, so liegt sie in der Parallelität zur herrschaftlichen und verwaltungsmäßigen Durchdringung des Raumes: Von den Bischofssitzen und Klostergründungen am Bodensee, Hoch- und Oberrhein und später am Lech und Main, also von den Rändern her, breitete sich das Christentum erst allmählich in Richtung auf das Innere Alemanniens hin aus.

VI. Die weitere Geschichte
der Alemannen

Um die Mitte des 8. Jahrhunderts stehen wir vor der gleichen Frage, mit der wir fünf Jahrhunderte zuvor, in der Mitte des 3. Jahrhunderts, konfrontiert waren: Wann beginnt, wann endet die Geschichte der Alemannen? Wir können diese Frage nicht als eine rein „akademische" abtun, denn sie zielt – wie die Frage nach dem Beginn der „deutschen" oder der „französischen" Geschichte[1] – auf etwas Wesentliches. Betrachten wir allein die politische Ebene, so können wir mit Hans Jänichen feststellen: Mit der Beseitigung des alemannischen Herzogtums im Jahre 746 „endet die eigentliche Geschichte der Alem(annen)"[2]. Das sogenannte „jüngere" alemannische Herzogtum des 10. Jahrhunderts, bekannter als „Herzogtum Schwaben", knüpfte nicht an das „ältere", 746 untergegangene an und hatte eine völlig andere Machtbasis. War der schwäbische Pfalzgraf Erchanger (gest. 917) noch 915 aufgrund eines Schlachtensieges gegen Anhänger des Königs zum Herzog von Schwaben erhoben worden, so verdankten seine Nachfolger ihre Legitimation, ihre Ein- und auch ihre Absetzung, in der Regel dem König, der ihnen ihr Amt und die dazugehörige territoriale Machtbasis als Lehen übertrug. „Die Herzogswürde war im 10. und 11. Jahrhundert", wie Helmut Maurer feststellt, „königliches Amt, königliche Beauftragung... Und so sehen wir den Herzog als Vasall des Herrschers vor allem bedeutende Plätze des Königs, des Reiches, in Schwaben innehaben"[3].

Betrachten wir aber, etwa mit Rainer Christlein[4], die alemannische Geschichte als die eines „lebendigen Volkes" und sehen in den Alemannen „eine heute noch lebende Volksgemeinschaft", so ist 746 lediglich eine Zäsur auf dem nie abreißenden Strom eines „Gewässer(s), das wir alamannischer Geschichtlichkeit gleichgesetzt haben". Aber kann man wirklich die Erforschung der alemannischen Geschichte des 3. bis 8. Jahrhunderts als „die Suche nach den Ursprüngen unseres heutigen Staatswesens" verstehen? Was hat Kontinuität über die Karolingerzeit hinweg, in der Alemannien – oder „Schwaben", wie das Land zwischen Lech und Oberrhein seit dem 9. Jahrhundert zunehmend genannt wird – als Provinz des Frankenreiches in dieses fest integriert wird?

1. Von der karolingischen Grafschaftsverfassung zum ottonischen „Stammesherzogtum"

Nachdem 746 in Cannstatt das („ältere") alemannische Herzogtum beseitigt worden war, wurden in Alemannien wie in den meisten anderen Provinzen Grafen (*comites*) die neuen Herrschaftsträger. Die diesen zugeordneten Grafschaften waren in Alemannien aber, wie Michael Borgolte festgestellt hat, keineswegs „flächendeckend organisiert und an festen Grenzen voneinander geschieden"[5]. Ruthard (gest. vor 790) und Warin (gest. 774), die beiden mit der administrativen Neuordnung Alemanniens betrauten fränkischen Grafen, hatten nicht überall denselben Erfolg, am wenigsten wohl in den Gebieten Inneralemanniens und am Nordufer des Bodensees. Aber überall verfolgten sie dasselbe Ziel: die Neuorganisation Alemanniens und dessen verwaltungsmäßige Durchdringung im Dienste der karolingischen Zentralgewalt. Die fränkischen Adligen, die dabei durch die Erlangung von Grafschaften Karriere machten und zur sogenannten „Reichsaristokratie" (Gerd Tellenbach) aufstiegen, suchten durchaus den Kontakt zum regionalen Adel. Der fränkische Graf Gerold[6], ursprünglich am Mittelrhein begütert und dann Graf im Norden der Bertoldsbaar, heiratete beispielsweise Imma, die nach Thegans Bericht eine Nachfahrin Herzog Gotfrids war[7]. Diese Imma gilt als Mutter der Königin Hildegard (gest. 783), die Karl der Große heiratete, nachdem er 770/71 die Tochter des Langobardenkönigs Desiderius verstoßen hatte. Hildegard, die Mutter Ludwigs des Frommen, kann aufgrund dieser Herkunft ebensogut (oder ebensowenig) als „Alemannin" bezeichnet werden wie als „Fränkin". Auch für viele andere Adelsfamilien im Karolingerreich ist es bezeichnend, daß sie in ähnlicher Weise reichsweit miteinander in verwandtschaftliche Beziehungen traten.

Mit dem Ende der Karolingerherrschaft etablierte sich erneut ein alemannisches Stammesherzogtum, das mit den sogenannten Burkhardingern eine aus Rätien stammende Adelsfamilie errang. Bekanntlich erlangten die „Stammes"-Herzöge der Sachsen, Bayern, (Ost-)Franken und Alemannen unter den Ottonen, insbesondere unter Heinrich I. (919–936) und Otto dem Großen (936–973), zunehmend Bedeutung; aber es waren nicht die „Stämme", die diese Herzöge hervorbrachten und legitimierten, sondern sie galten, wie oben bereits angedeutet wurde, als „Vasallen des Königs" (*miles* bzw. *amicus regis*). Die Benennung nach den alten Stammesnamen erklärt sich vor allem aus der Bedeutung, die nach wie vor den Heeresaufgeboten der Alemannen, Bayern usw. bei der Abwehr der äußeren Feinde, nun insbesondere der Ungarn, zukam. Die ethnische Bezeichnung der Aufgebote innerhalb der Heeresorganisation sowie die Tatsache, daß nun auch die „Stammesgrenzen" auf der Basis der karolingischen Provinzen endgültig fixiert wurden, bedeutet aber nicht, daß es nach dem 10. Jahrhundert noch ein nennenswertes Eigenleben der „Stämme" im fränkischen Reich, das sich zum Reich der Deutschen entwickelte[8], gegeben hätte.

2. Ausblick

Mit der Entstehung des deutschen Reiches gingen die „Stämme" in diesem auf, so daß es berechtigt erscheint, die Geschichte der Alemannen mit diesem Zeitpunkt als beendet anzusehen. So wenig wie sich die Begriffe Deutschland und Germania decken, so wenig hat die *Alamannia* des 3. bis 8. Jahrhunderts mit der Alemannia des Johann Peter Hebel zu tun. Insofern hat Hebel die Alemannen nicht „wiederentdeckt" oder „wiederbelebt", sondern die Fiktion eines Alemannentums grundgelegt, das – zumal in seinem Gegensatz zum Schwäbischen – eines historischen Zusammenhangs, und erst recht einer kontinuierlichen Identität mit der *gens Alamannorum* der Völkerwanderungszeit entbehrt.

Zu Recht hat man kritisiert, daß der Frankenkönig Chlodwig in Frankreich als „premier roi de France", als „erster französischer König", bezeichnet und seine Taufe zu Reims als „Geburt Frankreichs" interpretiert wurde: Chlodwig war weder Franzose, noch Belgier oder Deutscher, da diese Nationen erst später entstanden sind. Ähnlich kritisch sollte man aber auch dem Versuch gegenüberstehen, die Geschichte der Alemannen des 3. bis 8. Jahrhunderts bis zu den südbadischen Bauern des 19. Jahrhunderts als die „Geschichte eines lebendigen Volkes" zu verlängern und das alemannische Bauernhaus, die alemannische Fasnet, den alemannischen Dialekt oder gar die alemannische Mentalität vom völkerwanderungszeitlichen „Stamm" der „hochgemuten Alemannen" (Felix Dahn) herzuleiten. Denn damit würde nicht nur die Anwesenheit der keltischen und romanischen Vorbevölkerung am Hoch- und Oberrhein ignoriert, sondern auch die weitere geschichtliche Entwicklung der letzten tausend Jahre.

Anmerkungen

In den Anmerkungen sind die angeführten Autoren mit Kurztiteln zitiert. Die Ziffern in den Klammern verweisen auf die ausführlichen und vollständigen Angaben im Verzeichnis der Quellen und Literatur (S. 131–158).

Kapitel I: Der Eintritt der Alemannen in die Geschichte

1   Brockhaus Enzyklopädie in vierundzwanzig Bänden, Band 23 (Mannheim [19]1994), S. 405.

2   K. Weller, Besiedlungsgeschichte Württembergs (105) S. 17; fast wörtlich wiederholt in seiner Geschichte des schwäbischen Stammes bis zum Untergang der Staufer (106) S. 5.

3   W. E. Mühlmann, Rassen, Ethnien, Kulturen (64) S. 57.

4   R.. Christlein, Die Alamannen (24), Zitate S. 7, 22 und 24.

5   H. Keller, Alamannen und Sueben (212) S. 89–111.

6   W. Veeck, Die Alamannen in Württemberg (98) S. 97.

7   F. Maurer, Nordgermanen und Alemannen (238) S. 52 und – fast wörtlich wiederholt – S. 122 (unter Hinweis auf Walther Veeck, Karl Weller u. a.).

8   F. Maurer, Nordgermanen und Alemannen (238) S. 174.

9   Dazu zuletzt E. Schallmayer, Die Lande rechts des Rheins (275) S. 58 (mit der vorgängigen Literatur).

10   H. Ament, Artikel „Alamannen, Alemannen. II." (115) Sp. 265 f.

11   Zu dieser Annahme einer zunächst semipermanenten Siedlungsweise vgl. D. Geuenich, Zur Landnahme der Alemannen (178) S. 40 mit Anm. 111.

12   So etwa T. Zotz, Artikel „Alamannen, Alemannen. 1." (322) Sp. 263 f.

13   Fundierte Kritik an den bis dahin kritiklos zitierten Schriftzeugnissen äußerten erstmals, offenbar unabhängig voneinander, M. Springer, Der Eintritt der Alemannen (288) S. 99–137, und L. Okamura, Alamannia devicta (68) S. 84–146. Beiden Autoren danke ich für die freundliche Zusendung ihrer Schriften, die von der Forschung erst jetzt verspätet rezipiert werden: vgl. H. Keller, Alamannen und Sueben (212) S. 111; H. U. Nuber, Der Verlust (258) S. 105 Anm. 53; D. Geuenich, Zum gegenwärtigen Stand (176) S. 164 f.

14   Die einschlägigen Quellenstellen zu den Alemannen sind bequem zugänglich in: Quellen zur Geschichte der Alamannen, Hefte 1–7, hg.

von der Heidelberger Akademie der Wissenschaften. Kommission für Alamannische Altertumskunde (Heidelberg-Sigmaringen 1976–1987). Zu den frühen Bezeugungen sind allerdings nun die textkritischen Einwände von Springer und Okamura (wie Anm. 13) zu beachten. Siehe auch unten die Zeittafel!

[15] Das Zitat Büttners ist einem Vortrag vor dem Konstanzer Arbeitskreis im April 1955 auf der Reichenau entnommen. Es findet sich mit dem vorangehenden Zitat bei R. *Wenskus,* Stammesbildung und Verfassung (108) S. 502 und 110.

[16] Vgl. M. *Springer,* Der Eintritt der Alemannen (288) S. 122–128 und L. *Okamura,* Alamannia devicta (68) S. 91–96.

[17] B. *Boesch,* Name und Bildung (135) S. 91–93; H. *Kuhn,* Artikel „Alemannen. I." (229) S. 137 f. (jeweils mit weiteren Deutungsversuchen).

[18] H. *Castritius,* Von politischer Vielfalt (150) S. 77.

[19] L. *Okamura,* Alamannia devicta (68) S. 261; H. U. *Nuber,* Das Ende (257) S. 66 f.; Ders., Der Verlust (258) S. 102; K. *Strobel,* Das Imperium Romanum (92) S. 293 (Zitat). Die Zitate von H. *Jänichen* und R. *Much* sind dem Artikel „Alemannen" in der 2. (1973) S. 139 bzw. der 1. Auflage (1913) S. 58 des Reallexikons der Germanischen Altertumskunde entnommen.

[20] Vgl. hierzu und zum folgenden: Ausgewählte Probleme europäischer Landnahmen (7), besonders die Begriffsklärungsversuche von Reinhard Schneider (S. 11 ff.) und Hanna Vollrath (S. 317 ff.).

[21] H. *Wolfram,* Die Geburt Mitteleuropas (110) S. 342. Vgl. auch die grundsätzlichen Erörterungen dess., Ethnogenesen (319) S. 97 ff.

[22] Vgl. J. *Jarnut,* Geschichte der Langobarden (46) S. 34; Ders., Die Landnahme der Langobarden (203) S. 182.

[23] G. *Fingerlin,* Die alamannische Landnahme (166) S. 82.

Kapitel II: Die Nachbarschaft von Römern und Alemannen (260–456)

[1] K. *Weller* und A. *Weller,* Württembergische Geschichte (107) S. 27. Noch apodiktischer G. J. *Wais,* Die Alamannen (103) S. 93: „... es gibt in diesem Zeitraum (der ersten eineinhalb Jahrhunderte der alamannisch-römischen Auseinandersetzung) überhaupt keine eigentliche Friedenszeit".

[2] Quellen 2, S. 51 f. (mit Literaturangaben). Vgl. zum folgenden auch K. F. *Stroheker,* Die Alamannen (298) S. 20–48.

[3] Zu den Namenerklärungen vgl. A. *Bach,* Deutsche Namenkunde. Die deutschen Personennamen I,1 (Heidelberg 1952) § 173 (S. 191), § 260 (S. 306) und § 262 (S. 311).

[4] Vgl. zu den Laeten allgemein: G. *Wirth,* Artikel „Laeti" (315) Sp. 1612 (mit Literaturangaben). Die *Laeti barbari* der im folgenden referierten Ammian-Stelle (VI,11 (4)) sind in der Literatur des öfteren als Name eines alemannischen Stammes interpretiert worden (A. Müller, L. Brosch, W. Seyfarth).

5 A. *Schenk Graf von Stauffenberg,* Die Germanen (76) S. 18. Vgl. auch M. *Bang,* Die Germanen (9) S. 93; M. *Waas,* Germanen (102) S. 7.

6 Zur Glaubwürdigkeit des Ammianus Marcellinus vgl. A. *Demandt,* Zeitkritik (28); K. *Rosen,* Studien zur Darstellungskunst (74), jeweils mit umfangreichen Literaturangaben.

7 Vgl. etwa Ammianus Marcellinus XIV, 10 (7): Bestechung; XVI, 12 (26): Soldversprechen. Zur Episode mit den Händlern: XXIX, 4 (4).

8 Vgl. dazu K. F. *Stroheker,* Die Alamannen (298) S. 36 mit weiterer Literatur.

9 L. *Bakker,* Der Siegesaltar (118) S. 274–277; Ders., Raetien unter Postumus (119) S. 369–386.

10 Vgl. I. *König,* Die gallischen Usurpatoren (50) (mit Angabe der Quellen und der vorgängigen Literatur).

11 K. *Müllenhoff,* Deutsche Altertumskunde 3 (65) S. 216; E. *Schwarz,* Die Herkunft der Juthungen (286) S. 1–8 (mit der vorgängigen Literatur). Schwarz glaubt allerdings an einen Zusammenhang der Juthungen mit den (bei Tacitus genannten) Eudusen.

12 Dexippos, Gotenkriege, fr. 6, 1–15 (Griechische und lateinische Quellen zur Frühgeschichte Mitteleuropas, hg. von *Joachim Herrmann,* Teil 3 (Berlin 1991) S. 355–363,; Kommentar S. 630–632, dort sind auch die nachfolgend erwähnten Quellen nachgewiesen.

13 Oben S. 29.

14 Vgl. zu dieser Charakterisierung oben S. 20.

15 Zu Flavius Claudius Iulianus vgl. *Emil von Bories,* Artikel „Flavius" (302) S. 25–91; Ders., Die Quellen (303) S. 170–209; zuletzt: L'empereur Julien(52).

16 Quellen 2, S. 46 und 49. Dort finden sich auch die folgenden Zitate Ammians zur Schlacht bei Straßburg.

17 Oben S. 33 mit Anm. II, 4.

18 So J. *Cramer,* Die Geschichte der Alamannen (25) S. 71 f. Kritisch dazu F. *Dahn,* Die Könige der Germanen 9,1 (26) S. 45 mit Anm. 2.

19 Dieses bereits unter Kaiser Trajan (98–117) errichtete Befestigungswerk (Teil des Limes?) vermutete J. *Cramer,* Die Geschichte der Alamannen (25) S. 127 f., in der Nähe von Mainz.

20 Libanios (Quellen 2, S. 19) spielt hier auf die zuvor (a. a. O. S. 12) erwähnten Briefe an, mit denen Constantius II. die Barbaren zum Einfall in römisches Gebiet ermuntert hatte, um seinem Gegenspieler Magnentius zu schaden. Vgl. dazu oben S. 43.

21 Während *Sanctio* meist mit Säckingen am Hochrhein gleichgesetzt wurde, vertritt H. *Lieb,* Sanctio und Cassangita (231) S. 11–13 mit überzeugenden Argumenten die – bereits von Beatus Rhenanus 1531 erwogene – Gleichung *prope oppidum Sanctionem = prope oppidum [Be]san[c]tionem.*

22 Dazu und zum folgenden D. *Hoffmann,* Wadomar, Bacurius und Hariulf (190) S. 308 f.

23 *G. J. Wais,* Die Alamannen (307) S. 109.

24 Vgl. dazu die Darstellung bei *M. Martin,* Alamannen im römischen Heer (233).

25 Zur Änderung der Alemannenpolitik nach 364 vgl. B. *Gutmann,* Studien (41) bes. S. 8 ff. und zuletzt *M. Martin,* Alamannen im römischen Heer (233).

26 Zu Inhalt und Bedeutung der *amicitia* im 4. Jahrhundert s. *F. A. Barceló,* Roms auswärtige Beziehungen (8) S. 158 ff.

27 Wo Valentinian den Rhein überschritt, geht aus den Quellen nicht hervor. Den Einfall in den Breisgau nimmt *B. Gutmann,* Studien (41) S. 26 ff. an, der die anderen Auffassungen referiert.

28 Vgl. *H. Steuer,* Höhensiedlungen (294) S. 139–205, der S. 171 auf das vorliegende Ammian-Zitat eingeht. S. 146–168 ist ein Katalog von 44 Höhensiedlungen (mit Literatur) aufgeführt.

29 Für den Schweinsberg plädierte *J. Cramer,* Die Geschichte der Alamannen (25) S. 154–156, der *Solicinium* „etwa bei Böckingen" am Neckar vermutete. Für den Glauberg plädierte zuletzt *A. Demandt,* Die Spätantike (27) S. 112, Anm. 14. Daß der Ort *Solicinium* „mit an Sicherheit grenzender Wahrscheinlichkeit auf dem Stadtgebiet von Rottenburg am oberen Neckar" liegt, nimmt *B. Gutmann,* Studien (41) S. 26 f. an, wo in Anm. 119 die vorgängige Literatur aufgeführt ist.

30 So *A. Demandt,* Die Spätantike (27) S. 112; dagegen *B. Gutmann,* Studien (41) S. 24.

31 Decimus Magnus Ausonius, De Bissula (Quellen 6, S. 97).

32 Q. Aurelius Symmachus, Laudatio in Valentinianum seniorem Augustum prior (Quellen 2, S. 32 f.). Zu den Einzelheiten: *Heinr. Maurer,* Valentinians Feldzug (240) S. 303–328.

33 Der Heiligenberg, der Schloßberg, die Molkenkur usw. Vgl. zuletzt *W. von Moers-Messmer,* Kaiser Valentinian (306) S. 71 ff.; kritisch dazu *B. Gutmann,* Studien (41) S. 32.

34 *B. Gutmann,* Studien (41) S. 33.

35 Vgl. zu diesen Befestigungsanlagen R. *M. Swoboda,* Die spätrömische Befestigung Sponeck (94); *G. Fingerlin,* Römische Zeit (167) S. 9 ff.; *H. Bender,* Neuere Untersuchungen 2 (122) S. 309 ff.; *F. Stähelin,* Die Schweiz (89) S. 294 ff.; *M. Martin,* Zur Topographie (237) S. 172 ff.

36 Vgl. dazu oben S. 56.

37 Vgl. zu dieser Episode bereits oben S. 32.

38 Über den Hochrhein: *A. Demandt,* Die Spätantike (27) S. 122; *B. Gutmann,* Studien (41) S. 97; über den Oberrhein: *J. Cramer,* Die Geschichte der Alamannen (25) S. 170; *F. Stähelin,* Die Schweiz (89) S. 303 (jeweils mit weiterer Literatur).

39 So etwa Sexus Aurelius Victor, Paulus Orosius, Iordanes, Cassiodor und die Chronica Minora (Quellen 2, S. 23, 50, 77, 102 und 113 f.)

40 *B. Gutmann,* Studien (41) S. 240.

41 Zu den Quellen zu diesem und den folgenden Ereignissen: Quellen 6, S. 110–112.

42 Oben S. 56

43 Quellen 1, S. 64:...*uentum fuisset ad regionem (cui Capillacii uel Palas nomen est) ubi terminales lapides Alamannorum* (Hauptcodex: *Romanorum*) *et Burgundiorum confinia distinguebant,*.. Erläuterungen dort in den Anm. 120 und 121 sowie zur Lokalisierung von *Palas* und *Capillacii* bei *H. von Petrikovits,* Altertum (100) S. 199.

44 Vgl. *L. Schmidt,* Allgemeine Geschichte (78) S. 69; *J. Cramer,* Die Geschichte der Alamannen (25) S. 182. *H. von Petrikovits,* Altertum (100) S. 275 und S. 288 bestreitet dagegen die Lokalisierung der Burgunder um Worms und Mainz und spricht sich für Wohnsitze in der Germania II aus, wo auch die Kaisererhebung des Iovinus stattgefunden habe.

45 *A. Demandt,* Die Spätantike (27) S. 154.

46 Quellen 2, S. 63.

Kapitel III: Von der römischen zur fränkischen Oberherrschaft (456–496)

1 So *F. Staab,* Heidentum und Christentum (289) S. 119.

2 Quellen 2, S. 62.

3 Ravennatis Anonymi Cosmographia IV, 26 (Quellen 4, S. 9–12, mit Literatur). Vgl. *F. Staab,* Ostrogothic geographers (290) S. 27–64.

4 Vgl. etwa *L. Schmidt,* Die Westgermanen (81) S. 56 f. sowie die Einleitung und den Kommentar zu: Quellen 4, S. 9 ff.

5 *O. Feger,* Zur Geschichte (163) S. 156.

6 *D. Claude,* Zu Fragen (153) S. 10.

7 Vgl. *H. Keller,* Strukturveränderungen (220) S. 590 f.

8 Vgl. oben S. 66 mit Anm.II,43. Folgt man dem Text des Hauptcodex, so würde dies bedeuten, daß das Gebiet, das die Alemannen bis zum ehemaligen römischen Limes innehatten, als römisches Land angesehen wurde.

9 So *H. von Schubert,* Die Unterwerfung (101) S. 20 mit Anm. 1.

10 Vgl. beispielsweise *H. Castritius,* Von politischer Vielfalt (150) S. 81; *D. Claude,* Zu Fragen (153) S. 6.

11 Eugippius, Vita S.Severini XIX (Quellen 2, S. 73 f.) Zur Datierung vgl. *F. Lotter,* Severinus von Noricum (54) S. 210.

12 Vita Lupi episcopi Trecensis 10 (Quellen 4, S. 13).

13 *Bruno Krusch,* Vorwort zur (zweiten) Edition der Vita Lupi episcopi Trecensis (Monumenta Germaniae Historica. Scriptores rerum Merovingicarum 7, Hannover 1919/20, Neudruck 1979) S. 284 ff.

14 *E. Ewig,* Bemerkungen zur Vita (160) S. 22.

[15] D. *Claude*, Zu Fragen (153) S. 6; H. *Castritius*, Die spätantike und nachrömische Zeit (149) S. 69.

[16] Quellen 2, S. 110. Zur Gleichsetzung mit dem späteren *rex Italiae* Odoaker: A. *Demandt*, Die Spätantike (27) S. 177 mit Anm. 51.

[17] E. *Ewig*, Bemerkungen zur Vita (160) S. 20.

[18] Quellen 4, S. 13 mit Anm. 13; E. *Ewig*, Bemerkungen zur Vita (160) S. 22.

[19] H. *Wolfram*, Die Geburt Mitteleuropas (110) S. 42.

[20] H. *Keller*, Alamannen und Sueben (212) S. 99.

[21] Nach G. J. *Wais*, Die Alamannen (103) S. 111 setzte im 5. Jahrhundert die zweite große Landnahme der Alamannen ein"; ähnlich F. *Stähelin*, Die Schweiz (89) S. 308 ff. Zur neueren Forschung: R. *Moosbrugger-Leu* und H. *Keller*, Der Adel (248) S. 39 ff.; M. *Martin*, Die spätrömisch-frühmittelalterliche Besiedlung (236) S. 411–446. Martin nimmt (S. 434) an, „daß eine eigentliche alamannische Besiedlung dieser Gebiete (zwischen Hochrhein und Alen) erst im mittleren Drittel des 6. Jahrhunderts ... einsetzte". Vgl. im selben Band auch E. *Ewig*, Der Raum (161) S. 271–296. – Zur Kritik am Begriff der „Landnahme" vgl. die oben (Anm.I,20) zitierte Literatur und dazu H. *Wolfram*, Landnahme (320) S. 162 ff.

Kapitel IV: Die Unterwerfung durch die Franken (496–537)

[1] H. *Löwe*, Deutschland (55) S. 42.

[2] Quellen 2, S. 110 (dort fehlt die Datierungsangabe). Vgl. Gregor von Tours, Zehn Bücher Geschichten, hg. von *Rudolf Buchner* (Ausgewählte Quellen zur deutschen Geschichte des Mittelalters. Freiherr vom Stein-Gedächtnisausgabe 2,1, Darmstadt [7]1990) S. 116 f. (zum Problem der nachgetragenen Datierung vgl. die Einleitung S. XXVI f.).

[3] W. *Levison*, Zur Geschichte des Frankenkönigs (230) S. 55.

[4] Vgl. W. *von den Steinen*, Chlodwigs Übergang (304) S. 423 ff. und S. 429 ff.

[5] Nicetius von Trier (Monumenta Germaniae Historica. Epistoloae Merovingicae et Karolini aevi, hg. von *Wilhelm Gundlach, Ernst Dümmler* u. a. 1892, Neudruck 1978) S. 122.

[6] Vita Sollemnis episcopi Carnotensis, ediert von W. *Levison* (wie Anm.IV,3) S. 67–86, vgl. dazu S. 63 Anm. 4. Vom Taufgelöbnis in Tours spricht Nicetius (wie Anm.IV,5) S. 122; vgl. W. *von den Steinen*, Chlodwigs Übergang (304) S. 172 Anm. 2.

[7] L. *Schmidt*, Die Westgermanen (81) S. 58.

[8] Zitate von D. *Claude*, Zu Fragen (153) S. 12 und 15 sowie H. *Castritius*, Von politischer Vielfalt (150) S. 84.

[9] Zur Rezeption in Forschung, Schulbüchern, bildender Kunst und Literatur: Chlodwig und die „Schlacht bei Zülpich" (22).

10 *H. Jänichen,* Artikel „Alemannen, II." (197) S. 140.

11 Drei Schlachten, allerdings nur „eine entscheidende", nahm bereits *L. Schmidt,* Die Westgermanen (81) S. 58–63 an. Die folgenden Zitate stammen von *D. Claude, Zu* Fragen (153) und – das letzte Zitat – von *E. Ewig,* Die Merowinger (32) S. 24 f. Einen Überblick über die umfangreiche Literatur bieten: *R. Weiss,* Chlodwigs Taufe (104), dessen Datierung der Entscheidungsschlacht auf 506 allerdings abzulehnen ist, und *K. Schäferdiek,* Francia rhinensis (274) S. 3 f.

12 Flavius Magnus Aurelius Cassiodorus Senator, Variae (Quellen 2, S. 102 f.). Dazu ausführlicher unten.

13 *D. Claude, Zu* Fragen (153) S. 10.

14 *H. Castritius,* Von politischer Vielfalt (150) S. 84.

15 *H. Castritius,* Von politischer Vielfalt (150) S. 83 f. Ähnlich *D. Claude, Zu* Fragen (153) S. 10: „Vermutlich hat der Tourser Bischof beide Schlachten zu einer einzigen zusammengezogen".

16 *R. Weiss,* Chlodwigs Taufe (104) S. 32 (mit der vorgängigen Literatur); *L. Schmidt,* Die Westgermanen (81) S. 60.

17 So bereits im 19. Jahrhundert *J. Cramer,* Die Geschichte der Alamannen (25) S. 215. Vgl. zuletzt *B. Behr,* Das alemannische Herzogtum (12) S. 38 ff. (gegen von Schubert, Schlesinger, Schmidt, Feger und Weller); *D. Geuenich,* Zur Landnahme der Alemannen (178) S. 34 ff. (mit weiterer Literatur).

18 Quellen 3, S. 14 (Quellen- und Literaturhinweise zu dieser Stelle a. a. 0. Anm. 12).

19 Quellen 2, S.102.

20 Zur Heiratspolitik als Mittel der Bündnispolitik s. *B. Behr,* Das alemannische Herzogtum (12) S. 43 (mit Quellenangaben) sowie die weiter unten aufgeführten Beispiele.

21 Magnus Felix Ennodius, Panegyricus dictus Theoderico (Quellen 2, S. 72). Daß Ennodius es vermeiden wollte, „seine kunstvolle, wohltönende lateinische Rede mit einem barbarischen Namen zu verunzieren" (so *D. Claude, Zu* Fragen (153) S. 11), ist ebenso unglaubwürdig wie die anderen von Claude vorgebrachten Argumente für die Nichterwähnung des Könignamens.

22 So *E. Ewig,* Die Merowinger (32) S. 22.

23 So *K. Schäferdiek,* Francia rhinensis (274) S. 4.

24 Gemäß der oben dargelegten Quelleninterpretation; vgl. auch *H. H. Anton,* Artikel „Chlodwig" (116) S. 481 (mit weiterer Literatur).

25 *L. Schmidt,* Die Westgermanen (81) S. 62.

26 Vgl. *H. Keller,* Archäologie und Geschichte (213) S. 7 ff.; *D. Geuenich* und *H. Keller,* Alamannen, Alamannien, alamannisch (179) S. 136 und 147 (mit weiterer Literatur).

27 Vgl. zuletzt *D. Geuenich,* Der historische Zeugniswert (172), wo der Gang der Diskussion von Wilhelm Arnold (1882) über Fritz Langenbeck (1927 ff.), Adolf Bach (1953 ff.), Bruno Boesch (1963 ff.) bis zu

Ernst Schubert (1983) nachgezeichnet und die umfangreiche Literatur nachgewiesen ist.

[28] Agathias, Historiae (Quellen 2, S. 79).

[29] Iordanes, Getica (Quellen 2, S. 78).

[30] *H. Keller,* Alamannen und Sueben (212) S. 98 f. Vgl. oben S. 14 und 76.

[31] *W. Hartung,* Süddeutschland (42) bes. S.201 (Zusammenfassung). Dort und zuletzt bei *D. Geuenich* und *H. Keller,* Alamannen, Alamannien, alamannisch (179) S. 146 ist die vorgängige Literatur aufgeführt. Vgl. insbesondere *K. Reindel,* Die Bajuwaren (264) S. 451–473.

[32] Vgl. dazu die methodischen Bemerkungen bei *W. Hübener,* Der alemannische Raum (192) S. 55 f.; *H. Keller,* Archäologie und Geschichte (213) S. 4 ff.

[33] Vgl. *P. Fried,* Zur Entstehung (170) S. 65 f.

Kapitel V: Das alemannische Herzogtum (537–746)

[1] *G. J. Wais,* Die Alamannen (103) S. 25 f. Vgl. hierzu und zum folgenden *D. Geuenich,* Zur Landnahme der Alemannen (178) S. 37 und 44; *D. Geuenich* und *H. Keller,* Alamannen, Alamannien, alamannisch (179) S. 147 f.

[2] Agathias, Historiae (Quellen 2, S. 80). Vgl. *O. Feger,* Zur Geschichte (163) S. 158 f.; *B. Behr,* Das alemannische Herzogtum (12) S. 75 ff.; *H. Keller,* Fränkische Herrschaft (216) S. 7 ff., Zitate S. 7; *D. Geuenich* und *H. Keller,* Alamannen, Alamannien, alamannisch (179) S. 148.

[3] Vgl. *B. Behr,* Das alemannische Herzogtum (12) bes. S. 83; *H. Keller,* Fränkische Herrschaft (216) S. 3 ff.

[4] Dazu ausführlich *H. Keller,* Fränkische Herrschaft (216) S. 8 f.

[5] Vgl. dazu die Tabelle bei *D. Geuenich* und *H. Keller,* Alamannen, Alamannien, alamannisch (179) S. 151.

[6] Vgl. *E. Ewig,* Die Merowinger (32) S. 117 ff.; *P. J. Geary,* Before France (37) S. 151 ff. (deutsche Ausgabe: Die Merowinger, S. 154 ff.).

[7] Dazu *K. S. Bader,* Das Problem (117) S. 403 ff.; *H. Jänichen,* Baar und Huntari (198) S. 83 ff.; *H. Dannenbauer,* Hundertschaft (155) S. 155 ff.; *M. Borgolte,* Geschichte der Grafschaften (17) S. 126 ff.

[8] *M. Borgolte,* Geschichte der Grafschaften (17) S. 245.

[9] Fredegar, Chronik IV,8: *Ordenatus est loco ipsius Uncelenus dux* (Quellen 3, S. 14).

[10] Lex Alamannorum Lantfridana XXXV,1 (Leges Alamannorum 2, hg. von *Karl August Eckhardt,* Germanenrechte NF, Witzenhausen 1962) S. 37; Fredegar (wie Anm.V,9) S. 15. Dazu *O. Feger,* Zur Geschichte *(163) S. 159; H. Keller,* Fränkische Herrschaft (216) *S. 10.*

[11] *H. Keller,* Fränkische Herrschaft (216) S. 14. Vgl. *F. Prinz,* Frühes Mönchtum (262) S. 44 ff.; *F. Beyerle,* Zur Gründungsgeschichte (129)

S. 512 ff.; Beiträge zum frühalemannischen Recht, hg. von *C. Schott* (13) S. 53 ff.

12 Fredegar, Chronik IV,68 (Quellen 3, S. 15 f.).

13 *W. Berschin*, Gallus (124) S. 257–277. Vgl. *K.-U. Jäschke*, Kolumban (206) S. 112 ff.; *H. Keller*, Fränkische Herrschaft (216) S. 14 ff. (jeweils mit weiterer Literatur).

14 So *F. Beyerle*, Zur Gründungsgeschichte (129) S. 523 f.; *O. Feger*, Zur Geschichte (163) S. 162 f.; *K.-U. Jäschke*, Kolumban (206) S. 118 f.

15 Vgl. dazu eingehend *H. Keller*, Fränkische Herrschaft (216) S. 25 (mit der weiteren Literatur); dagegen *H. Maurer*, Die Bischöfe (243) S. 238 f.

16 Autun, das nicht zum Reichsteil Sigiberts III. gehörte, wird in Quellen 3, S. 51 vorgeschlagen; zu Augsburg vgl. *F. Prinz*, Frühes Mönchtum (262) S. 47; für Basel-Augst *H. Keller*, Fränkische Herrschaft (216) S. 19 f.; *H. Maurer*, Die Bischöfe (243) S. 239.

17 Dazu eingehend *H. Keller*, Fränkische Herrschaft (216) S. 27 ff. Vgl. dagegen *M. Borgolte*, Die Geschichte der Grafengewalt im Elsaß (139) S. 8.

18 *H. Büttner*, Geschichte des Elsaß (19) S. 75 f.; *H. Keller*, Mönchtum und Adel (217) S. 14 f.; *A. M. Burg*, Das elsässische Herzogtum (140) S. 85 f.; *M. Borgolte, Die* Geschichte der Grafengewalt im Elsaß (139) S. 9 f.

19 Fredegar, Chronik IV,88 (Quellen 3, S. 16).

20 *H. Maurer*, Die Bischöfe (243) S. 229 ff. (mit der vorgängigen Literatur); hierzu und zum folgenden vgl. auch die weiteren Beiträge von Maurer a. a. 0. S. 41 ff.

21 Quellen 5, S. 18–20. Vgl. dazu *F. Prinz*, Frühes Mönchtum (262) S. 47 f.

22 *H. Maurer*, Das Bistum Konstanz und die Christianisierung der Alemannen (223ff) S. 139–163, besonders S. 157 ff.

23 Passio sancti Thrudperti martyris und Vita Fridolini confessoris Sekkingensis auctore Balthero (Quellen 4, S. 14–21 und S. 46–56).

24 Vgl. *D. Geuenich* und *H. Keller*, Alamannen, Alamannien, alamannisch (179) S. 152–155 und S. 150 Anm. 2.

25 Vgl. *E. Zöllner*, Die Herkunft (321) S. 124 ff.; *B. Behr*, Das alemannische Herzogtum (12) S. 172 ff.; *J. Jarnut*, Genealogie (204) S. 1 ff.; *E. Ewig*, Die Merowinger (32) S. 196.

26 Erchanberti breviarium regum Francorum (Quellen 4, S. 57). Vgl. auch *B. Behr*, Das alemannische Herzogtum (12) S. 174.

27 *K. F. Werner*, Das merowingische Herzogtum (313) S. 6.

28 Lex Alamannorum (wie Anm.V,10). Vgl. *M. Borgolte*, Geschichte der Grafschaften (17) S. 26.

29 Vgl. *H. Büttner*, Geschichte des Elsaß (19) S. 70–105; *A. M. Burg*, Das

elsässische Herzogtum (140) S. 86f; *M. Borgolte*, Die Geschichte der Grafengewalt im Elsaß (139) S. 10–15.

30 Dies hält *E. Ewig*, Die Merowinger (32) S. 196 f. für möglich.

31 Passio Desiderii episcopi et Reginfridi diaconi martyrum Alsegaudiensium (Quellen 4, S. 22). Vgl. zur Person die zugehörige Anm. 2 sowie *B. Behr*, Das alemannische Herzogtum (12) S. 177–179. Zum folgenden auch *E. Ewig*, Die Merowinger (32) S. 197.

32 *E. Ewig*, Die Merowinger (32) S. 197.

33 Herimanni Augiensis Chronicon zu den Jahren 722 und 723 sowie Annales Fuldenses zum Jahr 723 (Quellen 4, S. 60 f. mit Anm. 12).

34 Herimanni Augiensis Chronicon (Quellen 4, S. 61). Zur Gründung der Reichenau vgl. *F. Beyerle*, Zur Gründungsgeschichte (129) S. 512 ff.; *I. Heidrich*, Die urkundliche Grundausstattung (187) S. 31 ff.; *F. Prinz*, Frühes Mönchtum (262) S. 37 ff.; *M. Richter*, Neues zu den Anfängen (266) S. 1–18.

35 *J. Duft, A. Gössi* und *W. Vogler*, St. Gallen (159) S. 16 ff. (mit Literatur S. 62 ff.).

36 *H. K. Schulze*, Ostfranken (284) S. 18f. Vgl. *B. Behr*, Das alemannische Herzogtum (12) S. 193 ff. Zur Vertreibung Theudebalds im Jahre 732: *J. Jarnut*, Alemannien (201) S. 57f.

37 *J. Jarnut*, Alemannien (201) S. 57–66 interpretiert die Nachricht Hermanns von der Vertreibung Theudebalds im Jahr 732 (Quellen 4, S. 61: *pulso Theodebaldo*) als Absetzung des Alemannenherzogs, der fortan keine Anerkennung mehr gefunden habe.

38 Zur Berücksichtigung Grifos bei der Teilung von 741: *R. Schieffer*, Die Karolinger (77) S. 49–53.

39 Herimanni Augiensis Chronicon (Quellen 4, S. 62).

40 Vgl. *E. Zöllner*, Die Herkunft (321) S. 254 ff. (107 ff.); *J. Jarnut*, Genealogie (204) S. 1 ff.

41 Continuator Fredegarii 27 (Quellen 3, S. 17). Zur Deutung der *Alpes* vgl. die dortige Anm. 42 und *J. Jarnut*, Alemannien (201) S. 62 f. Zuletzt *D. Geuenich*, ...*noluerunt obtemperare* (361) S. 140 ff.

42 Continuator Fredegarii 29 (Quellen 3, S. 17).

43 Vgl. beispielsweise oben S. 14–17, 22, 88 f.

44 Leges Alamannorum, hg. von *Karl August Eckhardt* (Germanenrechte NF, Westgermanisches Recht, Band 1, Witzenhausen 1958; Band 2, Witzenhausen 1962). Vgl. dazu: *C. Schott*, Pactus (283) S. 135–168; Beiträge zum frühalemannischen Recht (13); *R. Schmidt-Wiegand*, Franken und Alemannen (278) S. 429–439 (jeweils mit der älteren Literatur).

45 *C. Schott*, Pactus (283) S. 167 f.

46 Vgl. *C. Schott*, Freigelassene und Minderfreie (282) S. 56; *G. Köbler*, Die Freien (227) S. 38–50.

47 *R. Schmidt-Wiegand*, Alemannisch und Fränkisch (277) S. 31.

48 Vgl. dazu oben S. 76.

[49] Vgl. dazu *D. Geuenich*, Zur Kontinuität (177) S. 115 ff. (mit weiterer Literatur).

[50] So auch *R. Wenskus*, Stammesbildung (108) S. 499 f. mit Hinweis auf *A. Bauer*, Gau und Grafschaft (11) S. 4 und 9 f. Ähnlich bereits *G. J. Wais*, Die Alamannen (103) S. 25.

[51] *K. Hauck*, Alemannische Denkmäler (184); die folgenden Zitate finden sich dort auf S. 38. Die Scheibenfibel von Pliezhausen ist bei *R. Christlein*, Die Alamannen (24) als Tafel 95 und Abbildung 90 (S. 113) abgebildet; der Brakteat von Daxlanden ziert die Vorderseite des vorliegenden Buches. Inzwischen liegt ein umfangreiches Oeuvre von *Karl Hauck* zur Ikonologie der Brakteaten vor.

[52] *H. Rosenfeld*, Alamannischer Ziu-Kult (268) S. 310. Dort finden sich auch die Quellen- und Literaturangaben zu den folgenden Ausführungen.

[53] *H. Rosenfeld*, Alamannischer Ziu-Kult (268) S. 329. Zu den beiden Prunkzierscheiben von Hailfingen und Löhningen *K. Hauck*, Alemannische Denkmäler (184) S. 30 ff.

[54] Ammianus Marcellinus XIX, 10 (9) (Quellen 1, S. 33).

[55] Agathias, Historiae B (II) 6,7 (Quellen 2, S. 93).

[56] Agathias, Historiae A (I) 7,1 f. (Quellen 2, S. 80).

[57] Jonas von Susa, Vita S.Columbani I,27 (Quellen 3, S. 19 f.).

[58] Vita Galli auctore Walahfrido I,6 (Quellen 3, S. 38).

[59] *K. Weller – A. Weller*, Württembergische Geschichte (107) S. 36; auch bereits *K. Weller, Die* Alamannenforschung (308) S. 87 f.; Ders., Geschichte des schwäbischen Stammes (106) S. 811. Kritisch dazu bereits *K. Hauck*, Alemannische Denkmäler (184) S. 38.

[60] *W. Müller – M. Knaut*, Heiden und Christen (66) S. 25. Vgl. auch bereits *W. Müller*, Die Christianisierung (251 und 252) sowie Die *Goldblattkreuze* (39).

[61] So *B. Sütterlin*, Geschichte Badens (93) S. 98.

Kapitel VI: Die weitere Geschichte der Alemannen

[1] Vgl. etwa *Carlrichard Brühl*, Deutschland – Frankreich. Die Geburt zweier Völker (Köln 1990, [2]1995) und die durch dieses Buch neu in Gang gekommene Forschungsdiskussion.

[2] *H. Jänichen*, Artikel „Alemannen, II." S. 142.

[3] *H. Maurer*, Das Herzogtum Schwaben (242) S. 1; vgl. auch *H. Maurer*, Der Herzog von Schwaben (60).

[4] *R. Christlein*, Die Alamannen (24) S. 7 f.

[5] *M. Borgolte*, Geschichte der Grafschaften (17) S. 248. Zu Ruthard und Warin vgl. *M. Borgolte*, Die Grafen Alamanniens (16) S. 229–236 und S. 282–287.

6   Zu Gerold (I) und seinen Vor- und Nachfahren *M. Borgolte*, Die Gra-
    fen Alemanniens (16) S. 119–121.

7   Vgl. *J. Siegwart*, Zur Frage (287) S. 227, 235 u. ö.; *M. Borgolte*, Die
    Grafen Alemanniens (16) S. 120.

8   Vgl. Anm. 1 (mit der vorgängigen Literatur).

Quellen und Literatur

Der weitaus größte Teil der Schriftquellen, in denen von den Alemannen die Rede ist, liegt in Auszügen (und mit Übersetzung) vor in:
Quellen zur Geschichte der Alamannen, Hefte 1–7, hg. von der Heidelberger Akademie der Wissenschaften. Kommission für Alamannische Altertumskunde (Heidelberg - Sigmaringen 1976–1987)

Heft 1: Quellen zur Geschichte der Alamannen von Cassius Dio bis Ammianus Marcellinus, hg. von *Camilla Dirlmeier* und *Gunther Gottlieb* (Sigmaringen 1976)

Heft 2: Quellen zur Geschichte der Alamannen von Libanios bis Gregor von Tours, hg. von *Camilla Dirlmeier* und *Gunther Gottlieb* (Heidelberg - Sigmaringen 1978)

Heft 3: Quellen zur Geschichte der Alamannen von Marius von Avenches bis Paulus Diaconus, hg. von *Camilla Dirlmeier* und *Klaus Sprigade* (Heidelberg - Sigmaringen 1979)

Heft 4: Quellen zur Geschichte der Alamannen vom Geographen von Ravenna bis Hermann von Reichenau, hg. von *Camilla Dirlmeier* und *Klaus Sprigade* (Heidelberg - Sigmaringen 1980)

Heft 5: Weitere hagiographische Texte und amtliches Schriftgut, Zeittafel ca. 530–750, hg. von *Camilla Dirlmeier* und *Klaus Sprigade* (Heidelberg - Sigmaringen 1983)

Heft 6: Quellen zur Geschichte der Alamannen. Inschriften und Münzen. Mit einer Zeittafel von 213 bis etwa 530, hg. von *Wolfgang Kuhoff*, Corrigenda zu den Heften 1 und 2, hg. von *Gunther Gottlieb* und *Wolfgang Kuhoff* (Heidelberg - Sigmaringen 1984)

Heft 7: Quellen zur Geschichte der Alamannen. Indices, hg. von *Ursula Koch, Wolfgang Kuhoff* und *Klaus Sprigade* (Heidelberg - Sigmaringen 1987)

Schriftquellen, die in diesen Heften nicht erfaßt wurden, sind in den Anmerkungen vollständig zitiert.

Lexika und Handbücher *(s. auch Nrn. 323 f.)*:

Gebhardt. Handbuch der deutschen Geschichte. Neunte, neu bearbeitete Auflage, hg. von *Herbert Grundmann* (dtv-Ausgabe Stuttgart 1970)
→ *Heinz Löwe* (55)

Die *Germanen*. Geschichte und Kultur der germanischen Stämme in Mitteleuropa. Ein Handbuch, Band 2: Die Stämme und Stammesverbände in der Zeit vom 3. Jahrhundert bis zur Herausbildung der politischen Vorherr-

schaft der Franken, hg. von *Bruno Krüger* (Veröffentlichungen des Zentralinstituts für Alte Geschichte und Archäologie der Akademie der Wissenschaften der DDR 4/1, Berlin ²1987)
→ *Rigobert Günther* (182), *Berthold Schmidt* (276)

Handbuch der europäischen Geschichte: Europa im Wandel von der Antike zum Mittelalter, hg. von *Theodor Schieder* (Stuttgart 1976)

Helvetia Sacra, begründet von *Rudolf Henggeler,* weitergeführt von *Albert Bruckner,* hg. vom Kuratorium der Helvetia Sacra (Bern 1972 ff.)
→ *Johannes Duft, Anton Gössi* und *Werner Vogler* (159), *Helmut Maurer* (243)

Lexikon des Mittelalters (München - Zürich 1980 ff.)
→ *Hermann Ament* (115), *Gerhard Wirth* (315), *Thomas Zotz* (322)

Reallexikon der Germanischen Altertumskunde, hg. von *Johannes Hoops* (Straßburg 1911–1913)
→ *Rudolf Much* (249)

Reallexikon der Germanischen Altertumskunde, begründet von *Johannes Hoops.* Zweite, völlig neu überarbeitete und stark erweiterte Auflage, hg. von *Heinrich Beck* u.. a. (Berlin - New York 1973 ff.)
→ *Hans Hubert Anton* (116), *Hans Jänichen* (197), *Wolfgang Jungandreas* und *Hans Jänichen* (209), *Hans Kuhn* (229), *Hans Ulrich Nuber* (256), *Heiko Steuer* (292) u. a.

Reallexikon für Antike und Christentum, begründet von *Franz Joseph Dölger,* hg. von *Theodor Klauser,* ab Band 14 hg. von *Ernst Dassmann* (Stuttgart 1941 ff.)
→ *Knut Schäferdiek* (273)

Theologische Realenzyklopädie, in Gemeinschaft mit *Horst Robert Balz* hg. von *Gerhard Krause* und *Gerhard Müller* (Berlin - New York 1977 ff.)
→ *Knut Schäferdiek* (273)

Monographien und Sammelbände
(Neuere Monographien s. Nrn. 325 ff.):

1. Die *Alamannen.* Begleitbuch zur Landesausstellung Baden-Württemberg, hg. vom Archäologischen Landesmuseum Baden-Württemberg (Stuttgart 1997)
2. Die *Alemannen* in der Frühzeit, hg. von *Wolfgang Hübener* (Veröffentlichungen des Alemannischen Instituts Freiburg i.Br. 34, Bühl 1974)
3. Alemannien und Ostfranken im Frühmittelalter, hg. von *Franz Quarthal* (Veröffentlichungen des Alemannischen Instituts Freiburg i.Br. 48, Bühl/Baden 1984)
4. *Andreas Alföldi,* Studien zur Geschichte der Weltkrise des 3. Jahrhunderts (Darmstadt 1967)

5. *Géza Alföldy,* Die Krise des Römischen Reiches. Geschichte, Geschichtsschreibung und Geschichtsbetrachtung. Ausgewählte Beiträge (Stuttgart 1989)

6. Archäologie und Geschichte des ersten Jahrtausends in Südwestdeutschland (Archäologie und Geschichte. Freiburger Forschungen zum ersten Jahrtausend in Südwestdeutschland 1, Sigmaringen 1990)

7. Ausgewählte Probleme europäischer Landnahmen des Früh- und Hochmittelalters. Methodische Grundlagendiskussion im Grenzbereich zwischen Archäologie und Geschichte, Teil 1, hg. von *Michael Müller-Wille* und *Reinhard Schneider* (Vorträge und Forschungen 41, Sigmaringen 1993)

8. *Fedro A. Barceló,* Roms auswärtige Beziehungen unter der constantinischen Dynastie (306–363) (Eichstätter Beiträge 3, Regensburg 1981)

9. *Martin Bang, Die* Germanen im römischen Dienst bis zum Regierungsantritt Constantins I. (Berlin 1906)

10. *Hermann Bastian,* Die Alamannen. Zwei Jahrtausend Kunst, Dichtung und Geschichte eines germanisch-deutschen Stammes (Frankfurt/Main 1938)

11. *Albert Bauer,* Gau und Grafschaft in Schwaben. Ein Beitrag zur Verfassungsgeschichte der Alamannen (Darstellungen aus der württembergischen Geschichte 17, Stuttgart 1927)

12. *Bruno Behr,* Das alemannische Herzogtum bis 750 (Geist und Werk der Zeiten 41, Bern - Frankfurt/Main 1975)

13. Beiträge zum frühalemannischen Recht, hg. von *Clausdieter Schott* (Veröffentlichungen des Alemannischen Instituts Freiburg i.Br. 42, Bühl/Baden 1978)

14. *Karl Josef Beyerle,* Die Stammessage der Alamannen und *ihre* Wandlungen im Ablauf der Geschichte (Konstanz 1953)

15. *Horst Wolfgang Böhme,* Germanische Grabfunde des 4. bis 5. Jahrhunderts zwischen unterer Elbe und Loire (München 1974)

16. *Michael Borgolte,* Die Grafen Alemanniens in merowingischer und karolingischer Zeit. Eine Prosopographie (Archäologie und Geschichte. Freiburger Forschungen zum ersten Jahrtausend in Südwestdeutschland 2, Sigmaringen 1986)

17. *Michael Borgolte,* Geschichte der Grafschaften Alemanniens in fränkischer Zeit (Vorträge und Forschungen, Sonderband 31, Sigmaringen 1984)

18. *Heinrich Büttner,* Frühmittelalterliches Christentum und Fränkischer Staat zwischen Hochrhein und Alpen (Darmstadt 1961)

19. *Heinrich Büttner,* Geschichte des Elsaß und ausgewählte Beiträge zur Geschichte des Elsaß im Früh- und Hochmittelalter, hg. von *Traute Endemann* (Sigmaringen 1991)

20. *Heinrich Büttner,* Schwaben und Schweiz im frühen und hohen Mittelalter. Gesammelte Aufsätze, hg. von *Hans Patze* (Vorträge und Forschungen 15, Sigmaringen 1972)

21. *Wilhelm Capelle,* Das alte Germanien. Die Nachrichten der griechischen und römischen Schriftsteller (Jena 1929)

22. Chlodwig und die „Schlacht bei Zülpich" – Geschichte und Mythos 496–1996. Begleitbuch zur Ausstellung in Zülpich 30.8. – 26.10.1996, hg. vom Verein der Geschichts- und Heimatfreunde des Kreises Euskirchen e.V. in Verbindung mit dem Zülpicher Geschichtsverein, Red. *Dieter Geuenich, Thomas Grünewald* und *Reinhold Waitz* (Euskirchen 1996)

23. *Rainer Christlein,* Der Runde Berg bei Urach 1: Die frühgeschichtlichen Kleinfunde außerhalb der Planungsgrabungen (Abhandlungen der Heidelberger Akademie der Wissenschaften, philosophisch-historische Klasse, Heidelberg 1974)

24. *Rainer Christlein,* Die Alamannen. Archäologie eines lebendigen Volkes (Stuttgart - Aalen [2]1979)

25. *Julius Cramer,* Die Geschichte der Alamannen als Gaugeschichte (Untersuchungen zur Deutschen Staats- und Rechtsgeschichte 7, Breslau 1899)

26. *Felix Dahn,* Die Könige der Germanen 9,1: Die Alamannen (Leipzig 1902)

27. *Alexander Demandt,* Die Spätantike. Römische Geschichte von Diocletian bis Justinian 284–565 n. Chr. (Handwörterbuch der deutschen Altertumswissenschaft III,6, München 1989)

28. *Alexander Demandt,* Zeitkritik und Geschichtsbild im Werk Ammians (Habelts Dissertationsdrucke. Reihe Alte Geschichte 5, Bonn 1965)

29. Die Bayern und ihre Nachbarn. Teil 1. Berichte des Symposions der Kommission für Frühmittelalterforschung, 25. bis 28. 10. 1982, Stift Zwettl, Niederösterreich, hg. von *Herwig Wolfram* und *Andreas Schwarcz* (Österreichische Akademie der Wissenschaften, philosophisch-historische Klasse, Denkschriften 179, Veröffentlichungen der Kommission für Frühmittelalterforschungen 8, Wien 1989)

30. *Wilhelm Enßlin,* Zur Geschichtsschreibung und Weltanschauung des Ammianus Marcellinus (Klio. Beiheft 16, NF 3, Leipzig 1923)

31. Ethnogenese und Überlieferung. Angewandte Methoden der Frühmittelalterforschung, hg. von *Karl Brunner* und *Brigitta Merta* (Veröffentlichungen des Instituts für Österreichische Geschichtsforschung 31, Wien - München 1994)

32. *Eugen Ewig,* Die Merowinger und das Frankenreich (Stuttgart 4. ergänzte Aufl. 2001[1988])

33. *Peer-Uli Faerber,* Der Gelbe Wolf. Ein Alamannen-Roman (Stuttgart 1987)

34. *Otto Feger,* Geschichte des Bodenseeraumes, Band 1 (Konstanz - Lindau 1956)

35. Die *Franken* - Wegbereiter Europas. Vor 1500 Jahren: König Chlodwig und seine Erben. Kataloghandbuch in zwei Teilen, hg. von *Alfried Wieczorek, Patrick Périn, Karin von Welck* und *Wilfried Menghin* (Mainz - Mannheim 1996)

36. *Friedrich Garscha,* Die Alamannen in Südbaden. Text- und Tafelband, Römisch-germanische Kommission des deutschen archäologischen Instituts zu Frankfurt am Main (Germanische Denkmäler der Völkerwanderungszeit. Serie A, Band 11, Berlin 1970)

37. *Patrick J. Geary*, Before France and Germany. The Creation and Transformation of the Merovingian World (Oxford 1988); deutsche Ausgabe: Die Merowinger. Europa vor Karl dem Großen (München 1996)

38. Zur *Geschichte* der Alemannen, hg. von *Wolfgang Müller* (Wege der Forschung 100, Darmstadt 1975)

39. Die *Goldblattkreuze* des frühen Mittelalters, hg. von *Wolfgang Hübener* (Bühl/Baden 1975)

40. *Grundfragen* der alemannischen Geschichte, hg. vom Konstanzer Arbeitskreis (Vorträge und Forschungen 1, Sigmaringen ²1970)

41. *Bernhard Gutmann*, Studien zur römischen Außenpolitik in der Spätantike (364–395 n. Chr.) (Habelts Dissertationsdrucke, Reihe Alte Geschichte 31, Bonn 1991)

42. *Wolfgang Hartung*, Süddeutschland in der frühen Merowingerzeit. Studien zu Gesellschaft, Herrschaft, Stammesbildung bei den Alamannen und Bajuwaren (Vierteljahrschrift für Sozial- und Wirtschaftsgeschichte, Beiheft 73, Wiesbaden 1983)

43. Die *historische* Landschaft zwischen Lech und Vogesen. Forschungen und Fragen zur gesamtalemannischen Geschichte, hg. von *Pankraz Fried* und *Wolf-Dieter Sick* (Veröffentlichung des Alemannischen Instituts Freiburg i.Br. 59; Veröffentlichungen der Schwäbischen Forschungsgemeinschaft bei der Kommission für Bayerische Landesgeschichte. Reihe 1: Studien zur Geschichte des bayerischen Schwabens 17, Augsburg 1988)

44. *Dietrich Hoffmann*, Das spätrömische Bewegungsheer und die Notitia Dignitatum, 2 Bände (Epigraphische Studien 7, Düsseldorf 1969–1970)

45. *Hans Jänichen*, Der alemannische und der fränkische Siedlungsraum (Stuttgart 1972)

46. *Jörg Jarnut*, Geschichte der Langobarden (Urban-Taschenbücher *339*, Stuttgart - Berlin - Köln - Mainz 1982)

47. *Siegfried Junghans*, Sweben, Alamannen und Rom. Die Anfänge schwäbischer Geschichte (Stuttgart 1986)

48. Kleiner Dialektatlas, Alemannisch und Schwäbisch in Baden-Württemberg, hg. von *Hubert Klausmann* u. a. (Bühl ²1994)

49. *Peter Kneissl*, Die Siegestitulatur der römischen Kaiser (Hypomnemata 23, Göttingen 1969)

50. *Ingemar König*, Die gallischen Ursurpatoren von Postumus bis Tetricus (München 1981)

51. Zur *Kontinuität* zwischen Antike und Mittelalter am Oberrhein, hg. von *Franz Staab* (Oberrheinische Studien 11, Sigmaringen 1994)

52. L'empereur Julien. De l'histoire à la légende, hg. von *Réne Braun et Jean Richer*, Band 1 (Paris 1978)

53. *Wilhelm Levison*, Aus Rheinischer und Fränkischer Frühzeit. Ausgewählte Aufsätze (Düsseldorf 1948)

54. *Friedrich Lotter*, Severinus von Noricum. Legende und historische Wirklichkeit (Stuttgart 1976)

55. *Heinz Löwe*, Deutschland im fränkischen Reich (Gebhardt, Band 2, ⁶1981)

56. *Otto Marti*, Römer und Alamannen am Oberrhein im 4. und 5. Jahrhundert n. Chr. (Bern 1954)

57. *Jochen Martin*, Spätantike und Völkerwanderung (Oldenbourg-Grundriß der Geschichte 4, München ²1990 [1987])

58. *Max Martin*, Die Schweiz im Frühmittelalter. Vom Ende der Römerherrschaft bis zu Karl dem Großen (Bern 1975)

59. *Friedrich Maurer*, Nordgermanen und Alemannen. Studien zur germanischen und frühdeutschen Sprachgeschichte, Stammes- und Volkskunde (Arbeiten vom Oberrhein 1, Straßburg 1942)

60. *Helmut Maurer*, Der Herzog von Schwaben. Grundlagen, Wirkungen und Wesen seiner Herrschaft in ottonischer und staufischer Zeit (Sigmaringen 1978)

61. *Ulrich May*, Untersuchungen zur frühmittelalterlichen Siedlungs-, Personen- und Besitzgeschichte anhand der St. Galler Urkunden (Geist und Werk der Zeiten 46, Frankfurt/Main 1976)

62. *Mönchtum*, Episkopat und Adel zur Gründungszeit des Klosters Reichenau, hg. von *Arno Borst* (Vorträge und Forschungen 20, Sigmaringen 1974)

63. *Rudolf Moosbrugger-Leu*, Die Schweiz zur Merowingerzeit. Die archäologische Hinterlassenschaft der Romanen, Burgunder und Alamannen (Handbuch der Schweiz zur Römer- und Merowingerzeit, hg. von *Andreas Alföldi*, Bände A und B, Bern 1972)

64. *Wilhelm Emil Mühlmann*, Rassen, Ethnien, Kulturen. Moderne Ethnologie (Neuwied - Berlin 1964)

65. *Karl Müllenhoff*, Deutsche Altertumskunde 3 (Berlin 1892)

66. *Wolfgang Müller* und *Matthias Knaut*, Heiden und Christen. Archäologische Funde zum frühen Christentum in Südwestdeutschland (Kleine Schriften zur Vor- und Frühgeschichte Südwestdeutschlands 2, Stuttgart 1987)

67. Oberrheiner, Schwaben, Südalemannen. Räume und Kräfte im geschichtlichen Aufbau des deutschen Südwestens, zusammen mit Karl Siegfried Bader, Hans-Walter Klewitz, Georg Kraft und Johannes Schaeuble hg. von *Friedrich Maurer* (Arbeiten vom Oberrhein 2, Straßburg 1942)

68. *Lawrence Okamura*, Alamannia devicta: Roman-German Conflicts from Caracalla to the First Tetrarchy (A.D. 213–305), 2 Bände (phil. Diss. Michigan 1984)

69. The *prosopography* of the later Roman Empire 1: A.D. 260–395, by *Arnold Huge Martin Jones, John Robert Martindale, J. Morris* (Cambridge 1971 [ND 1975])

70. The *prosopography* of the later Roman Empire 2: A.D. 395–527, by *John Robert Martindale* (Cambridge 1980)

71. The *prosopography* of the later Roman Empire 3: A.D. 527–641, by *John Robert Martindale*, 2 Teilbände (Cambridge 1992)

72. Die *Römer* in Baden-Württemberg, hg. von *Philipp Filtzinger, Dieter Planck* und *Bernhard Cämmerer* (Stuttgart - Aalen ³1986)

73. *Klaus Rosen*, Ammianus Marcellinus (Erträge der Forschung 183, Darmstadt 1982)

74. *Klaus Rosen*, Studien zur Darstellungskunst und Glaubwürdigkeit des Ammianus Marcellinus (Habelts Dissertationsdrucke. Reihe Alte Geschichte 8, Bonn 1970)

75. *Meinrad Schaab* und *Karl Ferdinand Werner*, Das merowingische Herzogtum Alemannien (Ducatus Alemanniae) (Historischer Atlas von Baden-Württemberg, Erläuterungen V,1, Stuttgart 1988)

76. *A. Schenk Graf von Stauffenberg*, Die Germanen im römischen Reich: Das Imperium und die Völkerwanderung (München 1948)

77. *Rudolf Schieffer*, Die Karolinger (Stuttgart - Berlin - Köln ²1997; jetzt: 3. überarb. u. erw. Aufl. 2000)

78. *Ludwig Schmidt*, Allgemeine Geschichte der germanischen Völker bis zur Mitte des 6. Jahrhunderts (Handbuch der mittelalterlichen und neueren Geschichte II,2, München - Berlin 1909)

79. *Ludwig Schmidt*, Die germanischen Reiche der Völkerwanderung (Wissenschaft und Bildung 120, Leipzig 1913)

80. *Ludwig Schmidt*, Geschichte der deutschen Stämme bis zum Ausgang der Völkerwanderung 1: Die Ostgermanen (München ²1941 [ND 1970])

81. *Ludwig Schmidt*, Geschichte der deutschen Stämme bis zum Ausgang der Völkerwanderung 2: Die Westgermanen, 2 Teile (München ²1938– 1940 [ND in einem Band 1970])

82. *Ruth Schmidt-Wiegand*, Stammesrecht und Volkssprache. Ausgewählte Aufsätze zu den Leges barbarorum, hg. von *Dagmar Hüpper* und *Clausdieter Schott* (Weinheim 1991)

83. *Wilhelm Schneider*, Arbeiten zur alamannischen Frühgeschichte Heft III/IV: Arbeiten zur allgemeinen Geschichte (Tübingen 1976)

84. *Ernst Schwarz*, Germanische Stammeskunde (Germanische Bibliothek. 5. Reihe: Handbücher und Gesamtdarstellungen zur Literatur- und Kulturgeschichte, Heidelberg 1956)

85. *Karin Selle-Hosbach*, Prosopographie merowingischer Amtsträger in der Zeit von 511 bis 613 (Diss. Bonn 1974)

86. *Regine Sonntag*, Studien zur Bewertung von Zahlenangaben in der Geschichtsschreibung des früheren Mittelalters: Die Decem Libri Historiarum Gregors von Tours und die Chronica Reginos von Prüm (Münchener Historische Studien, Abteilung Mittelalterliche Geschichte, Band 4, Kallmünz/Opf. 1987)

87. Von *der Spätantike* zum frühen Mittelalter, hg. *von Joachim Werner* und *Eugen Ewig* (Vorträge und Forschungen 25, Sigmaringen 1979)

88. *Rolf Sprandel*, Der merovingische Adel und die Gebiete östlich des Rheins (Forschungen zur oberrheinischen Landesgeschichte 5, Freiburg i.Br. 1957)

89. *Felix Stähelin*, Die Schweiz in römischer Zeit (Basel ²1931)

90. *Christoph Friedrich Stälin*, Wirtembergische Geschichte, Teil 1 (Tübingen - Stuttgart 1841)

91. *Roderich Straub*, Zur Geschichte der Alemannen in der Merowingerzeit (Diss. Freiburg i.Br. 1952)

92. *Karl Strobel*, Das Imperium Romanum im '3. Jahrhundert'. Modell einer historischen Krise? (Historia Einzelschriften, Heft 75, Stuttgart 1993)

93. *Berthold Sütterlin*, Geschichte Badens, Band 1: Frühzeit und Mittelalter (Karlsruhe ²1968)

94. *Roksanda M. Swoboda*, Die spätrömische Befestigung Sponeck am Kaiserstuhl (Münchner Beiträge zur Vor- und Frühgeschichte 36, München 1986)

95. *Jürgen C. Tesdorpf*, Die Entstehung der Kulturlandschaft am westlichen Bodensee (Veröffentlichungen der Kommission für geschichtliche Landeskunde in Baden-Württemberg Reihe B, 72, Stuttgart 1972)

96. *Hermann Tüchle*, Kirchengeschichte Schwabens. Die Kirche Gottes im Lebensraum des schwäbisch-alamannischen Stammes, Band 1 (Stuttgart 1950)

97. *Typen* der Ethnogenese unter besonderer Berücksichtigung der Bayern, Teil 1: Berichte des Symposions der Kommission für Frühmittelalterforschung, 27. bis 30. Oktober 1986, Stift Zwettl, Niederösterreich, hg. von *Herwig Wolfram* und *Walter Pohl* (Österreichische Akademie der Wissenschaften, philosophisch-historische Klasse. Denkschriften 201; Veröffentlichungen der Kommission für Frühmittelalterforschung 12, Wien 1990)

98. *Walther Veeck*, Die Alamannen in Württemberg, Textband (Germanische Denkmäler der Völkerwanderungszeit 1, Berlin - Leipzig 1931)

99. *Wolfram von den Steinen*, Theoderich und Chlodwig. Ein Kapitel Deutscher Weltgeschichte (Philosophie und Geschichte 46, Tübingen 1933)

100. *Harald von Petrikovits*, Altertum (Rheinische Geschichte, hg. von *Franz Petri* und *Georg Droege,* Düsseldorf 1978)

101. *Hans von Schubert*, Die Unterwerfung der Alamannen unter die Franken (Straßburg 1884)

102. *Manfred Waas,* Germanen im römischen Dienst (im 4. Jh. n. Chr.) (Habelts Dissertationsdrucke. Reihe Alte Geschichte 3, Bonn ²1971)

103. *Gerhard Julius Wais,* Die Alamannen in ihrer Auseinandersetzung mit der römischen Welt. Untersuchungen zur germanischen Landnahme, Band 1 (Berlin ³1943)

104. *Rolf Weiss,* Chlodwigs Taufe: Reims 508. Versuch einer neuen Chronologie für die Regierungszeit des ersten christlichen Frankenkönigs unter Berücksichtigung der politischen und kirchlich-dogmatischen Probleme seiner Zeit (Geist und Werk der Zeiten 29, Bern - Frankfurt/Main 1971)

105. *Karl Weller,* Besiedlungsgeschichte Württembergs vom 3. bis 13. Jahrhundert n. Chr. (Stuttgart 1938)

106. *Karl Weller,* Geschichte des schwäbischen Stammes bis zum Untergang der Staufer (Geschichte der westgermanischen Stämme im deutschen Raum, München - Berlin 1944)

107. *Karl Weller* und *Arnold Weller,* Württembergische Geschichte im südwestdeutschen Raum (6. völlig neubearbeitete und erweiterte Auflage, Stuttgart - Aalen 1971)

108. *Reinhard Wenskus,* Stammesbildung und Verfassung. Das Werden der frühmittelalterlichen gentes (Köln - Wien ²1977)

109. *Herwig Wolfram,* Das Reich und die Germanen. Zwischen Antike und Mittelalter (Das Reich und die Deutschen, Berlin 1990)

110. *Herwig Wolfram,* Die Geburt Mitteleuropas. Geschichte Österreichs vor seiner Entstehung 378–907 (Wien 1987)

111. *Herwig Wolfram,* Geschichte der Goten. Von den Anfängen bis zur Mitte des 6. Jahrhunderts. Entwurf einer historischen Ethnographie (Frühe Völker) (München ³1990 [1980])

112. *Karl Zeuß,* Die Deutschen und ihre Nachbarstämme (Heidelberg 1837, ND 1925)

113. *Erich Zöllner,* Geschichte der Franken bis zur Mitte des sechsten Jahrhunderts. Auf der Grundlage des Werkes von Ludwig Schmidt unter Mitwirkung von Joachim Werner neu bearbeitet von Erich Zöllner (Geschichte der deutschen Stämme bis zum Ausgang der Völkerwanderung 2, München 1970)

(Weitere Monographien: Nrn. 323 ff.!)

Aufsätze *(Neuere Aufsätze s. Nrn. 350 ff.):*

114. *Géza Alföldy,* Die Alamannen in der Historia Augusta (Jahrbuch des Römisch-Germanischen Zentralmuseums Mainz 25, 1978) S. 196–207

115. *Hermann Ament,* Artikel „Alamannen, Alemannen, II. Archäologie", in: Lexikon des Mittelalters 1, 1980, Sp. 265 f.

116. *Hans Hubert Anton,* Artikel „Chlodwig", in: Reallexikon der Germanischen Altertumskunde 4, ²1981, S. 478–485

117. *Karl Siegfried Bader,* Das Problem der alemannischen Baaren (Zeitschrift für die Geschichte des Oberrheins 93, NF 54, 1941) S. 403–455

118. *Lothar Bakker,* Der Siegesaltar zur Juthungenschlacht von 260 n. Chr. Ein spektakulärer Neufund aus Augusta Vindelicum/Augsburg (Archäologische Nachrichten 24, 1993) S. 274–277

119. *Lothar Bakker,* Raetien unter Postumus – Das Siegesdenkmal einer Juthungenschlacht im Jahre 260 n. Chr. aus Augsburg (Germania 71, 1993) S. 369–386

120. *Franz Ludwig Baumann,* Schwaben und Alamannen, ihre Herkunft und Identität (Forschungen zur deutschen Geschichte 16, Göttingen 1876) S. 215–277

121. *Marcel Beck,* Die Schweiz im politischen Kräftespiel des merowingischen, karolingischen und ottonischen Reiches (Zeitschrift für die Geschichte des Oberrheins 80, 1937) S. 249–300

122. *Helmut Bender,* Neuere Untersuchungen auf dem Münsterberg in Breisach (1966–1975) 2: Die römische und nachrömische Zeit (Archäologisches Korrespondenzblatt 6, 1976) S. 309–320

123. *Walter Berschin,* Die Anfänge der lateinischen Literatur unter den Alemannen, in: Die Alemannen in der Frühzeit, S. 121–133

124. *Walter Berschin,* Gallus abbas vindicatus (Historisches Jahrbuch 95, 1975) S. 257–277

125. *Franz Beyerle,* Das Kulturporträt der beiden alamannischen Rechtstexte: Pactus und Lex Alamannorum, in: Zur Geschichte der Alemannen, S. 126–150

126. *Franz Beyerle,* Die beiden süddeutschen Stammesrechte (Zeitschrift der Savigny-Stiftung für Rechtsgeschichte, Germanistische Abteilung 73, 1956) S. 84–140

127. *Franz Beyerle,* Süddeutschland in der politischen Konzeption Theoderichs des Großen, in: Grundfragen der alemannischen Geschichte (1955) S. 65–81.

128. *Franz Beyerle,* Zum Problem der alamannischen Baaren (Zeitschrift der Savigny-Stiftung für Rechtsgeschichte, Germanistische Abteilung 62, 1942) S. 305–322

129. *Franz Beyerle,* Zur Gründungsgeschichte der Abtei Reichenau und des Bistums Konstanz (Zeitschrift der Savigny-Stiftung für Rechtsgeschichte, Kanonistische Abteilung 15, 1926) S. 512–531

130. *Kurt Bittel,* Das Alamannia-Relief in Nicaea (Bithyniae) in: Festschrift für Peter Goeßler, hg. von Wolfgang Kimmig (Tübinger Beiträge zur Vor- und Frühgeschichte, Stuttgart 1954) S. 11–22

131. *Willi A. Boelcke,* Handel und Verkehr in Alemannien (Alemannisches Jahrbuch 1981/83) S. 33–54

132. *Willi A. Boelcke,* Römisches Erbe, alemannische Landnahme und die Entstehung der Grundherrschaft im deutschen Südwesten (Ludwigsburger Geschichtsblätter 27, 1975) S. 5–57

133. *Bruno Boesch,* Das Ortsnamenbild zwischen Zürich und Walensee als Zeugnis für die Sprachgrenze im 7. und 8. Jahrhundert, in: Sprachleben der Schweiz (Bern 1963) S. 241–259

134. *Bruno Boesch,* Der alemannische Sprachraum im Bereich des heutigen Baden-Württemberg. Ein geschichtlicher Überblick, in: Bausteine zur geschichtlichen Landeskunde von Baden-Württemberg, hg. von der Kommission für geschichtliche Landeskunde anläßlich ihres 25jährigen Bestehens (Stuttgart 1979) S. 71–84

135. *Bruno Boesch,* Name und Bildung der Sprachräume, in: Die Alemannen in der Frühzeit, S. 89–120

136. *Bruno Boesch,* Zu den Ortsnamen, in: Der Schwarzwald. Beiträge zur Landeskunde, hg. von Ekkehard Liehl und Wolfdieter Sick (Veröffentlichungen des Alemannischen Instituts Freiburg i.Br. 47, Bühl/Baden 1980) S. 247–267

137. *Karl Bohnenberger,* Frühalamannische Landstrichsnamen (Zeitschrift für Württembergische Landesgeschichte 7, 1943) S. 99–144

138. *Kurt Böhner,* Spätrömische Kastelle und alamannische Ansiedlungen in der Schweiz, in: Helvetia Antiqua. Festschrift für Emil Vogt, hg. von Rudolf Degen, Walter Drack und René Wyss (Zürich 1966) S. 307–316

139. *Michael Borgolte,* Die Geschichte der Grafengewalt im Elsaß von Dagobert I. bis Otto dem Großen (Zeitschrift für die Geschichte des Oberrheins 131, NF 92, 1980; Festgabe Gerd Tellenbach zum 80. Geburtstag) S. 3–54

140. *André Marcel Burg,* Das elsässische Herzogtum. Ein Überblick (Zeitschrift für die Geschichte des Oberrheins 117, NF 78, 1969) S. 83–95

141. *Wilhelm Busch,* Chlodwigs Alamannenschlacht (Programm des Gymnasiums zu M.Gladbach 445, 1894, S. 24 f. und 455, 1895, S. 22–37)

142. *Heinrich Büttner,* Breisgau und Elsaß, in: Heinrich Büttner, Schwaben und Schweiz, S. 61–86

143. *Heinrich Büttner,* Die Entstehung der Konstanzer Diözesangrenzen (Zeitschrift für Schweizerische Kirchengeschichte 48, 1954) S. 225–274; wiederabgedruckt in: Heinrich Büttner, Frühmittelalterliches Christentum, S. 55–106

144. *Heinrich Büttner,* Die Landschaft um Basel von der Einwanderung der Alamannen bis zur Mitte des 8. Jahrhunderts, in: Schwaben und Schweiz, S. 9–29

145. *Heinrich Büttner,* Franken und Alamannen in Breisgau und Ortenau, in: Heinrich Büttner, Schwaben und Schweiz, S. 31–60

146. *Helmut Castritius, Barbari – antiqui barbari.* Zur Besiedlungsgeschichte Südostnorikums und Südpannoniens in der Spätantike (Ende des 4. bis Mitte des 6. Jahrhunderts n. Chr.) (Frühmittelalterliche Studien 29, 1995) S. 72–85

147. *Helmut Castritius,* Das Untermaingebiet und der südhessische Raum im 5. Jahrhundert n. Chr. Bemerkungen zu E.E. Metzners Araheiligon-Deutung, in: Arheilgen 1150 Jahre: 836–1986. Jubiläumsschrift (Darmstadt 1986) S. 26–20

148. *Helmut Castritius,* Die Grenzverteidigung in Rätien und Noricum im 5. Jahrhundert n. Chr., in: Die Bayern und ihre Nachbarn 1, 1989, S. 17–28

149. *Helmut Castritius,* Die spätantike und nachrömische Zeit am Mittelrhein, im Untermaingebiet und in Oberhessen, in: Alte Geschichte und Wissenschaftsgeschichte. Festschrift für Karl Christ zum 65. Geburtstag, hg. von Peter Kneissel und Volker Losemann (Darmstadt 1988) S. 57–78

150. *Helmut Castritius,* Von politischer Vielfalt zur Einheit. Zu den Ethnogenesen der Alemannen, in: Typen der Ethnogenese unter besonderer Berücksichtigung der Bayern, Teil 1, hg. von Herwig Wolfram und Walter Pohl (Österreichische Akademie der Wissenschaften, philos.-histor. Klasse, Denkschriften 201, Wien 1990) S. 71–84

151. *Karl Christ,* Römer und Barbaren in der hohen Kaiserzeit (Saeculum 10, 1959) S. 273–288

152. *Rainer Christlein,* Die frühe Alamannenzeit. 3. bis frühes 5. Jahrhundert n. Chr., in: Historischer Atlas von Baden-Württemberg, Beiwort zu Karte III/6 (Stuttgart 1974)

153. *Dietrich Claude, Zu* Fragen des alemannischen Königtums an der Wende vom 5. zum 6. Jahrhundert (Hessisches Jahrbuch für Landesgeschichte 45, 1995) S. 1–16

154. *Heinrich Dannenbauer,* Bevölkerung und Besiedlung Alemanniens in fränkischer Zeit, in: Zur Geschichte der Alemannen, S. 91–126

155. *Heinrich Dannenbauer,* Hundertschaft, *centena* und Huntari (Historisches Jahrbuch 63/69, 1949) S. 155–219

156. *Alexander Demandt,* Die Anfänge der Staatenbildungen bei den Germanen (Historische Zeitschrift 230, 1980) S. 265–291

157. *Irmgard Dienemann-Dietrich,* Der fränkische Adel in Alemannien im 8. Jahrhundert, in: Grundfragen der alemannischen Geschichte, S. 149–192

158. *Hans Ditten,* 'Germanen' und 'Alamannen' in antiken und byzantinischen Quellen, in: Griechenland – Byzanz – Europa. Ein Studienband, hg. von Joachim Herrmann, Helga Köpstein und Reimar Müller (Berliner Byzantinistische Arbeiten 52, Berlin 1985) S. 20–31

159. *Johannes Duft, Anton Gössi* und *Werner Vogler,* St. Gallen, in: Helvetia Sacra, Abteilung III, Band 2, Teilt: Frühe Klöster, die Benediktiner und Benediktinerinnen in der Schweiz (Bern 1986) S. 1180–1369; Separatdruck unter dem Titel: Die Abtei St. Gallen (St. Gallen 1986)

160. *Eugen Ewig,* Bemerkungen zur Vita des Bischofs Lupus von Troyes, in: Geschichtsschreibung und geistiges Leben im Mittelalter. Festschrift für Heinz Löwe zum 65. Geburtstag, hg. von Karl Hauck und Hubert Mordek (Köln - Wien 1978) S. 14–26

161. *Eugen Ewig,* Der Raum zwischen Elz und Andernach vom 5. bis zum 7. Jahrhundert, in: Von der Spätantike zum frühen Mittelalter, hg. von Joachim Werner und Eugen Ewig (Vorträge und Forschungen 25, Sigmaringen 1979) S. 271–296

162. *Eugen Ewig* und *Knut Schäferdiek,* Christliche Expansion im Merowingerreich, in: Kirchengeschichte als Missionsgeschichte, Band 2: Die Kirche des früheren Mittelalters, 1. Halbband, hg. von Knut Schäferdiek (München 1978) S. 116–145

163. *Otto Feger,* Zur Geschichte des alemannischen Herzogtums, in: Zur Geschichte der Alemannen, S. 151–222

164. *Gerhard Fingerlin,* Brisigavi im Vorfeld von Breisach. Archäologische Spuren der Völkerwanderungszeit zwischen Rhein und Schwarzwald (Archäologische Nachrichten aus Baden 34, 1985) S. 30–45

165. *Gerhard Fingerlin,* Der Zähringer Burgberg, eine neuentdeckte Höhensiedlung der Völkerwanderungszeit, Gemeinde Gundelfingen, Kreis Breisgau-Hochschwarzwald (Archäologische Ausgrabungen in Baden-Württemberg, 1983, Stuttgart 1984) S. 181–184

166. *Gerhard Fingerlin,* Die alamannische Landnahme im Breisgau, in: Ausgewählte Probleme europäischer Landnahmen, S. 59–82

167. *Gerhard Fingerlin,* Römische Zeit, in: Jechtingen am Kaiserstuhl, hg. von Gerhard A. Auer (Emmendingen 1992) S. 9–48

168. *Gerhard Fingerlin,* Kastellorte und Römerstraßen im frühmittelalterlichen Siedlungsbild des Kaiserstuhls, in: Von der Spätantike zum frühen Mittelalter, S. 379–410

169. *Gerhard Fingerlin,* Zur alamannischen Siedlungsgeschichte des 3.– 7. Jahrhunderts, in: Die Alemannen in der Frühzeit, S. 45–88

170. *Pankraz Fried,* Zur Entstehung und frühen Geschichte der alamannisch-baierischen Stammesgrenze am Lech, in: Bayerisch-schwäbische Landesgeschichte an der Universität Augsburg 1975–1977, hg. von Pankraz Fried (Augsburger Beiträge zur Landesgeschichte Bayerisch-Schwabens 1, Reihe 7 der Veröffentlichungen der schwäbischen For-

schungsgemeinschaft bei der Kommission für bayerische Landesgeschichte, Sigmaringen 1979) S. 47–67

171. *Dieter Geuenich,* Chlodwigs Alemannenschlacht(en), in: Chlodwig
und die „Schlacht bei Zülpich", S. 55–60

172. *Dieter Geuenich,* Der historische Zeugniswert der Ortsnamen(-typen)
in: Der Südwesten im 8. Jahrhundert aus historischer und archäologischer Sicht, hg. von Hans Ulrich Nuber, Heiko Steuer und Thomas
Zotz (Archäologie und Geschichte. Freiburger Forschungen zum ersten Jahrtausend in Südwestdeutschland 13, Ostfildern 2004) S. 63–72

173. *Dieter Geuenich,* Die Alemannen am Oberrhein, in: Der Oberrhein in
Geschichte und Gegenwart. Von der Römerzeit bis zur Gründung des
Landes Baden-Württemberg (Schriftenreihe der Pädagogischen Hoch-
schule 1. Freiburg ²1986) S. 25–39

174. *Dieter Geuenich,* Die Alemannen bis zur Niederlage gegen die Franken (*3. bis 5.* Jahrhundert) (351. Protokoll über die Arbeitssitzung der
Arbeitsgemeinschaft für geschichtliche Landeskunde am Oberrhein
e.V. am 16.02.1996, Karlsruhe 1996) S. 2–22

175. *Dieter Geuenich,* Die politischen Kräfte im Bodenseegebiet in der Zeit
zwischen dem älteren und dem jüngeren alemannischen Herzogtum
(746–917), in: Geistesleben um den Bodensee im frühen Mittelalter,
hg. von Achim Masser und Alois Wolf (Literatur und Geschichte am
Oberrhein, Band 2, Freiburg i.Br. 1989) S. 29–56

176. *Dieter Geuenich,* Zum gegenwärtigen Stand der Alemannenfor-
schung, in: Zur Kontinuität zwischen Antike und Mittelalter am
Oberrhein, S. 159–169

177. *Dieter Geuenich,* Zur Kontinuität und zu den Grenzen des Alemannischen im Frühmittelalter, in: Die historische Landschaft, 1988,
S. 115–135.

178. *Dieter Geuenich,* Zur Landnahme der Alemannen (Frühmittelalterliche Studien 16, 1982) S. 25–44

179. *Dieter Geuenich* und *Hagen Keller,* Alamannen, Alamannien, alamannisch im frühen Mittelalter. Möglichkeiten und Schwierigkeiten
des Historikers beim Versuch der Eingrenzung, in: Die Bayern und
ihre Nachbarn, Teil 1 (Österreichische Akademie der Wissenschaften,
Philosophisch-Historische Klasse, Denkschriften, 179. Band), hg. von
Herwig Wolfram und Andreas Schwarcz, Wien 1985, S. 135–157

180. *Ulrike Giesler,* Das rechtsrheinische Vorland von Basel und Augst im
Frühen Mittelalter (Führer zu vor- und frühgeschichtlichen Denkmä-
lern 47, Mainz 1981) S. 92–125

181. *Peter Goeßler,* Die Alemannen und ihr Siedlungsgebiet. Neue Beiträge
zur frühalemannischen Geschichte und Kultur (Deutsches Archiv für
Landes- und Volksforschung 7, 1943) S. 113–152

182. *Rigobert Günther,* Laeten und Föderaten, in: Die Germanen 2, 1986,
S. 387–393

183. *Wolfgang Hartung,* Alamannen und Bajuwaren im Spiegel von Raum-
und Ortsnamenmigration (Alemannisches Jahrbuch 1981/83) S. 55–
92

184. *Karl Hauck,* Alemannische Denkmäler der vorchristlichen Adelskultur (Zeitschrift für Württembergische Landesgeschichte 16, 1957) S. 1–40

185. *Karl Hauck,* Von einer spätantiken Randkultur zum karolingischen Europa (Frühmittelalterliche Studien 1, 1967) S. 3–93

186. *Hermann Hecker,* Die Alemannenschlacht bei Straszburg (Jahrbücher für classische Philologie 35, 1889) S. 59–80

187. *Ingrid Heidrich,* Die urkundliche Grundausstattung der elsässischen Klöster, St. Gallens und der Reichenau in der ersten Hälfte des 8. Jahrhunderts, in: Die Gründungsurkunden der Reichenau, hg. von Peter Classen (Vorträge und Forschungen 24, Sigmaringen 1977) S. 31–62

188. *Martin Heinzelmann,* Gallische Prosopographie 260–527 (Francia 10, 1982) S. 531–718

189. *Friedrich Hertlein,* Die Entstehung des Dekumatenlandes (Klio 21, 1927) S. 20–43

190. *Dietrich Hoffmann,* Wadomar, Bacurius und Hariulf. Zur Laufbahn adliger und fürstlicher Barbaren im spätrömischen Heere des 4. Jahrhunderts (Museum Helveticum 35, 1978) S. 307–318

191. *Alcuin Holländer,* Die Kriege der Alemannen mit den Römern im 3. Jh. n. Chr. (Zeitschrift für die Geschichte des Oberrheins 26, 1874) S. 265–31

192. *Wolfgang Hübener,* Der alemannische Raum im frühen Mittelalter. Die archäologischen Quellen, in: Die historische Landschaft zwischen Lech und Vogesen. Forschungen zur gesamtalemannischen Geschichte, hg. von Pankraz Fried und Wolf-Dieter Sick (Veröffentlichungen des Alemannischen Instituts 59, Augsburg 1988) S. 39–59

193. *Wolfgang Hübener,* Der Beitrag der frühgeschichtlichen Archäologie zur geschichtlichen Landeskunde des alemannischen Raumes, in: Die Alemannen in der Frühzeit, S. 27–44

194. *Wolfgang Hübener,* Methodische Möglichkeiten der Archäologie zur Geschichte der Alemannen in spätrömischer Zeit, in: Zur Geschichte der Alemannen, S. 1–19

195. *Andreas Hund,* Wanderungen und Siedlungen der Alamannen, A. Wanderungen (Zeitschrift für die Geschichte des Oberrheins 71, NF 32, 1917) S. 44–69 u. 169–186

196. *Andreas Hund,* Wanderungen und Siedlungen der Alamannen, B. Siedlungen (Zeitschrift für die Geschichte des Oberrheins 73, NF 34, 1919) S. 300–316 u. 422–464

197. *Hans Jänichen,* Artikel „Alemannen, II. Geschichtliches", in: Reallexikon der Germanischen Altertumskunde 1, ²1973, S. 138–142

198. *Hans Jänichen,* Baar und Huntari, in: Grundfragen der alemannischen Geschichte, S. 83–148

199. *Hans Jänichen,* Der Neckargau und die Pleonungen, in: Zur Geschichte der Alemannen, S. 288–318

200. *Hans Jänichen,* Die alemannischen Fürsten Nebi und Berthold und ihre Beziehungen zu den Klöstern St. Gallen und Reichenau (Blätter für deutsche Landesgeschichte 112, 1976) S. 30–40

201. *Jörg Jarnut,* Alemannien zur Zeit der Doppelherrschaft der Hausmeier Karlmann und Pippin, in: Beiträge zur Geschichte des Regnum Francorum, hg. von Rudolf Schieffer (Sigmaringen 1990) S. 57–66; wiederabgedruckt in: *Jörg Jarnut,* Herrschaft und Ethnogenese im Frühmittelalter (332) S. 129–138

202. *Jörg Jarnut,* Aspekte frühmittelalterlicher Ethnogenese in historischer Sicht, in: Entstehung von Sprachen und Völkern (Tübingen 1984), S. 83–91; wiederabgedruckt in: *Jörg Jarnut,* Herrschaft und Ethnogenese im Frühmittelalter (332) S. 19–27

203. *Jörg Jarnut,* Die Landnahme der Langobarden in Italien aus historischer Sicht, in: Ausgewählte Probleme europäischer Landnahmen, S. 173–194; wiederabgedruckt in: *Jörg Jarnut,* Herrschaft und Ethnogenese im Frühmittelalter (332) S. 307–328

204. *Jörg Jarnut,* Genealogie und politische Bedeutung der agilolfingischen Herzöge (Mitteilungen des Instituts für österreichische Geschichtsforschung 99, 1991) S. 1–22; wiederabgedruckt in: *Jörg Jarnut,* Herrschaft und Ethnogenese im Frühmittelalter (332) S. 139–160

205. *Jörg Jarnut,* Untersuchungen zu den fränkisch-alemannischen Beziehungen in der ersten Hälfte des 8. Jahrhunderts (Schweizerische Zeitschrift für Geschichte 30, 1980) S. 7–28; wiederabgedruckt in: *Jörg Jarnut,* Herrschaft und Ethnogenese im Frühmittelalter (332) S. 107–128

206. *Kurt-Ulrich Jäschke,* Kolumban von Luxeuil und sein Wirken im alamannischen Raum, in: Mönchtum, Episkopat und Adel, S. 77–130

207. *Martin Jehne,* Überlegungen zur Chronologie der Jahre 259 bis 261 n. Chr. im Lichte der neuen Postumus-Inschrift aus Augsburg (Bayrische Vorgeschichtsblätter 61, 1996) S. 185–206

208. *Wolfgang Jungandreas,* Spuren eines sprachlichen Gegensatzes zwischen Franken und Alemannen in voralthochdeutscher Zeit (Paul und Braunes Beiträge 93, 1971) S. 59–88

209. *Wolfgang Jungandreas* und *Hans Jänichen,* Artikel „Chnodomar", in: Reallexikon der Germanischen Altertumskunde 4, ²1981, S. 488 f.

210. *Rudolf Kapff,* Der Cannstatter Gerichtstag vom Jahre 746 (Blätter für Württembergische Kirchengeschichte 45, 1941) S. 3–8

211. *Hagen Keller, s. Dieter Geuenich* und *Hagen Keller,* Alamannen, Alamannien, alamannisch (179)

212. *Hagen Keller,* Alamannen und Sueben nach den Schriftquellen des 3. bis 7. Jahrhunderts (Frühmittelalterliche Studien 23, 1989) S. 89–111

213. *Hagen Keller,* Archäologie und Geschichte der Alamannen in merowingischer Zeit. Überlegungen und Fragen zu einem neuen Buch (Zeitschrift für die Geschichte des Oberrheins 129, NF 80, 1981) S. 1–51

214. *Hagen Keller,* Besprechung Bruno Behr, Das alemannische Herzogtum bis 750 (Zeitschrift für die Geschichte des Oberrheins 124, NF 75, 1976) S. 398 f.

215. *Hagen Keller,* Die Alemannenzeit, in: Handbuch der Baden-Württembergischen Geschichte, Band 1 (s. jetzt unten mit geändertem Titel: 323)

216. *Hagen Keller,* Fränkische Herrschaft und alemannisches Herzogtum im 6. und 7. Jahrhundert (Zeitschrift für die Geschichte des Oberrheins 124, 1976) S. 1–30

217. *Hagen Keller,* Mönchtum und Adel in den Vitae patrum Jurensium und der Vita Germani abbatis Grandvallensis. Beobachtungen zum frühmittelalterlichen Kulturwandel im alemannisch-burgundischen Grenzraum, in: Landesgeschichte und Geistesgeschichte. Festschrift für Otto Herding, hg. von Kaspar Elm, Eberhard Gönner und Eugen Hillenbrand (Veröffentlichungen der Kommission für geschichtliche Landeskunde in Baden-Württemberg, Reihe B, Forschungen 92, Stuttgart 1977) S. 1–23

218. *Hagen Keller,* Probleme der frühen Geschichte der Alamannen („alamannische Landnahme") aus historischer Sicht, in: Ausgewählte Probleme europäischer Landnahmen, S. 83–102

219. *Hagen Keller,* Spätantike und Frühmittelalter im Gebiet zwischen Genfer See und Hochrhein (Frühmittelalterliche Studien 7, 1973) S. 1–26

220. *Hagen Keller,* Strukturveränderungen in der westgermanischen Welt am Vorabend der fränkischen Großreichsbildung. Fragen, Suchbilder, Hypothesen, in: Die Alemannen und Franken bis zur 'Schlacht bei Zülpich' (496/97) hg. von Dieter Geuenich (Ergänzungsbände zum Reallexikon der Germanischen Altertumskunde, Bd. 19, Berlin - New York 1998, S. 581–607)

221. *Hans Kläui,* Einflüsse der fränkischen Herrschaft auf den alemannischen Siedlungsraum der Nordostschweiz (Alemannisches Jahrbuch 1962/63) S. 14–64

222. *Hans Kläui,* Von der Ausbreitung des Christentums zwischen Untersee und oberem Zürichsee im 7. Jahrhundert, in: Hans Kläui, Ausgewählte Schriften (Zürich 1964) S. 6–29

223. *Wolfgang Kleiber,* Auf den Spuren des voralemannischen Substrats im Schwarzwald (Zeitschrift für die Geschichte des Oberrheins 108, NF 69, 1960) S. 305–371

224. *Wolfgang Kleiber,* Zwischen Antike und Mittelalter. Das Kontinuitätsproblem in Südwestdeutschland im Lichte der Sprachgeschichtsforschung (Frühmittelalterliche Studien 7, 1973) S. 27–52

225. *Matthias Knaut,* Die Alamannen, in: Die Franken – Wegbereiter Europas, S. 298–307

226. *Matthias Knaut,* Frühe Alamannen in Baden-Württemberg. Ein Forschungsüberblick für die Zeit vom Limesfall bis 500 n. Chr., in: Archäologie in Württemberg. Ergebnisse und Perspektiven archäologischer Forschung von der Altsteinzeit bis zur Neuzeit, hg. von Dieter Planck (Stuttgart 1988) S. 311–331

227. *Gerhard Köbler,* Die Freien (liberi, ingenui) im alemannischen Recht, in: Beiträge zum frühalemannischen Recht, S. 38–50

228. *Robert* und *Ursula Koch,* Die fränkische Expansion ins Main- und Neckargebiet, in: Die *Franken* – Wegbereiter Europas, S. 270–284.

229. *Hans Kuhn,* Artikel „Alemannen, I. Sprachliches", in: Reallexikon der Germanischen Altertumskunde 1, [2]1973, S. 137 f.

230. *Wilhelm Levison,* Zur Geschichte des Frankenkönigs Chlodowech (Bonner Jahrbücher 103, 1898) S. 202–228

231. *Hans Lieb,* Sanctio und Cassangita. Untaugliches zur Säckinger Frühgeschichte, in: Frühe Kultur in Säckingen, hg. von Walter Berschin (Sigmaringen 1991) S. 11–13

232. *Friedrich Lotter,* Die germanischen Stammesverbände im Umkreis des Ostalpen-Mitteldonau-Raumes nach der literarischen Überlieferung zum Zeitalter Severins, in: Die Bayern und ihre Nachbarn 1, 1989, S. 29–59

233. *Max Martin,* Alamannen im römischen Heer – eine verpasste Integration und ihre Folgen, in: Die Alamannen. Begleitbuch zur Landesausstellung Baden-Württemberg, S. 119–124

234. *Max Martin,* Das Fortleben der spätrömisch-romanischen Bevölkerung von Kaiseraugst und Umgebung im Frühmittelalter auf Grund der Orts- und Flurnamen, in: Provincialia. Festschrift für Rudolf Laur-Belarf (Basel - Stuttgart 1968) S. 133–150

235. *Max Martin,* Die Alamannen, in: Die Bajuwaren. Von Severin bis Tassilo 488–788, hg. von Hermann Dannheimer und Heinz Dopsch (Salzburg 1988) S. 79–86

236. *Max Martin,* Die spätrömisch-frühmittelalterliche Besiedlung am Hochrhein und im schweizerischen Jura und Mittelland, in: Von der Spätantike zum frühen Mittelalter, hg. von Joachim Werner und Eugen Ewig (Vorträge und Forschungen 25, Sigmaringen 1979) S. 411–446

237. *Max Martin,* Zur Topographie und Stadtanlage von Augusta Rauricorum (Archäologie der Schweiz 2, 1979) S. 172–177

238. *Friedrich Maurer,* Nordgermanen und Alemannen. Studien zur germanischen und frühdeutschen Sprachgeschichte, Stammes- und Volkskunde (Bibliotheca Germanica. Handbücher, Texte und Monographien aus dem Gebiete der germanischen Philologie 3, Bern - München 1952 [1942])

239. *Friedrich Maurer,* Zur Sprachgeschichte des deutschen Südwestens, in: Oberrheiner, Schwaben, Südalemannen, S. 167–336

240. *Heinrich Maurer,* Valentinians Feldzug gegen die Alemannen (369) (Zeitschrift für die Geschichte des Oberrheins 42, NF 3, 1888) S. 303–328

241. *Helmut Maurer,* Confinium Alamannorum. Über Wesen und Bedeutung hochmittelalterlicher „Stammesgrenzen", in: Historische Forschungen für Walter Schlesinger, hg. von Helmut Beumann (Köln - Wien 1974) S. 150–161

242. *Helmut Maurer,* Das Herzogtum Schwaben (Beiwort zur Karte V, 1a des Historischen Atlas von Baden-Württemberg, Stuttgart 1988) S. 1–8

243. *Helmut Maurer,* Die Bischöfe, in: Helvetia Sacra, Abteilung I, Band 2: Erzbistümer und Bistümer. Das Bistum Konstanz (Basel –Frankfurt/ Main 1993) S. 229–274

244. *Theodor Mayer,* Grundlagen und Grundfragen, in: Grundfragen der alemannischen Geschichte, S. 7–35

245. *Manfred Menke,* Alemannisch-italische Beziehungen vom späten fünften bis zum siebenten Jahrhundert aufgrund archäologischer Quellen, in: Die transalpinen Verbindungen, 1987, S. 125–345

246. *Ernst Erich Metzner,* Namenkundliche Bemerkungen zu Franken und Alemannen im Rhein-Main-Gebiet (Beiträge zur Namenforschung NF 19, 1984) S. 28–61

247. *Herbert Meyer,* Die Juthungen. Ein Beitrag zur schwäbischen Frühge-schichte (Zeitschrift für Württembergische Landesgeschichte 9, 1949/50) *S.* 1–16

248. *Rudolf Moosbrugger-Leu* und *Hagen Keller,* Der Adel (Ur- und früh-geschichtliche Archäologie der Schweiz 6: Das Frühmittelalter, Basel 1979) *S.* 53–74

249. *Rudolf Much,* Artikel „Alemannen", in: Reallexikon der Germani-schen Altertumskunde 1, [1]1911, S. 57–59

250. *Willi Müller,* Namen – Zelgen – Gräber – Markungen. Ein vorläufiger Beitrag zur alemannisch-fränkischen Besiedlungsgeschichte (Würt-tembergisches Jahrbuch für Volkskunde 1965/69) S. 194–214

251. *Wolfgang Müller,* Die Christianisierung der Alemannen, in: Die Ale-mannen in der Frühzeit, S. 169–183

252. *Wolfgang Müller,* Die Christianisierung der Alemannen, in: Zur Ge-schichte der Alemannen, S. 401–429

253. *Rolf Nierhaus,* Sweben, Römer und Alamannen am Oberrhein. Die Entstehung der Rheingrenze (Oberrheinische Heimat 27, 1940) S. 157–185

254. *Ernst Nischer,* Die Schlacht bei Straßburg im Jahre 357 n. Chr. (Klio 21, 1927) S. 391–403

255. *H. Nissen,* Die Alemannenschlacht bei Straßburg (Westdeutsche Zeit-schrift für Geschichte und Kunst 6, 1887) S. 319–335

256. *Hans Ulrich Nuber,* Artikel „Decumates Agri", in: Reallexikon der Germanischen Altertumskunde 5, [2]1984, S. 277–286

257. *Hans Ulrich Nuber,* Das Ende des Obergermanisch-Raetischen Limes – eine Forschungsaufgabe, in: Archäologie und Geschichte des ersten Jahrtausends in Südwestdeutschland, hg. von Hans Ulrich Nuber, Karl Schmid, Heiko Steuer und Thomas Zotz (Archäologie und Ge-schichte 1, Sigmaringen 1990) S. 51–68

258. *Hans Ulrich Nuber,* Der Verlust der obergermanisch-raetischen Li-mesgebiete und die Grenzsicherung bis zum Ende des 3. Jahrhunderts, in: L'armée Romaine et les barbares du IIIᵉ au VIIᵉ siècle. Textes réunis par Francoise Vallet et Michel Kazanski (Association Francaise d'Ar-chéologie Mérovingienne 5, Paris 1993) S. 101–108

259. *Lawrence Okamura,* Coin Hoards and Frontier Forts: Problems of Interpretation, in: Der Römische Limes in Österreich. Akten des 14. Internationalen Limeskongresses 1986 in Carnutum, hg. von

H. Vetters und M. Kandler (Österreichische Akademie der Wissenschaften 36/1, Wien 1990) S. 45–54

260. *Dieter Planck,* Neue Forschungen zum obergermanischen und raetischen Limes, in: Aufstieg und Niedergang der römischen Welt 2: Principat, Band 5, hg. von Hildegard Temporini (Berlin - New York 1976) S. 405–456

261. *Walter Pohl,* Tradition, Ethnogenese und literarische Gestaltung: eine Zwischenbilanz, in: Ethnogenese und Überlieferung, S. 9–26

262. *Friedrich Prinz,* Frühes Mönchtum in Südwestdeutschland und die Anfänge der Reichenau. Entwicklungslinien und Forschungsprobleme, in: Mönchtum, Episkopat und Adel, S. 37–76

263. *Clara Redlich,* Westgermanische Stammesbildung (Nachrichten aus Niedersachsens Urgeschichte 36, 1967) S. 5–38

264. *Kurt Reindel,* Die Bajuwaren. Quellen, Hypothesen, Tatsachen (Deutsches Archiv für Erforschung des Mittelalters 37, 1981) S. 451–473

265. *Eugen Reinhard,* Die geographischen Grundlagen des alemannischen Raums (Alemannisches Jahrbuch 1981/83) S. 1–32

266. *Michael Richter,* Neues zu den Anfängen des Klosters Reichenau (Zeitschrift für die Geschichte des Oberrheins 144, NF 105, 1996) S. 1–18

267. *Robert Roeren,* Zur Archäologie und Geschichte Südwestdeutschlands im 3. bis 5. Jahrhundert n. Chr. (Jahrbuch des Römisch-Germanischen Zentralmuseums Mainz 7, 1960) S. 214–294

268. *Hellmut Rosenfeld,* Alamannischer Ziu-Kult und SS. Ulrich- und Afra-Verehrung in Augsburg (Archiv für Kulturgeschichte 37, 1955) S. 306–335

269. *Ingo Runde,* Daten und Fakten zur Geschichte der Franken und Alemannen. Von den Anfängen bis zur „Schlacht bei Zülpich", in: Chlodwig und die „Schlacht bei Zülpich", S. 61–72

270. *Ingo Runde,* Geschichte, Archäologie und Sprache der Franken und Alemannen vor 500. Kolloquiumsbericht (Zeitschrift für germanistische Linguistik 25, 1997) S. 107–116

271. *Piergiuseppe Scardigli,* Das Problem der suebischen Kontinuität und die Runeninschrift von Neudingen/Baar, in: Germanenprobleme in heutiger Sicht, hg. von Heinrich Beck (Ergänzungsbände zum Reallexikon der Germanischen Altertumskunde, Band 1, Berlin - New York 1986) S. 344–357

272. *Knut Schäferdiek,* Artikel „Chlodwig", in: Theologische Realenzyklopädie 8, 1981, S. 1 f.

273. *Knut Schäferdiek,* Artikel „Germanenmission", in: Reallexikon für Antike und Christentum 10, 1978, Sp.492–548

274. *Knut Schäferdiek,* Francia rhinensis und rheinische Kirche. Randbemerkungen zur frühen fränkischen Geschichte, in: Standfester Glaube. Festgaben zum 65. Geburtstag von Johann Friedrich Gerhard Goeters, hg. von Heiner Faulenbach (Köln 1991) S. 1–20

275. *Egon Schallmayer,* Die Lande rechts des Rheins zwischen 260 und 500 n. Chr., in: Zur Kontinuität zwischen Antike und Mittelalter, S. 53–67

276. *Berthold Schmidt,* Die Alamannen, in: Die Germanen 2, S. 336–361 und S. 603–631 (Literatur)

277. *Ruth Schmidt-Wiegand,* Alemannisch und Fränkisch in Pactus und Lex Alamannorum, in: Beiträge zum frühalemannischen Recht, S. 937

278. *Ruth Schmidt-Wiegand,* Franken und Alemannen. Zum Gebrauch der Stammesbezeichnungen in den Leges barbarorum, in: Ruth Schmidt-Wiegand, Stammesrecht und Volkssprache, S. 429–439

279. *Ruth Schmidt-Wiegand,* Spuren paganer Religiosität in den frühmittelalterlichen Leges, in: Iconologia sacra, Festschrift für Karl Hauck zum 75. Geburtstag, hg. von Hagen Keller und Nikolaus Staubach (Berlin 1994) S. 249–262

280. *Joseph Schnetz,* Die rechtsrheinischen Alemannenorte des Geographen von Ravenna (Archiv des historischen Vereins von Unterfranken und Aschaffenburg 60, 1918) S. 1–79

281. *Helmut Schoppa,* Die Besitzergreifung des Limesgebietes durch die Alamannen (Nassauische Annalen 67, 1956) S. 1–13

282. *Clausdieter Schott,* Freigelassene und Minderfreie in den alemannischen Rechtsquellen, in: Beiträge zum frühalemannischen Recht, S. 51–72

283. *Clausdieter Schott,* Pactus, Lex und Recht, in: Die Alemannen in der Frühzeit, S. 135–168

284. *Hans K. Schulze,* Ostfranken und Alemannen in der Politik des fränkischen Reiches, in: Alemannien und Ostfranken, S. 13–38

285. *Ernst Schwarz,* Die Herkunft der Alemannen, in: Grundfragen der alemannischen Geschichte, S. 37–51

286. *Ernst Schwarz,* Die Herkunft der Juthungen (Jahrbuch für fränkische Landesforschung 14, 1954) S. 1–8

287. *Josef Siegwart,* Zur Frage des alemannischen Herzogsgutes um Zürich. Beitrag zur Genealogie des alemannisch-bayrischen Herzogshauses, in: Zur Geschichte der Alemannen, S. 223–287

288. *Matthias Springer,* Der Eintritt der Alemannen in die Weltgeschichte (Abhandlungen und Berichte des Staatlichen Museums für Völkerkunde Dresden 41, Berlin 1984) S. 99–137

289. *Franz Staab,* Heidentum und Christentum in der Germania Prima zwischen Antike und Mittelalter, in: Zur Kontinuität zwischen Antike und Mittelalter am Oberrhein, S. 117–152

290. *Franz Staab,* Ostrogothic geographers at the Court of Theoderic the great. A study of some sources of the Anonymus Cosmographer of Ravenna (Viator 7, 1976) S. 27–64

291. *Frauke Stein,* Grabkammern bei Franken und Alamannen. Beobachtungen zur sozialen Gliederung und zu den Verhältnissen nach der Eingliederung der Alamannen in das merowingische Reich, in: Herrschaft, Kirche, Kultur. Festschrift für Friedrich Prinz zu seinem 65. Geburtstag, hg. von Georg Jenal (Stuttgart 1993) S. 3–41

292. *Heiko Steuer,* Artikel „Alemannen, III. Archäologisches", in: Reallexikon der Germanischen Altertumskunde 1, ²1973, S. 142–163

293. *Heiko Steuer,* Archäologie und die Erforschung der germanischen Sozialgeschichte des 5. bis 8. Jahrhunderts, in: Akten des 26. Deutschen

Rechtshistorikertages, Frankfurt/Main, 22. bis 26. September 1986, hg. von Dieter Simon (Frankfurt/Main 1987) S. 443–453

294. *Heiko Steuer,* Höhensiedlungen des 4. und 5. Jahrhunderts in Südwestdeutschland, in: Archäologie und Geschichte des ersten Jahrtausends in Südwestdeutschland, hg. von Hans Ulrich Nuber, Karl Schmid, Heiko Steuer und Thomas Zotz (Freiburger Forschungen zum ersten Jahrtausend in Südwestdeutschland 1, Sigmaringen 1990) S. 139–205

295. *Ingo Storck,* Die Merowingerzeit in Württemberg, in: Archäologie in Württemberg. Ergebnisse und Perspektiven archäologischer Forschung von der Altsteinzeit bis zur Neuzeit, hg. von Dieter Planck (Stuttgart 1988) S. 333–353

296. *Roderich Straub,* Zur Kontinuität der voralamannischen Bevölkerung (Badische Fundberichte 20, 1956) S. 127–137; wiederabgedruckt in: Zur Geschichte der Alemannen, S. 49–66

297. *Karl Friedrich Stroheker,* Alamannen im römischen Reichsdienst, in: Eranion. Festschrift für H. Hommel (Tübingen 1961) S. 127–148

298. *Karl Friedrich Stroheker,* Die Alamannen und das spätrömische Reich, in: Zur Geschichte der Alemannen, S. 20–48; sowie in: Die Alemannen in der Frühzeit, S. 9–26

299. *K.E.W. Strootman,* Der Sieg über die Alamannen im Jahre 268 (Hermes 30, 1895) S. 355–360

300. *Zinaida Udal'cova,* Die Weltanschauung des Ammianus Marcellinus und seine philosophischen Auffassungen, in: Griechenland – Byzanz – Europa. Ein Studienband, hg. von Joachim Herrmann, Helga Köpstein und Reimar Müller (Berliner Byzantinistische Arbeiten 52, Berlin 1985) S. 119–130

301. *Georg Veit,* Germanen, Kelten, Römer und Slawen (Geschichte lernen 29, 1992) S. 20–13

302. *Emil von Bories,* Artikel „Flavius Claudius Iulianus" in: Realenzyklopädie der Klassischen Altertumswissenschaft, Band 19 (Stuttgart 1918) S. 25–91

303. *Emil von Bories,* Die Quellen zu den Feldzügen Julians des Abtrünnigen gegen die Germanen (Hermes 26, 1891) S. 170–209

304. *Wolfram von den Steinen,* Chlodwigs Übergang zum Christentum. Eine quellenkritische Studie (Mitteilungen des Österreichischen Instituts für Geschichtsforschung. Ergänzungsband 12, Wien 1932) S. 417–501 (Sonderausgabe der Wissenschaftlichen Buchgesellschaft, Darmstadt 1963)

305. *Richard von Kienle,* Der Alamannen-Name (Oberdeutsche Zeitschrift für Volkskunde 10, 1936) S. 65–75

306. *Wolfgang von Moers-Messmer,* Kaiser Valentinian am Rhein und Neckar. Das untere Neckarland in der späten Römerzeit (Kraichgau. Beiträge zur Landschafts- und Heimatforschung 6, 1979) S. 48–79

307. *Gerhard Julius Wais,* Die Alamannen in ihrer Auseinandersetzung mit der römischen Welt. Untersuchungen zur germanischen Landnahme, Band 1 (Berlin - Dahlem [3]1943)

308. *Karl Weller,* Die Alamannenforschung (Zeitschrift für Württembergische Landesgeschichte 7, 1943) S. 57–98

309. *Karl Weller,* Die Besiedlung des Alamannenlandes (Württembergische Vierteljahrshefte für Landesgeschichte NF 7, 1898) S. 301–350

310. *Reinhard Wenskus,* Über die Möglichkeit eines allgemeinen interdisziplinären Germanenbegriffs, in: Germanenprobleme in heutiger Sicht, hg. von Heinrich Beck (Ergänzungsbände zum Reallexikon der Ger-manischen Altertumskunde, Band 1, Berlin - New York 1986) S. 1–21

311. *Joachim Werner,* Zu den alamannischen Burgen des 4. bis 5. Jahrhunderts, in: Zur Geschichte der Alemannen, S. 67–90

312. *Joachim Werner,* Zur Entstehung der Reihengräberzivilisation. Ein Beitrag zur Methode der frühgeschichtlichen Archäologie (Archaeologia Geographica 1,2, 1950) S. 23–32

313. *Karl Ferdinand Werner* (und *Meinrad Schaab*), Das merowingische Herzogtum Alemannien (Beiwort zu Karte V,1 des Historischen Atlas von Baden-Württemberg, Stuttgart 1988) S. 3–7

314. *Wilhelm Wiegand,* Die Alemannenschlacht bei Strassburg (Westdeutsche Zeitschrift für Geschichte und Kunst 7, 1888) S. 63–73

315. *Gerhard Wirth,* Artikel „Laeti", in: Lexikon des Mittelalters 5, 1991, Sp. 1612

316. *Gerhard Wirth,* Caracalla in Franken. Zur Verwirklichung einer politischen Ideologie (Jahrbuch für fränkische Landesforschung 34/35, 1974/75) S. 37–74

317. *Ludwig Wirtz,* Franken und Alamannen in den Rheinlanden bis zum Jahre 496 (Bonner Jahrbücher 122, 1912) S. 170–240

318. *Herwig Wolfram,* Alamannen im bayerischen und friulanischen Ostland, in: Früh- und hochmittelalterlicher Adel in Schwaben und Bayern, hg. von Immo Eberl, Wolfgang Hartung und Joachim Jahn (Regio. Forschungen zur schwäbischen Regionalgeschichte 1, Sigmaringendorf 1988) S. 189–196

319. *Herwig Wolfram,* Ethnogenesen im frühmittelalterlichen Donau- und Ostalpenraum, in: Frühmittelalterliche Ethnogenese im Alpenraum, hg. von Helmut Beumann und Werner Schröder (Nationes 5, Sigmaringen 1985) S. 97–151

320. *Herwig Wolfram,* Landnahme, Stammesbildung und Verfassung. Überlegungen zu 'Vorträge und Forschungen 41, 1 und 2' (Deutsches Archiv für Erforschung des Mittelalters 52, 1996) S. 161–169

321. *Erich Zöllner,* Die Herkunft der Agilolfinger (Mitteilungen des Instituts für österreichische Geschichtsforschung 59, 1951) 5.245–264; wiederabgedruckt in: Zur Geschichte der Bayern, hg. von Karl Bosl (Wege der Forschung 60, Darmstadt 1965) S. 107–134

322. *Thomas Zotz,* Artikel „Alamannen, Alemannen. I. Geschichte", in: Lexikon des Mittelalters 1, 1980, Sp. 263 *f.*

Nach 1996 erschienene Literatur:

Lexika und Handbücher:

323. Handbuch der Baden-Württembergischen Geschichte, Band 1: Allgemeine Geschichte, Teil 1: Von der Urzeit bis zum Ende der Staufer, hg. von *Meinrad Schaab* und *Hansmartin Schwarzmaier* (Stuttgart 2001)
→ *Hagen Keller* (336), *Alfons Zettler* (357)

324. Gebhardt. Handbuch der deutschen Geschichte, 10., völlig neu bearbeitete Auflage, Stuttgart 2002 ff.
→ *Friedrich Prinz* (347), *Rudolf Schieffer* (337)

Monographien und Sammelbände:

325. Alemannien und der Norden. Internationales Symposium vom 18.–20. Oktober 2001 in Zürich, unter Mitwirkung von Franziska Lanter und Oliver Szokody, hg. von *Hans-Peter Naumann* (Ergänzungsbände zum Reallexikon der Germanischen Altertumskunde, Bd. 43, Berlin – New York 2004)

326. *Christel Bücker*, Frühe Alamannen im Breisgau. Untersuchungen zu den Anfängen der germanischen Besiedlung im Breisgau während des 4. und 5. Jahrhunderts n. Chr. (Archäologie und Geschichte. Freiburger Forschungen zum ersten Jahrtausend, Bd. 9, Sigmaringen 1999)

327. *Burgondes*, Alamans, Francs, Romains dans l'Est de la France, le Sud-Ouest de l'Allemagne et la Suisse (Paris 2003)

328. Die Alemannen und das Christentum. Zeugnisse eines kulturellen Umbruchs, hg. von *Sönke Lorenz* und *Barbara Scholkmann* (Schriften zur südwestdeutschen Landeskunde 48 Quart 2; Veröffentlichungen des Alemannischen Instituts 71, Leinfelden-Echterdingen 2003)

329. Die *Franken* und die Alemannen bis zur „Schlacht bei Zülpich (496/ 97), hg. von *Dieter Geuenich* (Ergänzungsbände zum Reallexikon der Germanischen Altertumskunde, Bd. 19, Berlin – New York 1998)

330. *Franks* and Alamanni in the Merovingian Period. An Ethnographic Perspective, hg. von *Ian Wood* (Woodbridge 1998)

331. *Patrick J. Geary*, Europäische Völker im frühen Mittelalter. Zur Legende vom Werden der Nationen (Frankfurt am Main 2002). Amerikanische Originalausgabe: The Myth of Nations. The Medieval Origins of Europe (Princeton 2001)

332. *Michael Hoeper*, Alamannische Siedlungsgeschichte im Breisgau. Zur Entwicklung von Besiedlungsstrukturen im frühen Mittelalter (Freiburger Beiträge zur Archäologie und Geschichte des ersten Jahrtausends, Bd. 6, Rahden/Westf. 2001)

333. *Integration* und Herrschaft. Ethnische Identitäten und soziale Organisation im frühen Mittelalter, hg von *Walter Pohl* und *Max Diesenberger* (Österreichische Akademie der Wissenschaften, Phil.-Histor. Klasse. Denkschriften, Bd. 301, Wien 2002)

334. *Jörg Jarnut,* Herrschaft und Ethnogenese im Frühmittelalter. Gesammelte Aufsätze von Jörg Jarnut. Festgabe zum 60. Geburtstag, hg. von *Matthias Becher* (Münster 2002)

335. *Gerard Jentgens,* Methoden und Begriffe der ethnischen Deutung archäologischer Funde und Befunde (Freiburger Beiträge zur Archäologie und Geschichte des ersten Jahrtausends 4, Leidorf 2001)

336. *Stefan Lorenz,* Imperii fines erunt intacti. Rom und die Alamannen 350–378 (Europäische Hochschulschriften Reihe III. Geschichte und ihre Hilfswissenschaften, Bd. 722, Frankfurt a. M. 1997)

336a. *Reinhold Kaiser,* Die Burgunder (Stuttgart 2004)

337. *Mission* und Christianisierung am Hoch- und Oberrhein (6.–8. Jahrhundert), hg. von *Walter Berschin, Dieter Geuenich* und *Heiko Steuer* (Archäologie und Geschichte. Freiburger Forschungen zum ersten Jahrtausend in Südwestdeutschland 10, Stuttgart 2000)

338. *Walter Pohl,* Die Germanen (Enzyklopädie Deutscher Geschichte 57, München 2000)

339. *Walter Pohl,* Die Völkerwanderung. Eroberung und Integration (Stuttgart ²2005)

340. *Klaus Rosen,* Die Völkerwanderung (München 2002)

341. *Georg Scheibelreiter,* Die barbarische Gesellschaft. Mentalitätsgeschichte der europäischen Achsenzeit 5.–8. Jahrhundert (Darmstadt 1999)

342. *Rudolf Schieffer,* Die Zeit des karolingischen Großreichs (714–887) (Gebhardt, 10. Aufl., Bd. 2, Stuttgart 2005)

343. *Matthias Springer,* Die Sachsen (Stuttgart 2004)

344. *Wilhelm Störmer,* Die Bajuwaren. Von der Völkerwanderung bis Tassilo III. (München 2002)

345. Der *Südwesten* im 8. Jahrhundert aus historischer und archäologischer Sicht, hg. von *Hans Ulrich Nuber, Heiko Steuer* und *Thomas Zotz* (Archäologie und Geschichte. Freiburger Forschungen zum ersten Jahrtausend in Südwestdeutschland. Bd. 13, Ostfildern 2004)

346. *Suevos* – Schwaben. Das Königreich der Sueben auf der Iberischen Halbinsel (411–585). Interdisziplinäres Kolloquium Braga 1996 (Tübinger Beiträge zur Linguistik 426), hg. von *Erwin Koller* und *Hugo Laitenberger* (Tübingen 1998)

347. *Claudia Theune,* Germanen und Romanen in der Alamannia. Strukturveränderungen aufgrund archäologischer Quellen vom 3. bis zum 7. Jahrhundert (Ergänzungsbände zum Reallexikon der Germanischen Altertumskunde, Bd. 45, Berlin – New York 2004)

348. *Reinhard Wolters,* Die Römer in Germanien (München 2000)

349. *Alfons Zettler,* Geschichte des Herzogtums Schwaben (Stuttgart 2003)

Aufsätze:

350. *Volker Babucke,* Nach Osten bis an den Lech. Zur alamannischen Besiedlung der westlichen Raetia Secunda, in: Die Alamannen (1), S. 249–260

351. *Harald Bassler, Hugo Steger*, „Alemannisch" als Teil des Althochdeutschen, in: Die Alamannen (1), S. 503–510

352. *Helmut Castritius*, Semnonen – Juthungen – Alemannen. Neues (und Altes) zur Herkunft und Ethnogenese der Alemannen, in: Die Franken und die Alemannen (329), S. 349–366

353. *Helmut Castritius*, Artikel „Semnonen", in: Reallexikon der Germanischen Altertumskunde, ²2005, S. 154–158

354. *Helmut Castritius*, Artikel „Sueben", in: Reallexikon der Germanischen Altertumskunde 29, ²2005, S. 184–212

355. *Helmut Castritius – Dieter Geuenich*, Zur alemannischen Reichsbildung im 5. Jahrhundert, in: Integration und Herrschaft (333) S. 107–118

356. *Gerhard Fingerlin*, Grenzland in der Völkerwanderungszeit. Frühe Alamannen im Breisgau, in: Die Alamannen (1), S. 103–110

357. *Gerhard Fingerlin*, Siedlungen und Siedlungstypen. Südwestdeutschland in frühalamannischer Zeit, in: Die Alamannen (1), S. 125–134

358. *Dieter Geuenich*, Alemannien im 6.–8. Jahrhundert, in: Mission und Christianisierung am Hoch- und Oberrhein (337), S. 23–34

359. *Dieter Geuenich*, Artikel „Gibuld (Gebavult)", in: Reallexikon der Germanischen Altertumskunde 12, ²1998, S. 69–71

360. *Dieter Geuenich*, Artikel „Gotefrid, in: Reallexikon der Germanischen Altertumskunde 12, ²1998, S. 401 f.

361. *Dieter Geuenich*, Artikel „Gundomad", in: Reallexikon der Germanischen Altertumskunde 13, ²1999, S. 216

362. *Dieter Geuenich*, Artikel „Hortar", in: Reallexikon der Germanischen Altertumskunde 15, ²2000, S. 131

363. *Dieter Geuenich*, Artikel „Huochingus", in: Reallexikon der Germanischen Altertumskunde 15, ²2000, S. 271 f.

364. *Dieter Geuenich*, Artikel „Juthungen. Historisches", in: Reallexikon der Germanischen Altertumskunde 16, ²2000, S. 142–144

365. *Dieter Geuenich*, Artikel „Lantfrid", in: Reallexikon der Germanischen Altertumskunde 18, ²2001, S. 103 f.

366. *Dieter Geuenich*, Artikel „Lentienses", in: Reallexikon der Germanischen Altertumskunde 18, ²2001, S. 266 f.

367. *Dieter Geuenich*, Chlodwigs Alemannenschlacht(en) und Taufe, in: Die Franken und die Alemannen (326), S. 423–437

368. *Dieter Geuenich*, Ein junges Volk macht Geschichte. Herkunft und „Landnahme" der Alamannen, in: Die Alamannen (1), S. 73–78

369. *Dieter Geuenich*, Epilog. Die weitere Geschichte, in: Die Alamannen (1), S. 511 f.

370. *Dieter Geuenich*, ... *noluerunt obtemperare ducibus Franchorum.* Zur bayerisch-alemannischen Opposition gegen die karolingischen Hausmeier, in: Der Dynastiewechsel von 751. Vorgeschichte, Legitimationsstrategien und Erinnerung, hg. von *Matthias Becher* und *Jörg Jarnut* (Münster 2004), S. 129–143

371. *Dieter Geuenich*, Siegreich mit dem wahren Christengott, in: Archäologie in Deutschland, Heft 2, 1997, S. 18–23

372. *Dieter Geuenich*, Vom Ende einer Legende, in: Damals, Heft 6, 1997, S. 12–19

373. *Dieter Geuenich*, Zwischen Loyalität und Rebellion. Die Alamannen unter fränkischer Herrschaft, in: Die Alamannen (1), S. 204-208

374. *Dieter Geuenich/ Walter Kettemann*: Das Pilotprojekt der „*gens Alamannorum*". Erste Erfahrungen mit einem Teilprojekt von „Nomen et gens", in: Nomen et gens. Zur historischen Aussagekraft frühmittelalterlicher Personennamen, hg. von *Dieter Geuenich, Wolfgang Haubrichs* und *Jörg Jarnut* (Ergänzungsbände zum Reallexikon der Germanischen Altertumskunde, Bd. 16, Berlin – New York 1997) S. 279–303

375. *Wilfried Hartmann,* Die Eigenkirche: Grundelement der Kirchenstruktur bei den Alemannen?, in: Die Alemannen und das Christentum (328), S. 1–12

376. *Wilfried Hartmann,* Einige Fragen zur Lex Alamannorum, in: Der Südwesten im 8. Jahrhundert (345), S. 313–333

377. *Michael Hoeper,* Der Geißkopf bei Berghaupten/Ortenaukreis – eine völkerwanderungszeitliche Höhensiedlung im Spannungsfeld zwischen Römern und Alamannen (Archäologische Nachrichten aus Baden-Württemberg 55, 1996), S. 15–25

378. *Michael Hoeper,* Die Höhensiedlungen der Alemannen und ihre Deutungsmöglichkeiten zwischen Fürstensitz, Heerlager, Rückzugsraum und Kultplatz, in: Die Franken und die Alemannen (329), S. 325–348

379. *Hans J. Hummer,* The Fluidity of barbarian identity : the ethnogenesis of Alamanni and Suebi, AD 200–500 (Early Medieval Europe 2, 1998) S. 1–27

380. *Hagen Keller,* Germanische Landnahme und Frühmittelalter, in: Handbuch der Baden-Württembergischen Geschichte, Band 1, Teil 1, S. 191–296

381. *Hagen Keller,* Strukturveränderungen in der westgermanischen Welt am Vorabend der fränkischen Großreichsbildung. Fragen, Suchbilder, Hypothesen, in: Die Franken und die Alemannen (329), S. 581–607

382. *Matthias Knaut,* Die Goldblattkreuze als Zeichen der Christianisierung, in: Die Alemannen und das Christentum (328), S. 55–64

383. *Ursula Koch,* Besiegt, beraubt, vertrieben. Die Folgen der Niederlagen von 496/97 und 506, in: Die Alamannen (1), S. 191–201

384. *Sönke Lorenz,* Die Alemannen auf dem Weg zum Christentum, in: Die Alemannen und das Christentum (328), S. 65–112

385. *Friedrich Lotter,* Artikel „Severin", in: Reallexikon der Germanischen Altertumskunde 28, [2]2005, S. 236–239

386. *Max Martin,* Alemannen im römischen Heer – eine verpasste Integration, in: Die Franken und die Alemannen (329), S. 407–422

387. *Max Martin,* Zwischen den Fronten. Alamannen im römischen Heer, in: Die Alamannen (1), S. 119–124

388. *Max Martin,* Historische Schlagzeilen, archäologische Trümmer. Wandlungen der alamannischen Siedlungs- und Herrschaftsgeschichte zwischen 436 und 506 nach Christus, in: Die Alamannen (1), S. 163–170

389. *Helmut Maurer*, Das Bistum Konstanz und die Christianisierung der Alemannen, in: Mission und Christianisierung am Hoch- und Oberrhein (337), S. 139–163

390. *Hans Frede Nielsen*, Friedrich Maurer and the Dialecta Links of Upper German to Nordic, in: Alemannien und der Norden (325), S. 12–28

391. *Hans Ulrich Nuber*, Zeitenwende rechts des Rheins. Rom und die Alamannen, in: Die Alamannen (1), S. 59–68

392. *Hans Ulrich Nuber*, Zur Entstehung des Stammes der *Alamanni* aus römischer Sicht, in: Die Franken und die Alemannen (329), S. 367–383

393. *Walter Pohl*, Alemannen und Franken. Schlussbetrachtungen aus historisches Sicht, in: Die Franken und die Alemannen (329), S. 636–651

394. *Walter Pohl*, Telling the difference: Signs of ethnic identity, in: Strategies of Distinction: the Construction of Ethnic Communities, 300–800, hg. von Walter Pohl und Helmut Reinitz (The Transformation of the Roman World 2, Leiden – Boston – Köln 1998) S. 17–69

395. *Friedrich Prinz*, Europäische Grundlagen deutscher Geschichte. (4.–8. Jahrhundert), in: Gebhardt, 10. Aufl., Bd. 1, S. 145–647

396. *Ludwig Rübekeil*, Was verrät der Name der Alamannen über ihr Ethnos?, in: Alemannien und der Norden (325), S. 114–131

397. *Ingo Runde*, Die Franken und Alemannen vor 500. Ein chronologischer Überblick, in: Die Franken und die Alemannen (329), S. 656–690

398. *Helga Schach-Dörges*, „Zusammengespülte und vermengte Menschen". Suebische Kriegerbünde werden sesshaft, in: Die Alamannen (1), S. 79–102

399. *Knut Schäferdiek*, Artikel „Serapio", in: Reallexikon der Germanischen Altertumskunde 28, [2]2005, S. 194 f.

400. *Ruth Schmidt-Wiegand*, Artikel „Leges Alamannorum", in: Reallexikon der Germanischen Altertumskunde 18, [2]2000, S. 201–205

401. *Ruth Schmidt-Wiegand*, Christentum und pagane Religiosität in Pactus und Lex Alamannorum, in: Die Alamannen und das Christentum (328), S. 113–124

402. *Ruth Schmidt-Wiegand*, Recht und Gesetz im frühen Mittelalter. Pactus und Lex Alamannorum, in: Die Alamannen (1), S. 269–274

403. *Ruth Schmidt-Wiegand*, Rechtsvorstellungen bei den Franken und Alemannen vor 500, in: Die Franken und die Alemannen (329), S. 545–557

404. *Elmar Seebold*, Alemannisch und Nordgermanisch: Kriterien und Grundlagen für eine sprachgeschichtliche Beurteilung, in: Alemannien und der Norden (325), S. 1–11

405. *Heiko Steuer*, Krieger und Bauern – Bauernkrieger. Die gesellschaftliche Ordnung der Alamannen, in: Die Alamannen (1), S. 275–289

406. *Heiko Steuer*, Theorien zur Herkunft und Entstehung der Alemannen. Archäologische Forschungsansätze, in: Die Franken und die Alemannen (329), S. 270–324

407. *Heiko Steuer,* Vom Beutezug zur Landnahme: Die Germanen im Südwesten und der lange Weg zur Ethnogenese der Alemannen (Freiburger Universitätsblätter 42, Heft 159, 2003) S. 65–91

408. *Heiko Steuer – Dieter Geuenich,* Artikel „Odilienberg", in: Reallexikon der Germanischen Altertumskunde 21, ²2002, S. 551–559

409. *Frank Siegmund,* Alemannen und Franken. Archäologische Überlegungen zu ethnischen Strukturen in der zweiten Hälfte des 5. Jahrhunderts, in: Die Franken und die Alemannen (329), S. 558–580

410. *Joachim Wahl, Ursula Wittwer-Backofen, Manfred Kunter,* Zwischen Masse und Klasse. Alamannen im Blickfeld der Anthropologie, in: Die Alamannen (1), S. 337–348

411. *Karl Weber,* Zwischen Austrasien und Burgund. Die Formierung des Elsaß im Reich der Merowinger (Freiburger Universitätsblätter 42, Heft 159, 2003) S. 143–164

412. *Renata Windler,* Franken und Alamannen in einem romanischen Land. Besiedlung und Bevölkerung der Nordschweiz im 6. und 7. Jahrhundert, in: Die Alamannen (1), S. 261–268

413. *Gunther G. Wolf,* Das sogenannte „Blutgericht" von Cannstatt (Archiv für Diplomatik 44, 1998) S. 1–5

414. *Herwig Wolfram,* Typen der Ethnogenese. Ein Versuch, in: Die Franken und die Alemannen (329), S. 608–627

415. *Alfons Zettler,* Karolingerzeit, in: Handbuch der Baden-Württembergischen Geschichte, Band 1, Teil 1, S. 297–380

416. *Alfons Zettler,* Mission und Klostergründungen im südwestdeutschen Raum, in: Der Südwesten im 8. Jahrhundert (345), S. 233–252

417. *Thomas Zotz,* Die Alemannen in der Mitte des 4. Jahrhunderts nach dem Zeugnis des Ammianus Marcellinus, in: Die Franken und die Alemannen (329), S. 384–406

418. *Thomas Zotz,* Die Entwicklung der Grundherrschaft bei den Alamannen, in: Die Alemannen und das Christentum (328), S. 153–166

419. *Thomas Zotz,* Ethnogenese und Herzogtum in Alemannien (9.–11. Jahrhundert) (Mitteilungen des Instituts für Österreichische Geschichtsforschung 108, 2000) S. 48–66

420. *Thomas Zotz,* König, Herzog und Adel. Die Merowingerzeit am Oberrhein aus historischer Sicht (Freiburger Universitätsblätter 42, Heft 159, 2003) S. 127–142

421. *Thomas Zotz,* Der Südwesten im 8. Jahrhundert. Zur Raumordnung und Geschichte einer Randzone des Frankenreiches, in: Der Südwesten im 8. Jahrhundert (345), S. 13–30

Zeittafel

213

Der römische Kaiser M. Aurelius Antoninus (Caracalla) bricht am 11. August von Rom aus zu einem Feldzug gegen Germanen auf, die in späterer Überlieferung mit den Alemannen gleichgesetzt werden. Noch im selben Jahr feiern die *fratres Arvales* in Rom den „Germanen"-Sieg des Kaisers im fernen „Barbaren"-Land.

233

Durch den Einfall von Germanen (Alemannen?) in die Grenzprovinzen Raetien und Obergermanien wird Kaiser M. Aurelius Severus Alexander zum Abbruch seines Perserfeldzuges gezwungen.

259/60

Germanen überwinden in breiter Front den obergermanisch-raetischen Limes, dessen Besatzung wegen der innerrömischen Auseinandersetzung zwischen Kaiser Gallienus und dem Ursurpator Postumus erheblich reduziert ist.

260

Am 11. September läßt der Ritter Marcus Simplicinius Genialis in der Nähe von Augsburg einen Weihestein an die Siegesgöttin Victoria errichten, der an den am 24./25. April des Jahres errungenen Sieg der Römer gegen „die Barbaren des Stammes der Semnonen oder Juthungen" erinnert. Die Juthungen werden am Ende des 4. Jahrhunderts als (Teil-)Stamm der Alemannen bezeichnet.

269

In seiner ersten Rede spricht der gallische Gegenkaiser Marius davon, daß *omnis Alamannia omnisque Germania* das römische Volk unter seiner Herrschaft fürchten soll (Dies ist allerdings ein Zitat aus der erst Ende des 4. Jahrhunderts verfassten *Historia Augusta* und stellt so keinen gesicherten Erstbeleg für die Raumbezeichnung *Alamannia* dar).

270

Bei Fano an der Adriaküste schlägt Kaiser L. Domitius Aurelianus nach Italien eingefallene Germanen, die als „juthungische Skythen", von späteren Schriftstellern auch als Sueben oder Alemannen bezeichnet werden. In Rom wird die „Aurelianische Mauer" errichtet.

280

Nach seinen Erfolgen gegen *Alamannos, qui tunc adhuc Germani dicebantur*, wird Proculus zum Gegenkaiser von Aurelius Probus ausgerufen. Diese Textstelle der *Historia Augusta* diente als Beleg dafür, daß unter dem Alemannennamen verschiedene Völkerschaften zusammengefaßt wurden, die vorher als Germanen bezeichnet worden sind. Da die *Historia Augusta* jedoch als Fälschung des ausgehenden 4. Jahrhunderts erkannt wurde, kann das Zitat sogar als Argument dafür gelten, daß der Alemannenname sich erst im 4. Jahrhundert durchgesetzt hat.

Durch Kaiser M. Aurelius Probus werden nach Gallien eingefallene Germanen hinter den „nassen Limes" zurückgeworfen und die Befestigungen an Rhein, Donau und Iller verstärkt.

289

Am 21. April hält Mamertinus in Trier eine Lobrede auf Kaiser Maximianus und erwähnt dabei zum ersten Mal den Namen der Alemannen.

297/98

Ein Panegyricus auf Fl. Valerius Constantius I. (Chlorus), der seit 293 als Caesar des Augustus Maximianus Britannien, Gallien und Spanien verwaltet, berichtet über die Verwüstung der *Alamannia* und liefert damit die erste Erwähnung dieser Gebietsbezeichnung in einem zeitgenössischen Text.

298/302?

Bei Langres fallen angeblich 60 000 Alemannen im Kampf gegen Fl. Valerius Constantius I. (Chlorus).

306

Ein Alemannenfürst C(h)rocus ist in York (Britannien) an der Erhebung des Fl. Constantinus zum Augustus beteiligt.

331

Constantinus II. erhält den für dieses Jahr zum ersten Mal numismatisch bezeugten Siegerbeinamen *Alamannicus*.

354

Kaiser Constantius II. schließt nach erfolgreichem Kampf gegen Alemannen bei Augst mit den Königen des Breisgau, den Brüdern Gundomadus und Vadomarius, einen Friedensvertrag und nimmt daraufhin den Siegerbeinamen *Alamannicus Maximus* an.

355

Kaiser Constantius II. besiegt die Lentienser in der Nähe des Bodensees. Am 6. November ernennt er seinen Vetter Fl. Claudius Julianus zum Caesar und entsendet ihn nach Gallien.

357

Nach einem Sieg der Alemannen über den römischen Heermeister Barbatio bei Augst ziehen mehrere Alemannenkönige unter der Leitung von Chnodomarius und Serapio gegen die Römer in die Schlacht von Straßburg. Sie werden vom Caesar Julianus vernichtend geschlagen. Von den 35 000 Alemannen sollen 6–8 000 gefallen sein, während die Römer nur 247 Tote (von 13 000) zu beklagen haben. Im selben Jahr werden nach Raetien eingefallene Juthungen von Barbatio zurückgeschlagen.

358

Der Caesar Julianus unternimmt einen Feldzug rechts des Rheins; die Alemannenkönige Suomarius und Hortarius erbitten und erhalten einen Friedensvertrag.

359

Bei Mainz überschreitet Julianus nochmals den Rhein und schließt mit den Alemannenkönigen Macrianus, Hariobaudes, Urius, Ursicinus, Vestralpus und Vadomarius Friedensverträge.

360

Alemannen aus dem Breisgau überfallen an Raetien angrenzende Gebiete. Ihr König Vadomarius wird daraufhin von Julianus gefangengenommen und nach Spanien verbannt.

364

Kaiser Valentinianus I. verweigert den Alemannenkönigen in Mailand die erhofften Tributzahlungen; damit beginnt eine Wende in der Alemannenpolitik.

365

Im Kampf gegen weit nach Gallien eingedrungene Alemannen fällt der römische Heermeister Charietto, ein Franke.

366

Die Römer schlagen unter ihrem Reitergeneral Iovinus Alemannen bei Châlons-sur-Marne.

368

Nach einem Überfall des Alemannenkönigs Rando auf die Stadt Mainz überschreitet Valentinianus den Rhein und siegt gegen Alemannen, die sich auf einer Höhe verschanzt haben. Im selben Jahr wird der Breisgaukönig Vithicabius auf Anstiften der Römer ermordet.

369

Kaiser Valentinianus beginnt, die Rheingrenze mit Kastellen zu sichern und zu befestigen. Er stößt dabei jedoch auf beträchtlichen Widerstand, da offenbar bestehende Verträge verletzt werden. So fallen bei dem Versuch, am *Mons Piri* ein *munimentum* zu errichten, alle schanzenden Soldaten den angreifenden Alemannen zum Opfer.

370/71

Der Versuch des Kaisers, den Bucinobantenkönig Macrianus mit Hilfe der Burgunder gefangenzunehmen, mißlingt. Der an seiner Statt eingesetzte Fraomarius kann sich bei den Bucinobanten nicht durchsetzen, so daß Macrianus schließlich ein Bündnisvertrag gewährt werden muß.

378

In einer Schlacht bei *Argentovaria* (Horburg im Elsaß) werden die vom Lentienserkönig Priarius angeführten Alemannen durch das von den Franken Nannienus und Malobaudes angeführte römische Heer vernichtend geschlagen. Von 40 000 Alemannen sollen nur 5000 überlebt haben. Die Flüchtenden werden von Kaiser Gratianus auf rechtsrheinischem Gebiet verfolgt und unterworfen.

380

Als der Alemannenkönig Macrianus Gebiete *in Francia* verwüstet, fällt er einem Hinterhalt des in seine rechtsrheinische Heimat zurückgekehrten *bellicosi regis* Mallobaudes zum Opfer.

383

Die über die Donau nach Raetien eingefallenen Juthungen werden von Bauto, einem römischen Heermeister fränkischer Herkunft, zurückgeworfen.

Fl. Eugenius, der von Kaiser Theodosius I. nicht als Mitkaiser anerkannt wird, schließt unter anderem mit Alemannen einen Bündnisvertrag ab.

406/07

Alemannen überschreiten gemeinsam mit Vandalen und Alanen den Rhein, als der römische Heermeister die Rheingrenze zur Abwehr der Ost- und Westgoten entblößen muß.

411

Mit Unterstützung von Franken, Burgundern und Alemannen wird Fl. Iovinus zum Kaiser ausgerufen.

430

Juthungen werden beim Angriff auf Raetien vom römischen Heermeister Aetius zurückgeschlagen.

443

Den Burgundern, die seit 409 um Mainz und Worms siedeln, wird vom römischen Heermeister Aetius in der Gegend von Genf ein neues Wohngebiet zugewiesen. Die Alemannen können sich daraufhin auch über den Rhein hinweg ausdehnen.

451

In der Schlacht auf den Katalaunischen Feldern kämpfen Alemannen auf seiten des Hunnenkönigs Attila und vermutlich auch auf römischer Seite mit.

454/55

Mit dem Niedergang des weströmischen Reiches beginnt die Zeit der größten Freiheit und Ausdehnung der Alemannen.

469/70

Der Frankenkönig Childerich siegt in einem Bündnis mit Odoaker gegen Alemannen, die einen Teil Italiens durchziehen. Im selben Zeitraum begegnen Alemannen als Verbündete der (Donau-)Sueben, die sich zu ihnen flüchten, als der Ostgotenkönig Thiudimir gegen sie zu Felde zieht. Anschließend verschwinden die Sueben aus der Überlieferung. Möglicherweise wurden sie im Verlauf einer zweiten Ethnogenese in den alemannischen Verband integriert und stellen so einen Grund für dessen zunehmende Machtentfaltung und die Namengleichung *Suebi* = *Alamanni* dar.

470/76

Der hl. Severin erlangt in der Nähe von Passau vom Alemannenkönig Gibuldus die Freilassung von Kriegsgefangenen. Fast zur selben Zeit gelingt es dem hl. Bischof Lupus, vom Alemannenkönig Gebavultus Gefangene seiner Diözese Troyes freizubekommen. Möglicherweise handelt es sich um denselben Alemannenkönig Gibuldus/Gebavultus.

496/97

In einer Schlacht gegen die Franken, deren König Chlodwig im Verlauf des Kampfes angeblich seine Taufe gelobt, unterwerfen sich die Alemannen, nachdem ihr (namentlich nicht genannter) König gefallen ist. Ob sich die Nachricht, der Rheinfrankenkönig Sigibert sei bei Zülpich (Kreis Euskirchen) in einem Kampf gegen Alemannen verwundet worden, auf diese Schlacht bezieht, ist unsicher.

506/07

Aus einem Brief Theoderichs des Großen an den Frankenkönig Chlodwig kann auf eine weitere Niederlage von Alemannen gegen Franken geschlossen werden. Der Ostgotenkönig nimmt einen Teil der Alemannen unter seinen Schutz.

537

Der Ostgotenkönig Witigis überläßt dem Frankenkönig Theudebert I. unter anderem Churrätien und das Protektorat über „die Alemannen und andere benachbarte Stämme". Damit befinden sich alle Alemannen unter fränkischer Herrschaft.

553/54

Die Herzöge Butilin und Leuthari, zwei Brüder alemannischer Herkunft, durchziehen mit einem Heer aus Franken und Alemannen Italien.

587

Der austrasische König Childebert II. setzt den Alemannenherzog Leudefredus ab und bestimmt Uncelenus zu seinem Nachfolger.

595

Nach dem Tode Childeberts II. wechseln der Thurgau, der Kembsgau und das Elsaß an Burgund und der Alemannenherzog Uncelenus damit zum frankoburgundischen König Theuderich II.

605/06

Der Alemannenherzog Uncelenus läßt den burgundischen Hausmeier Protadius ermorden.

607/08

Uncelenus wird wegen der Ermordung des Protadius von der Königin Brunichilde mit dem Abschlagen eines Fußes bestraft und dadurch amtsunfähig.

610

In der Schlacht bei *Wangas* (in der Nähe von Bern?) kämpfen Alemannen mit transjuranischen Truppen und kehren mit reicher Beute zurück.

631/32

Ein alemannisches Heer unter dem Herzog Crodebertus nimmt an einem Feldzug des Frankenkönigs Dagobert I. gegen den slawischen Herrscher Samo teil.

635–650

In Überlingen am Bodensee residiert ein Herzog Gunzo, dessen Tochter Fridiburga dem Frankenkönig Sigibert III.(?) zur Vermählung bis an den Rhein zugeführt wird. Gunzo lädt die Kleriker und Bischöfe der Umgebung zu einer Synode ein und leitet die Wahl des Diakons Johannes zum Bischof von Konstanz. Ob Gunzo mit dem zur gleichen Zeit bezeugten Herzog Gundoin, dem Gründer des Klosters Moutier-Grandval, identisch ist, bleibt unsicher.

643

Der Alemannenherzog Leuthari läßt Otto, den Erzieher des Frankenkönigs Sigibert III., ermorden und ebnet damit Grimoald dem Älteren den Weg zur Erlangung des Hausmeieramtes in Austrasien.

700

Gotfrid, Herzog von Alemannien, schenkt auf Bitten eines Priesters Magulfus in Cannstatt den Ort Biberburg (bei Stuttgart) an die Zelle des hl. Gallus.

709

Der Alemannenherzog Gotfrid stirbt; seine beiden Söhne Lantfrid und Theudebald erheben Anspruch auf den *dux*-Titel.

709–712

Pippin der Mittlere führt Feldzüge gegen einen Herzog Wilharius, der im „Gebiet der Alemannen" in der Ortenau residiert.

719

Der in Chur zum Priester geweihte Alemanne Otmar gründet am Grab des hl. Gallus eine Mönchsgemeinschaft.

722

Der fränkische Hausmeier Karl Martell unterwirft Bayern und Alemannien mit Waffengewalt.

723

Bayern und Alemannen erheben sich erneut unter Bruch der Friedenseide gegen Karl Martell.

724

Der Klosterbischof Pirmin gründet unter dem Schutz Karl Martells das Kloster Reichenau.

724/25

Herzog Lantfrid erläßt die Lex Alamannorum.

727

Pirmin wird von Theudebald, dem Sohn Gotfrids und Bruder Lantfrids, „aus Haß gegen Karl" Martell von der Reichenau vertrieben. Auch Pirmins Nachfolger Heddo muß 732 weichen.

730

Karl Martell führt einen Feldzug gegen Herzog Lantfrid durch, der noch im selben Jahr stirbt.

741

Nach dem Tode Karl Martells wird das Frankenreich unter seinen beiden Söhnen aufgeteilt; Karlmann erhält Alemannien.

742

Gemeinsam ziehen die Hausmeier Pippin und Karlmann gegen den Alemannenherzog Theudebald, der gemeinsam mit Wasconen, Bayern und Sachsen im Elsaß einen Aufstand angezettelt hat.

743

Pippin und Karlmann ziehen gegen den Bayernherzog Odilo, der von Slawen, Sachsen und Alemannen unter Herzog Theudebald unterstützt wird. Odilo und Theudebald müssen nach einer Niederlage am Lech fliehen.

744

Pippin vertreibt den im Elsaß rebellierenden Alemannenherzog Theudebald und bringt „den Dukat in dieser Gegend wieder an sich".

746

Karlmann schlägt einen letzten Aufstand in Alemannien nieder und hält bei Cannstatt eine Versammlung ab, auf der die Verantwortlichen bestraft werden. Das alemannische Herzogtum erlischt.

Personenregister

Adalbertus, Herzog im Elsaß (723): 104
(Flavius) Aetius, römischer Feldherr (433–454): 42, 65, 67 f., 163
Agathias, Schriftsteller (530132–582): 20, 92–94, 113
Agenarichus, s. Serapio
Agilo, Alemanne in römischem Dienst (4. Jh.): 32
Agilolfinger: 103
Alanen: 65, 67, 163
Alarich II., König der Westgoten (484–507): 87
Alboin, König der Langobarden (568–573): 81
Amalfreda, Schwester des Ostgotenkönigs Theoderich I. und Gattin des Vandalenkönigs Thrasamund.: 87
Ammianus Marcellinus, Schriftsteller (ca. 330–395): 25, 31–34, 36–38, 40–57, 59 f., 61, 63, 65 f., 72, 112
(M. Aurelius) Antoninus (Caracalla), römischer Kaiser (211–217): 18 f., 34, 159
Arbetio, römischer Reitergeneral (4. Jh.): 44
Arbogastes, Franke in römischem Dienst (388–394): 55, 65
Arnulfinger: 103
(fratres) Arvales, römische Priestergenossenschaft (3. Jh.): 19, 159
Asinius Quadratus, Schriftsteller (3. Jh.): 20, 41
Athanarid, Schriftsteller (5. Jh.): 71
Attila, König der Hunnen (440–453): 68, 163
Audofleda, Schwester des Frankenkönigs Chlodwig und Gattin Theoderichs des Großen: 87
(L. Domitius) Aurelianus, römischer Kaiser (270–275): 23, 39 f., 160
(Sex.) Aurelius Victor, Schriftsteller (um 360): 18 f., 63 (Anm. 39)
(Decimus Magnus) Ausonius, Schriftsteller (ca. 310–395): 59
Avitus, Bischof von Vienne (ca. 490–519): 86
(Eparchius) Avitus, (west-)römischer Kaiser (455–456): 68–70
Axius Paulus, Schriftsteller (4. Jh.): 59
Baiern (Baiovarii): 90 f., 107, 166 f.
Barbatio, römischer Heermeister (4. Jh.): 41, 43 f., 46, 161
Bauto, Franke in römischem Dienst (4. Jh.): 55, 65, 162
Bissula, ein »suebisches Mädchen« (4. Jh.): 59
Bonifatius, Herzog im Elsaß (662–666): 99
Breisgauer (Brisigavi): 29, 30, 35, 37, 72 f., 111
Brunichilde (gest. 613), Gemahlin des Frankenkönigs Sigibert I.: 96, 165
Bucinobanten (Bucinobantes): 29–31, 34 f., 37, 56, 66, 72 f., 87, 111, 162
Burgunder: 20, 25, 56, 65–68, 71 f., 75, 81, 90, 112, 163
Butilinus (Buccelenus), Alemannenherzog (Mitte 6. Jh.): 93 f., 113, 164
(Gaius Julius) Caesar, römischer Feldherr und Schriftsteller (100–44 v. Chr.): 13, 27

Caracalla: s. (M. Aurelius) Antoninus

(Flavius Magnus Aurelius) Cassiodorus Senator, Quaestor Theoderichs des Großen und Schriftsteller (ca. 490–583): 63 (Anm. 39), 86

Cassius Dio, Schriftsteller (ca. 155–235): 18 f.

Charibonen: 20, 25

Charietto, Franke in römischem Dienst (gest. 365): 55, 162

Childebert II., Frankenkönig (575–596): 96, 164

Childebrand, Fortsetzer Fredegars (736–751): 107

Childerich, König der (salischen) Franken (ca. 460–482): 75, 163

Childerich III., Frankenkönig (743–751): 107

Chlodomer, König der Franken (511–524): 80

Chlodosuind, Tochter des Frankenkönigs Chlothar I. und Gattin des Langobardenkönigs Alboin: 81

Chlodwig, König der Franken (482–511): 72, 78–87, 89, 164

Chlothar I1., Frankenkönig (613–629): 95, 97, 108

Chnodomarius, alemannischer König (in der [M]Ortenau?) (4. Jh.): 42–46, 54, 161

Chrodechilde (gest. 544), Gattin des Frankenkönigs Chlodwig: 79–81

Columban, Missionar (gest. 615): 99, 114

(Tiberius) Claudius Nero, römischer Kaiser (41–54): 21

Constantinus I., römischer Kaiser (306–337): 81 f., 160

Constantinus III., römischer Gegenkaiser (407–411): 67

(Flavius Valerius) Constantius I. (Chlorus), römischer Kaiser (305–306): 33, 160

(Flavius Julius) Constantius II., römischer Kaiser (337–361): 32 f. 43, 50–55, 161

C(h)rocus, Alemannenfürst (306): 160

Crodebertus, Alemannenherzog (631/2): 97, 105, 165

Dagobert I., Frankenkönig (629–638/9): 95, 97, 100, 165

(Magnus) Decentius, römischer Caesar (350–355): 43, 46

(P. Herennius) Dexippos, Schriftsteller (3. Jh.): 40

Dio, s. Cassius Dio

Eberhardus, Herzog im Elsaß (1. Hälfte 8. Jh.): 104

(Magnus Felix) Ennodius, Schriftsteller und Bischof von Pavia (514–521): 86

Erchanbertus, Schriftsteller (826): 104

Erchanger, Pfalzgraf von Schwaben (gest. 917): 116

Eticho, Herzog im Elsaß (675/683): 99

Etichonen: 104, 106

(Flavius) Eugenius, römischer Kaiser (392–394): 65, 163

Eugippius, Abt von Castellum Lucullanum (bei Neapel) und Schriftsteller (gest. nach 533): 73

Fraomarius, König der Bucinobanten (4. Jh.): 31, 45, 56, 162

Fredegar, ungesicherter Name eines Schriftstellers (7. Jh.): 85 f., 97–99

Fridiburga, Tochter des Alemannenherzogs Gunzo: 98, 165

Fridolin, Missionar (7. Jh.): 102, 114

Friedrich I. Barbarossa, König (1152–1190) und Kaiser: 100

(P. Licinius Egnatius) Gallienus, römischer Kaiser (260–268): 22, 38 f., 159

Gallus, Missionar (ca. 560–650): 97–99, 106, 114, 165

Gaudentius, Bischof von Konstanz (1. Hälfte 7. Jh.): 98, 100

Gebavultus, alemannischer König (5. Jh.): 73–76, 164

Ortsregister